Poutine contre la France

PATRICK FORESTIER

POUTINE CONTRE LA FRANCE

UN GRAND REPORTER AU CŒUR DES GUERRES DU KREMLIN

le cherche midi

Du même auteur

Un otage à Beyrouth, avec Roger Auque, Filipacchi, 1988, adapté pour le film *Hors la vie* de Maroun Bagdadi, prix du Jury du festival de Cannes 1991.
Les Mystères d'Ouvéa, Filipacchi, 1988.
Le Train du Négus, Grasset, 1994.
Confession d'un émir du GIA, Grasset, 1999.
Afghanistan éternel, Atlantica, 2001.
Hôtel Palestine. Chronique inattendue de la guerre à Bagdad, Grasset, 2003.
Pirates et Commandos. Les secrets des opérations spéciales, Rocher, 2010.
La Guerre dans les yeux, avec Pierre Schoendoerffer, Grasset, 2013.

Vous pouvez consulter notre catalogue général
et l'annonce de nos prochaines parutions sur notre site :
www.cherche-midi.com

92, avenue de France
75013 Paris

Conception graphique : Justine Dupré
Composition : Peter Vogelpoel
Dépôt légal : janvier 2024
ISBN 978-2-7491-7723-6

À mes fils, Louis et Adrien.

À ma fille, Diane, et mon petit-fils, Marius.

La liberté appartient à ceux qui l'ont conquise.
André Malraux

La crainte de la guerre est encore pire que la guerre elle-même.
Sénèque

En hommage aux cinquante-huit soldats français tombés en opération au Sahel dans la lutte contre les groupes armés terroristes, et aux reporters français Arman Soldin de l'Agence France-Presse, Frédéric Leclerc-Imhoff de BFM TV, Pierre Zakrzewski, cameraman franco-irlandais de Fox News, et sa traductrice ukrainienne, Oleksandra Kuvshynova, ainsi qu'aux dix autres journalistes morts en Ukraine pour rendre compte de l'invasion russe.

AVANT-PROPOS
L'invasion

Lorsque j'arrive au début de l'été 2022 en Ukraine, j'ai le sentiment de revivre l'époque où l'URSS était l'ennemie des démocraties occidentales. J'y découvre des combats au cœur du Donbass, les premiers de cette intensité en Europe depuis 1945. Empruntées par des camions militaires, la plupart des routes menant à Bakhmout traversent un plateau agricole qui domine la ville. À l'époque, les faubourgs de la cité sont déjà sous le feu des canons russes. Sur les côtés de la chaussée, des chars sont protégés derrière des murs de terre. À chaque croisement, sous des bosquets bordant des champs de blé, des tranchées creusées à la pelle mécanique constituent des lignes de défense. Dans un nuage gras se dégageant de leur vieux moteur diesel, d'antiques blindés ukrainiens de l'ère soviétique filent à toute allure, défonçant le goudron avec leurs chenilles pour rejoindre leur position.

En descendant vers Bakhmout, je distingue les fumées grises des explosions provoquées par l'artillerie. Aux portes de la ville, des usines désaffectées à moitié effondrées précèdent des bâtiments défigurés par des éclats d'obus.

Les déflagrations en cascade des « orgues de Staline » interrompent le silence de mort qui règne au centre-ville fréquenté par quelques passants : des vieillards qui rentrent chez eux, en tenant un sac de maigres provisions achetées dans l'une des rares épiceries encore ouvertes près de la gare, qui sera bientôt un tas de décombres.

La foudre peut tomber du ciel à tout moment et n'importe où. Les églises orthodoxes ne sont pas épargnées non plus. Bien qu'elles représentent la même religion chez les deux ennemis, avec la guerre, le clergé est désormais séparé. En Ukraine, on ne reconnaît plus le patriarche de Moscou, inféodé à Poutine. À un rond-point, une petite église a été touchée. Son dôme doré est intact : un miracle. Les déflagrations se poursuivent derrière des immeubles qui, bientôt, ne seront plus qu'un immense champ de ruines, après un pilonnage russe d'une dizaine de mois et la contre-offensive ukrainienne rendue laborieuse par le peu de moyens mis à leur disposition – à contretemps – par les pays occidentaux.

Ce paysage lunaire me rappelle la ligne de démarcation à Beyrouth pendant la guerre entre l'Est chrétien et l'Ouest musulman, les bombardements syriens sur le « réduit chrétien » assiégé, Sarajevo pilonné par les Serbes ou Kaboul détruit par les canons des moudjahidines. Autant de villes martyrisées par des pièces d'artillerie de fabrication soviétique dont l'URSS avait inondé les conflits régionaux. Sur les campus des universités comme dans la jungle où se retranchaient les guérillas, la kalachnikov était reine, à côté du poster de Che Guevara. Avec Poutine, celui de Staline, coupable de la mort de plusieurs millions de ses compatriotes, est mis à l'honneur.

L'invasion de l'Ukraine par la Russie n'est pas un conflit de plus. Au regard de ceux que j'ai couverts durant quatre décennies, j'ai compris que cette guerre nous concernait de près. J'ai vu se rallumer les braises de la Seconde Guerre mondiale que l'on croyait éteintes. Car c'est de cela qu'il s'agit. En envahissant l'Ukraine, Poutine nous renvoie au découpage de l'Europe en zones d'influence, sous la pression de Staline, en 1945.

Cette année-là, le Père des peuples a imposé à la conférence de Yalta un glacis territorial et politique, composé des pays de l'Est placés sous la botte soviétique. Telle est la stratégie que Poutine imite aujourd'hui en voulant contrôler toute l'Ukraine, après la Crimée et une partie de la Géorgie. Cela avant de pousser plus à l'ouest s'il en a l'occasion et s'il a les mains libres.

Vladimir Poutine s'est lancé dans une fuite en avant, mondialisant une guerre hybride, en Afrique d'abord, contre la France, membre permanent du Conseil de sécurité, qu'il cherche à disqualifier sur les réseaux sociaux, protégeant avec ses mercenaires des régimes militaires qui ont demandé le départ des troupes françaises. Son but est d'expulser non seulement la France, mais tout l'Occident du continent africain, en pleine expansion démographique et doté d'un sous-sol riche en matières premières encore non exploitées.

Grâce à mes reportages au cœur des guerres et aux rencontres avec plusieurs grands acteurs de cette longue histoire mouvementée, j'espère relater dans ce livre comment Poutine mène, au-delà de l'Ukraine, une autre guerre en Afrique. Il y développe les mêmes stratégies expansionnistes que l'URSS, qu'il a remises au goût du jour, car il était un rouage du système policier communiste. Mes observations sur le terrain concourent au fil de ce récit à mieux faire comprendre, je crois, les ambitions néfastes de Vladimir Poutine contre la France, et l'Occident.

J'ai vu, en effet, se déliter l'Empire soviétique, en Europe et dans ses « colonies idéologiques », que l'ex-patron du KGB, aujourd'hui président d'une fédération fragile, dit regretter et espère reconstituer. À nos dépens.

CHAPITRE I

Réminiscences russes

Le conflit en Ukraine que, par orgueil, Vladimir Poutine a déclenché, en 2022, me ramène à la fin des années 1970. Durant la décennie qui a suivi, j'ai couvert, auprès de ceux qui s'y opposaient, les expéditions guerrières de l'Armée rouge et de ses affidés, de l'Afrique à l'Afghanistan. Dans le cimetière des empires, les soldats du régime soviétique étaient tombés sur les moudjahidines, des combattants hors pair, comme les Ukrainiens. Même résilience, même courage d'une population en armes, couplés à une dimension religieuse chez les Afghans, qui se révoltaient sur fond de guerre sainte contre des envahisseurs communistes athées, après avoir défait, au XIXe siècle, les Britanniques, et avant de forcer les troupes de l'OTAN à déguerpir au XXIe.

Les embuscades des moudjahidines contre les convois russes étaient meurtrières. Mais les soldats soviétiques n'étaient pas en reste. À Berlin en 1945, en Pologne, en Europe centrale pendant la Seconde Guerre mondiale, de la Tchétchénie à la Syrie et en Ukraine aujourd'hui, ils cumulent les exactions. Dans l'armée russe, tous les coups sont permis, dont ceux interdits par les conventions internationales. Les dégâts collatéraux sont légion parce que délibérés : bombardements des populations, viols, massacres destinés à terroriser les civils…

Lorsque j'ai accompagné, au début de 1980, des moudjahidines pour traverser les montagnes de l'Hindou Kouch qui marque la frontière afghane avec le Pakistan, les sentiers étaient truffés de petites mines pourvues d'ailettes larguées par des avions soviétiques. Les bergers sautaient dessus et les enfants, qui les prenaient pour des jouets, mouraient ou étaient amputés. Le but de l'Armée rouge était déjà de semer la terreur dans ces hameaux isolés. En Ukraine, l'armée russe poursuit le même objectif, face aux troupes de Kiev qui utilisent, elles aussi, pour pallier leur manque de projectiles, des armes à sous-munitions sur le front – c'est-à-dire sur leur propre territoire envahi.

Après un reportage dans Kaboul occupé, en 1981, nous avons rejoint clandestinement, le photographe Alain Mingam et moi, la vallée d'Istalif, qui abrite des ateliers de poterie réputés. Elle était peuplée de rebelles commandés par un instituteur, chef de la résistance locale contre l'envahisseur. Avant la prière du soir, il avait ordonné devant nous l'exécution d'un vieil homme à barbe blanche accusé de collaborer avec les Russes. Après deux coups de fusil de chasse, il l'avait achevé au sabre en criant « *Allah Akbar* » devant les deux mollahs qui avaient condamné le traître à mort. Les photographies d'Alain Mingam ont été primées au World Press Photo Contest. Elles dévoilaient la nature profonde de la lutte des « combattants de la liberté », qui allait rapidement virer au djihad.

Le lendemain, deux hélicoptères soviétiques en patrouille ont remonté la vallée. Ils ont été attaqués par les maquisards grâce à leur mitrailleuse Douchka, l'arme lourde qu'ils avaient récupérée dans un poste russe. L'un des appareils, visiblement touché, a disparu derrière les collines. La riposte est survenue une demi-heure plus tard : d'autres hélicoptères d'attaque Mi-24 ont volé si bas au-dessus des vergers que je pouvais voir les soldats casqués tirant de longues rafales avec leur mitrailleuse de sabord. Le pilote, lui, décimait, à coups de roquettes et d'obus, une partie des moudjahidines qui se croyaient abrités derrière des murets de pierre. Un enfer, dans le vacarme des explosions et le staccato des mitrailleuses.

Nous avons été épargnés par miracle, mais les paysans qui vivaient dans la vallée n'ont peut-être pas eu cette chance. Pour les Russes, pas de différence, contrairement aux armées occidentales, entre civils et combattants armés.

Dans la nuit du 20 mars 2003, depuis le balcon de ma chambre de l'hôtel Palestine, j'ai vu des dizaines de missiles Tomahawk américains exploser à Bagdad pendant les premières heures de l'opération Iraqi Freedom (Liberté irakienne), qui marquait le début de la seconde guerre du Golfe. À quelques centaines de mètres de là, de l'autre côté du fleuve Tigre, l'immense palais de Saddam Hussein était la cible d'un bombardement inouï que je ne suis pas près d'oublier. D'autres objectifs militaires furent détruits avec une spectaculaire précision non loin de l'hôtel, par des bombes volantes tirées depuis des navires de l'US Navy qui croisaient en Méditerranée et dans le golfe Persique. Malgré la distance, les dégâts collatéraux furent minimes. En tout cas, ils n'étaient pas prémédités, contrairement à ceux perpétrés par les missiles russes programmés pour frapper des gares, des supermarchés et des immeubles peuplés de civils en Ukraine. La stratégie des dirigeants russes est semblable à celle de leurs prédécesseurs soviétiques : terroriser la population.

En Afghanistan, après avoir été pris sous le feu d'hélicoptères soviétiques dans la vallée d'Istalif, des chasseurs frappés de l'étoile rouge ont fini le travail en larguant des bombes en forme de cylindre, qui descendaient lentement vers le sol, suspendues à des parachutes blancs. Du même type que celles qui piégeaient les sentiers de l'Hindou Kouch, que j'avais empruntés quelques mois auparavant. Elles explosaient en projetant autour d'elles des dizaines de petites mines antipersonnel dont les paysans étaient les premières victimes lorsqu'ils se rendaient aux champs. Ces bombes n'étaient pas formellement interdites à l'époque, mais l'armée russe, rustique et commandée à la dure, ne faisait, de toute manière, pas dans le détail.

L'Afghanistan a, cependant, marqué le début du déclin de l'URSS. Pas motivés, ne comprenant pas pourquoi ils soutenaient le Parti communiste afghan honni par la population, apeurés par les pertes qu'ils subissaient, les soldats, après neuf ans de service, ne pensaient qu'à rentrer chez eux, comme aujourd'hui en Ukraine. Les mères se révoltaient en recevant les cercueils de leurs fils ou s'insurgeaient en lisant leurs missives. Elles étaient contre cette guerre, alors qu'aujourd'hui, sur des vidéos, elles réclament à Poutine plus d'équipements pour leur fils ou leur mari. Difficile toutefois pour ces mères de demander l'arrêt de l'opération militaire spéciale : elles seraient interpellées et condamnées. En Afghanistan, les moudjahidines m'avaient donné des lettres de ces malheureux conscrits ou de leurs familles, récupérées sur ceux qu'ils avaient tués. Ces lettres étaient agrémentées de photos des proches des soldats – fiancées, parents – ou d'eux-mêmes assis sur la tourelle d'un char avec leurs camarades de régiment. Pour la génération de jeunes russes envoyés en Ukraine, rien n'a changé. Ce n'est plus sur le papier mais sur internet qu'ils témoignent de l'incurie de leurs commandants et de leur envie de rentrer au pays sans combattre. Pour soutenir le moral de ses soldats face à l'offensive ukrainienne commencée au printemps 2023, les arguments de l'état-major russe reposent essentiellement sur sa considérable artillerie, disséminée à l'arrière des premières lignes. Une tactique typiquement soviétique, que Moscou avait enseignée à ses alliés après l'avoir apprise en Irak. Saddam Hussein avait ainsi déployé des canons, des chars, des mortiers lourds et des « orgues de Staline » sur une demi-douzaine de lignes de défense où les assauts des pasdarans iraniens venaient se disloquer. Si la première et la seconde ligne russes étaient enfoncées, les bassidjis mourraient dans les barbelés et les champs de mines de la troisième. En remontant vers la première ligne, je n'ai jamais vu autant de cadavres et de pièces d'artillerie, alignés sur des kilomètres. Une tactique que les Russes emploient aujourd'hui en Ukraine.

Après l'Afghanistan, j'ai été témoin, à Varsovie, à Berlin puis à Prague, du délitement, suivi de l'effondrement de l'Empire soviétique et des conséquences qui ont découlé de la chute du régime.

En 1986, j'ai couvert à Moscou l'avant-dernier congrès du Parti communiste (PC) de l'Union soviétique. À mon retour, j'avais écrit une carte blanche qui mettait en doute la *glasnost* et la *perestroïka*, la « transparence » et la « reconstruction » chères à Mikhaïl Gorbatchev, qui pensait changer son pays en conservant le PC. Un duo de diplomates russes – ainsi s'étaient-ils présentés – s'est plaint et a fait pression auprès de Roger Thérond, le patron de *Paris Match*. Celui-ci les a reçus dans son bureau en rotonde, qui dominait les Champs-Élysées. « Ils n'étaient pas contents », m'a-t-il dit en souriant dans sa barbe grisonnante. Depuis, j'ai compris que, réformes ou pas, le régime russe, quel qu'il soit, surveille de près ses détracteurs. Même à Paris.

Avec Poutine au Kremlin, la gouvernance de la Russie ressemble, en effet, à celle qui prévalait en URSS. Je l'avais déjà constaté chez les « pays frères » marxistes en Afrique, qui étaient les marionnettes de Moscou. Leurs agents tiraient les ficelles, aidés par les services de renseignement de l'Allemagne de l'Est et la piétaille cubaine que Fidel Castro envoyait à la mort contre du pétrole et du blé russes. La révolution castriste romancée par une partie de la presse américaine était devenue un grotesque goulag tropical qui ne nourrissait pas sa population. Sans qu'*el bloqueo*, le blocus américain selon la propagande cubaine, en réalité un embargo, y fût pour grand-chose. Cuba pouvait, en effet, commercer avec ses voisins, à condition qu'elle eût quelque chose à vendre mis à part du sucre, les bonnes années. Ou

« exporter », moyennant finance, des médecins dont on ne connaissait pas la qualification. À Cuba, les magasins étaient vides et les pannes de courant récurrentes, mais le régime en autarcie faisait croire que ses laboratoires de recherche étaient à la pointe du progrès. Aujourd'hui, Poutine s'appuie encore sur l'exemple cubain pour vanter la résistance de la Russie face aux « nazis » de l'OTAN.

En 1980, je couvrais les manifestations du syndicat Solidarnosc de Lech Walesa. Le début du séisme qui allait mettre à bas le rideau de fer, et la puissance de l'URSS, si chère à Poutine. Rejoindre Gdansk fut une petite aventure. Le petit électricien, syndicaliste du chantier naval, était en permanence surveillé. Quand je ne dormais pas chez des militants, j'allais à l'hôtel tard le soir pour le quitter à l'aube, avant que le réceptionniste ne livre au commissariat les fiches de police mentionnant la profession des clients de l'établissement. J'avais écrit « professeur », le même métier que celui noté sur mon passeport, afin de passer les frontières interdites aux journalistes.

Mon souvenir le plus vif date de Noël 1981. Les forces antiémeutes, les Zomos, avaient tué neuf mineurs qui manifestaient avec leurs camarades grévistes devant une mine de charbon de Katowice alors que le général-président Jaruzelski avait décrété la loi martiale. Il donnait des gages, plaiderait-il, pour éviter l'invasion de la Pologne par l'armée soviétique, comme elle le fit à Budapest en 1956 et à Prague en 1968. En envahissant la Géorgie en 2008, la Crimée en 2014 et le reste de l'Ukraine en 2022, Poutine s'inscrit dans la droite ligne de ses prédécesseurs.

Mais en Pologne, les chars marqués de l'étoile rouge étaient déjà là, dans les camps militaires russes. Depuis les mesures d'exception, les frontières avaient été fermées, les étrangers interdits. J'avais embarqué en Suède à bord d'un ferry-boat et été refoulé par les policiers polonais au port d'arrivée. Heureusement, j'avais trouvé en banlieue parisienne un jeune camionneur, un peu inconscient, qui avait accepté de me convoyer dans sa semi-remorque réfrigérée.

Il devait livrer, pour le 24 décembre, 30 tonnes de viande à Katowice. Avec lui, pas besoin de visa. Nous avons traversé l'Allemagne de l'Est sans sortir de l'autoroute ; des panneaux stipulaient que c'était interdit. À Katowice, le conducteur du poids lourd me souhaita « bonne chance » pendant que des employés municipaux, donc du Parti communiste, déchargeaient dans leur entrepôt en catimini et sous la neige les quartiers de bœuf alors que les boucheries étaient vides. Je me suis pointé au culot dans un hôtel proche. Dans l'immense hall plongé dans la pénombre, des dizaines de Zomos étaient avachis par terre et dans les canapés, à côté de leurs armes posées sur leurs casques. Ils m'ont regardé comme si j'étais tombé de la lune. Rebrousser chemin, c'était, à coup sûr, être alpagué. « Non. Pas de chambre. L'hôtel est complet », m'a dit le réceptionniste en regardant fixement les policiers antiémeutes pour que je saisisse où j'avais mis les pieds. Je n'ai pas demandé mon reste.

Dans le froid, j'ai remonté l'avenue jusqu'à la cathédrale de la ville, le seul endroit ouvert et sûr. L'Église et le pape Jean-Paul II soutenaient à fond les Polonais, profondément chrétiens. J'ai demandé où était le presbytère à un fidèle qui baragouinait l'anglais. Il m'a indiqué un bâtiment annexe. Je commençais à m'inquiéter. Où allais-je passer la nuit, par zéro degré, dans cette ville quadrillée par les militaires ? J'ai frappé à une porte de bois clair. Est apparue une sœur coiffée d'une cornette. Elle a compris que j'étais étranger. Elle m'a fait signe d'attendre et est revenue avec l'évêque, qui parlait français. « Entrez vite », m'a-t-il dit. On a descendu des escaliers. Il faisait chaud. Je me sentais comme dans un nid, à l'abri. L'évêque a ouvert une porte vitrée qui donnait sur une salle à manger. Des religieux étaient assis autour d'une longue table couverte d'une nappe blanche et garnie des plats traditionnels de Noël. « Patrick était dans la rue. Il occupera la place du pauvre. Son couvert est prêt », a dit l'évêque à la cantonade. Il m'a désigné une assiette, que la sœur a remplie conformément à la tradition.

Le lendemain, un prêtre a pris le risque de me guider jusque devant les grilles, couvertes de photos et de bougies, où les mineurs avaient été tués. Il m'a conduit ensuite dans un appartement occupé par des militants de Solidarnosc. « Comment pouvez-vous tolérer des communistes chez vous ? » m'ont-ils demandé. J'ai invoqué la démocratie, ils m'ont pris pour un naïf, à l'instar des Ukrainiens aujourd'hui qui considèrent que, en France, on ménage Poutine, comme jadis les marxistes ménageaient Brejnev, à cette époque que Vladimir Poutine regrette profondément.

En novembre 1989, deux jours avant la chute du Mur, je suis à Berlin-Est. Il y a des manifestations. J'ai franchi la « frontière » séparant le secteur américain et la RDA à Checkpoint Charlie. « Professeur, tourisme », dis-je au policier suspicieux qui étudie, dans sa guérite, mon passeport. Il m'observe, puis donne un coup de tampon. La chance. Le lendemain soir, j'escorte des groupes qui remontent l'avenue Unter den Linden, bloquée par deux voitures de police devant la porte de Brandebourg. Les fonctionnaires sont désorientés. Aucun ne brandit son arme. Visiblement, ils n'ont pas reçu d'ordre. Je traverse l'espace vert jusqu'au Mur dans une clameur sourde qui se propage. Des jeunes de l'Ouest sont montés dessus. Ils hèlent ceux de l'Est en riant. L'un d'eux me hisse. Je découvre la foule qui s'est amassée de l'autre côté. Mes voisins, fous de joie, me serrent contre leurs poitrines, me tendent une bouteille de champagne pour fêter l'événement en buvant une gorgée chacun. Je n'oublierai jamais cet instant, où j'ai ressenti avec intensité le sens du mot « liberté ». Un mot tabou pour l'espion Poutine qui, à ce moment-là, quitte son appartement du KGB en RDA pour fuir en Russie avec femme et enfant. Une humiliation pour lui, alors que des millions d'Européens de l'Est, et de Russes, manifestent leur joie.

Quelques jours après, je rejoins Prague en train, avec d'autres journalistes. Nous arrivons en pleine révolution de Velours. Son leader, Vaclav Havel, monte sur un balcon qui domine la place Venceslas, noire de monde. Il est rejoint par l'ancien premier secrétaire du Parti communiste tchécoslovaque, Alexander Dubcek. Celui-ci avait essayé, en 1968, d'empêcher la répression soviétique. En vain : les chars de Moscou avaient écrasé le Printemps de Prague. Je savoure cette liesse populaire, ce moment où l'Europe est en passe de recouvrer la liberté perdue depuis la fin de la Seconde

Guerre mondiale. Non sans accrocs. Oligarques et politiciens véreux accaparent les richesses du pays.

Au printemps 1994, je suis à Vladivostok, parmi les Russes qui accueillent l'ex-dissident devenu écrivain, Alexandre Soljenitsyne, et sa femme Natalia, exilés depuis vingt ans aux États-Unis où ils ont vécu en ermites dans le Vermont. Réhabilité par Mikhaïl Gorbatchev, l'auteur de *L'Archipel du Goulag* rentre dans son pays sous le gouvernement de Boris Eltsine. Il est curieux de tout. Il visite l'hôpital, en piteux état, une école vétuste, l'institut océanographique sur l'île Popov, où il s'enquiert de la pollution. Il prend des notes dans un cahier. Il interroge les habitants. Le personnage, déjà légendaire, me paraît sévère, revêche même. Il sourit peu aux gens modestes venus à sa rencontre. Son passé le hante toujours. Capitaine d'artillerie arrêté en 1945 à cause d'une correspondance avec un ami officier, il a été condamné à neuf ans de relégation pour avoir critiqué la politique et les compétences de Staline, ses purges, son alliance avec Hitler, le sacrifice de milliers de soldats pour rien. Ces critiques ressemblent étrangement à celles adressées à Poutine par les détracteurs de son « opération spéciale » en Ukraine. Ceux-ci encourent quinze ans de prison, soit une condamnation supérieure à celle que Staline infligea à Soljenitsyne.

Pour son retour dans son pays, Soljenitsyne ne veut pas atterrir en avion à Moscou. Il préfère retourner chez lui par le port le plus mythique de l'Extrême-Orient russe, éloigné de plus de 9000 kilomètres de la capitale. Il entend ainsi souligner que la Russie n'est pas seulement européenne, jusqu'à l'Oural, elle est aussi asiatique, comme le rappelaient le drapeau impérial et son aigle bicéphale qui veillait sur l'ouest et l'est de l'Empire.

« Je vais écouter les gens et voir la réalité de la Russie d'aujourd'hui en prenant le train jusqu'à Moscou et en m'arrêtant le long du parcours », déclare-t-il à son arrivée à Vladivostok devant 4000 personnes. « Alexandre Issaïevitch a choisi Vladivostok parce que c'est ici que commence notre pays, à l'endroit où le soleil se lève. Il le suivra en traversant toute la Russie », me dit la directrice d'un musée de la ville. « C'est notre deuxième Dostoïevski », lâche une autre femme, la tête couverte d'un fichu.

Jusqu'en 1922, Vladivostok est resté le dernier bastion de l'« armée blanche » qui se battait contre les bolchéviques. Ici, les cosaques de l'ataman Semenov résistaient, alors que presque partout ailleurs, la Russie était déjà sous la botte de l'ordre rouge, tant haï par le prix Nobel de littérature. L'écrivain est profondément anticommuniste. Il déteste les « voleurs qui sont au pouvoir », souffle une babouchka. Soljenitsyne préfère d'ailleurs loger dans un vieil hôtel Intourist, sans eau chaude, plutôt que dans une villa de la Nomenklatura que lui proposaient les autorités locales corrompues.

Soljenitsyne ne se cache pas d'être un patriote russe, intraitable sur les frontières de la « grande Russie », sur sa langue et sur sa religion chrétienne. « La Russie n'a jamais été une fédération comme la Suisse ou les États-Unis, dit-il à Vladivostok, pendant une conférence de presse. C'est une fausse idée bolchévique pour écraser le peuple. » Il s'insurge contre le chaos économique dans lequel vit son pays depuis la fin du communisme. « La privatisation sans contrôle était une tromperie. En 1917, les bolchéviques ont mis huit mois pour détruire le pays. Depuis 1986, l'entreprise de destruction a recommencé avec de mauvaises réformes. La démocratie des pays occidentaux n'est pas forcément ce qui nous convient. Il n'y a que les singes qui imitent les autres. Nous avons nos traditions, nos coutumes. »

Ce jour-là marque le début des retrouvailles de Soljenitsyne avec son pays et ses habitants. Au rythme du Transsibérien, l'écrivain va traverser l'immense taïga pour rencontrer des ouvriers, des paysans, des intellectuels. Quelle serait son opinion à propos de l'invasion de l'Ukraine ? Pour les partisans de Poutine, qui ont cherché à le récupérer, l'écrivain, mi-russe, mi-ukrainien, était un fervent nationaliste qui aurait été favorable à cette guerre de conquête. Il ne partageait pas, en effet, le désir d'indépendance des Ukrainiens et, à la fin de sa vie, il reprenait l'antienne de la Russie assiégée. Né en 1918, Soljenitsyne ne comprenait pas l'aspiration des jeunes à entrer dans la modernité, à connaître la société de consommation que beaucoup de Russes, et tous les Ukrainiens, découvrent dans les démocraties occidentales. « Nous sommes tous issus de la précieuse ville de Kiev d'où la terre russe tire son origine [...] et d'où nous est venue la lumière du christianisme souligne-t-il dans son livre *Comment réaménager notre Russie, réflexions dans la mesure de mes forces* (Fayard, 1990). Ce sont les mêmes princes qui nous ont gouvernés [...] C'est le peuple de la Rous de Kiev qui a créé l'État de Moscovie », disait Soljenitsyne en se référant à la *Chronique* du moine Nestor, au XIIe siècle. Mais d'un autre côté, il refusait l'emploi de la force. Cet homme de culture, qui avait connu l'enfer des camps de travail où il avait partagé sa pitance avec des Ukrainiens, ne souhaitait pas forcer, par la guerre, un peuple à renoncer à son indépendance et à sa liberté.

Au printemps 1994, à Vladivostok, j'ai pensé que la Seconde Guerre mondiale était, cette fois, définitivement terminée en Europe. Jusqu'à Vladimir Poutine. Sitôt au Kremlin, il a repris les choses en main, et, au motif de mettre de l'ordre, commencé sa *reconquista*. En Géorgie, l'arrivée au pouvoir en 2004 d'un jeune avocat plein d'énergie, Mikheil Saakachvili, l'a rendu fou de rage. Dès son élection à la présidence, celui-ci a voulu s'affranchir du parrain russe et rejoindre l'Europe, comme Zelensky aujourd'hui. Saakachvili parlait cash. Il suscitait l'enthousiasme. Le premier voyage officiel du nouveau président fut pour le Parlement européen à Strasbourg, où il prononça un discours.

« Une interview ? Pas ici. Venez avec moi. Je vous emmène à Tbilissi ! » m'a-t-il proposé en français dans la chambre d'un hôtel du centre-ville. Pourquoi pas. « Avant, on fait un stop à Berlin pour rencontrer Angela Merkel, a-t-il ajouté. On mettra votre nom sur la liste de la délégation. » Difficile de résister à un énergumène de 1,95 mètre.

Nous avons atterri à l'aéroport de Tempelhof, aujourd'hui transformé en parc. Pendant le blocus soviétique de Berlin en 1948, c'était par cette piste que passait le pont aérien mis en place par les Américains pour ravitailler la ville. Les avions se succédaient toutes les quatre-vingt-dix secondes. Les enfants surnommaient les DC-3 Dakota les *Rosinenbomber*, « les bombardiers à friandises », car les pilotes de l'US Air

Force jetaient des poignées de bonbons par la fenêtre du cockpit avant d'atterrir.

Ce jour-là, à Berlin, l'espoir était permis pour Mikheil Saakachvili. J'ai monté les marches de la chancellerie derrière lui, après qu'il a passé en revue un détachement militaire aux côtés d'Angela Merkel. Puis j'ai attendu, le temps de leur rencontre, dans un salon voisin. Quand ils eurent fini, des grosses Mercedes noires nous ont ramenés à l'aéroport. Dans le vieux Boeing présidentiel de la république de Géorgie, l'entrevue entre Saakachvili et Merkel provoqua une explosion de joie. Ministres et conseillers exultaient. Ils en étaient persuadés : ils seraient soutenus. En se marrant, Saakachvili observa que, à 37 ans, il était plus vieux que tous ses ministres, qui l'appelaient « Micha ». Et son ministre de l'Intérieur était tout juste trentenaire ! Tous dansaient et riaient dans la travée de l'avion. Ils ont ouvert une bouteille de champagne pour fêter leur « succès ». Ils étaient persuadés que leur pays rejoindrait l'Europe : leur vœu le plus cher. « À Bruxelles, le Parlement était conquis et Merkel était favorable à notre demande », disaient-ils, tout excités. Ils n'avaient pas perçu la prudence et le double jeu de la chancelière, peu désireuse de se mettre la Russie à dos. Le regard d'Angela Merkel était tourné depuis longtemps vers Moscou. Pour y vendre des voitures, des machines-outils, acheter son gaz en construisant de lourdes infrastructures, quitte à rendre dépendant son pays, à risquer de perdre sa souveraineté énergétique au profit d'un État voisin, gouverné par un prédateur conquérant avec qui la dirigeante allemande dialoguait en russe.

Angela Merkel a, en effet, passé son enfance dans le Brandebourg, RDA, où son père pasteur, surnommé « le Rouge », avait immigré de Hambourg avec sa famille. Une démarche rarissime. Alors que les Allemands de l'Est rêvaient de s'enfuir à l'Ouest au péril de leur vie, lui était passé du camp de la liberté à celui de l'obscurantisme. Plus tard, sa fille deviendrait responsable de l'agitation et de la propagande des Jeunesses communistes en RDA, alors sous la botte soviétique. Longtemps engagée aux côtés de l'occupant russe, l'ex-chancelière a eu un parcours politique atypique et étonnant.

Mais, en 2004, les nouveaux responsables de la Géorgie n'ont pas encore déchanté. Arrivé dans la capitale géorgienne, Saakachvili m'emmène au palais présidentiel, qu'il ne veut pas occuper. Il n'a pas envie de dormir dans la chambre de son prédécesseur, le vieil apparatchik Edouard Chevardnadze, ex-membre du Politburo de l'URSS sous Brejnev et ancien ministre de Gorbatchev. Il préfère son appartement bobo dans la vieille ville, où il habite avec ses deux petits garçons et Sandra, sa femme néerlandaise, francophone comme lui, qui a étudié les droits de l'homme à l'université de Bruxelles.

« Mes services de sécurité me disent qu'il faut quitter l'appartement, trop difficile à protéger maintenant que je suis président », me dit Saakachvili en souriant pendant que nous mangeons en famille le repas que sa belle-mère a cuisiné. Je l'aide à descendre les jouets des enfants dans un vieux van cabossé de la police de l'ère soviétique et peint d'un bleu délavé. Casquette à visière en arrière, des agents bedonnants rangent les cartons. Un vent de liberté souffle sur le pays et c'est un crime de lèse-majesté pour Poutine. La parenthèse euphorique ne durera pas longtemps.

En août 2008, le maître du Kremlin lance 2 000 chars et 20 000 hommes contre ce petit pays qui a eu l'outrecuidance de réclamer ses provinces occupées. En cinq jours, c'est plié. La petite armée géorgienne, mal équipée, est réduite à néant. Les soldats russes finisssent par se retirer dans les provinces sous la domination de Moscou ; Tbilissi, la capitale, est à portée de canons. Ils occupent toujours, comme en Ukraine, 20 % du territoire et depuis, Poutine n'a jamais abandonné son influence sur la Géorgie. En coulisse, il continue de tirer les ficelles grâce au parti Rêve géorgien, financé par Bidzina Ivanichvili, un oligarque ayant fait fortune en Russie. Celui-ci soutient le Premier ministre, prorusse, qui est un de ses anciens employés, comme désormais beaucoup de responsables de l'État !

Président pendant neuf ans, Saakachvili – que Poutine avait appelé à « pendre par les couilles » – partira ensuite en Ukraine. Il y prendra la nationalité du pays et sera même nommé par Volodymyr Zelensky à la tête d'un comité pour les réformes, avant de revenir huit ans plus tard, bien imprudemment, chez lui, en Géorgie. Début 2023, un jugement inique l'a condamné à être emprisonné. Les médecins décèlent dans son organisme « des métaux lourds ». Empoisonné à petit feu dans une geôle de Tbilissi, l'ex-président se meurt lentement, malgré son transfert dans un hôpital sous haute surveillance. Ce colosse de 110 kilos n'en pèse plus que 65. En juillet 2023, il apparaît, squelettique, en visioconférence, lors de son procès pour « abus de pouvoir ». Devant un drapeau géorgien affiché au mur, il dénonce un procès politique. Les appels de l'Union européenne pour qu'il soit gracié restent lettre morte. *Idem* pour les demandes de soins médicaux formulées par les États-Unis, l'Ukraine et la Moldavie, petit pays qui craint d'être annexé par Poutine : elles restent toutes sans réponse. Le président Zelensky souhaite qu'il retourne en Ukraine pour se faire soigner. Silence côté géorgien. Pire. Outre un procès stalinien, l'ex-président à l'agonie subit les quolibets méprisants du dirigeant du Rêve géorgien, le parti prorusse au pouvoir. Selon lui, Mikheil Saakachvili est une « publicité pour la résection gastrique », une intervention chirurgicale qui consiste à ôter tout ou partie de l'estomac. Il accuse avec un total cynisme la famille du malade d'être à l'origine de son état de grande faiblesse, car elle « lui apporte délibérément des aliments peu caloriques » ! Et l'actuelle présidente, Salomé Zourabichvili, une ancienne diplomate française d'origine géorgienne, et devenue chef de l'État grâce à l'oligarque prorusse, ne se démène guère pour obtenir la libération de son ancien rival qui l'avait, il est vrai, limogée lorsqu'elle était sa ministre des Affaires étrangères… Pourtant, elle soutient l'entrée de son pays dans l'Union européenne, réclamée par la majorité de la population, mais empêchée par le Premier ministre qui fait pression sur les opposants et essaye de faire passer une loi contre les « agents étrangers », loi qui bâillonnerait *de facto* l'opposition et la presse indépendante, comme en Russie.

Le scénario de 2008 en Géorgie préfigure celui qui s'est déroulé en Ukraine pendant la révolution en 2014, sur la place Maïdan, à Kiev, ou une centaine de manifestants ont été abattus par les nervis du régime. Une tuerie qui a entraîné la fuite à Moscou du président prorusse. Cette révolte pour rejoindre l'Europe, si elle a permis aux Ukrainiens de sortir des griffes de l'ours, a déclenché la colère de ce dernier. Poutine a depuis annexé la Crimée, mis le feu au Donbass et essayé d'envahir le pays pour imposer un président fantoche au pouvoir, comme dans les pays du pacte de Varsovie quand ils gravitaient dans l'orbite de l'URSS.

Le sort de l'ex-président Saakachvili, toujours embastillé en Géorgie, pourtant indépendante, suscite peu de réactions indignées de la part des dirigeants européens. Les Allemands sont prudents, comme jadis était prudente la chancelière Merkel.

Avec le recul, on constate qu'Angela Merkel, pendant seize ans, aura aliéné son pays à la Russie. Un processus impulsé par son prédécesseur Gerhard Schröder qui aura décidé de sortir l'Allemagne du nucléaire et de choisir le gaz russe. Pire : peu avant les élections de 2005, où on le donnait perdant, il a lancé le projet Nord Stream, un gazoduc qui relie la Russie à l'Allemagne en évitant l'Ukraine et la Pologne, adversaires historiques de la Russie.

Dès lors, Berlin a été pieds et poings liés face à Moscou. Angela Merkel ne s'est jamais opposée à ce choix ni à Gerhard Schröder, ami intime de Poutine, que ce dernier a placé, dès qu'il n'a plus été chancelier, à la tête du consortium pour la construction des gazoducs, avant de le nommer président du géant Gazprom. Deux entités qui rendent l'Allemagne et en partie l'Europe dépendantes de la Russie pour leur énergie et donc pour leurs industries. Malgré la guerre en Ukraine, Schröder n'a pas démissionné. Et la

France n'a pas pipé mot pour ne pas froisser le fameux couple franco-allemand, cher à Angela Merkel qui vient de recevoir, fin juin 2023, le titre de docteur *honoris causa* par Sciences Po. Une distinction attribuée à l'« une des personnalités politiques qui a le plus marqué la construction européenne de l'après-guerre froide », notamment « pour le rôle qu'elle a joué lors de la crise migratoire de 2015 ». Rôle qui a permis de pallier, en partie, le manque de main-d'œuvre en Allemagne mais y a favorisé la montée de l'extrême droite et a permis à des terroristes venant de Syrie de s'infiltrer pour préparer ou commettre des attentats en France, et en Europe.

N'a évidemment pas été abordé à Paris le fait que l'Allemagne a été prise en otage par des accords insensés pour la fourniture de gaz russe, si bien que Berlin, au début de l'invasion, a refusé d'armer les Ukrainiens, de peur de fâcher Vladimir Poutine. Si Angela Merkel a la cote au sein des institutions françaises, c'est désormais moins le cas chez elle. En juin 2023, elle s'est vu décerner la grand-croix de classe spéciale de l'ordre du Mérite, l'ordre le plus élevé du pays, ce qui a suscité une vive controverse au sein de l'ensemble de la classe politique allemande. Même des membres éminents de son propre parti, la CDU, ne se sont pas rendus à la cérémonie. Son vice-président, Carsten Linnemann, a critiqué la calamiteuse politique énergétique de l'ancienne chancelière, qualifiant d'« erreur » sa décision d'abandonner, comme Schröder, le nucléaire sans s'assurer d'une énergie nationale alternative. C'est en effet ce choix qui a renforcé, malgré les avertissements américains et européens, la dépendance allemande au gaz russe. Même désaveu de la direction de la CDU à propos de l'accueil d'environ un million de réfugiés venant du Moyen-Orient en quelques mois : des erreurs flagrantes auraient été commises, les frontières n'auraient pas été suffisamment protégées.

Même si les relations avec la France sont aujourd'hui au plus bas, ce n'était pas le cas, du moins en apparence, à l'époque d'Angela Merkel, troisième chancelier à être décoré de la grand-croix de la Légion d'honneur après les conservateurs Konrad Adenauer, premier chancelier de la République fédérale, et Helmut Kohl, père de la réunification allemande après la chute du mur de Berlin, dont l'image, main dans la main avec François Mitterrand à Verdun, consacra l'expression du « mariage » franco-allemand.

Mais cette belle amitié vantée depuis des lustres, côté français, n'a plus le sens avec Mme Merkel et son successeur de celui de 1963, lorsque Charles de Gaulle et Konrad Adenauer avaient signé le traité scellant la réconciliation entre leurs deux pays. Non sans difficultés. L'encre était, en effet, à peine sèche que le Bundestag et Adenauer avaient ajouté un préambule à l'opposé des termes de l'accord de coopération. L'application de celui-ci serait orientée vers « les principaux buts » de la RFA, c'est-à-dire une « étroite association entre l'Europe et les États-Unis, l'intégration des forces armées des États membres du Pacte atlantique [...] ».

Tout ce que de Gaulle ne souhaitait pas, mais dont le principe demeure valable dans la politique extérieure de l'Allemagne fédérale. Le chancelier Olaf Scholz n'a pas donné de chars Leopard 2 à l'Ukraine tant que Joe Biden n'a pas accepté de livrer des Abrams. Pour l'Allemagne et les anciens pays du bloc de l'Est aujourd'hui dans l'OTAN, il n'y a qu'une garantie contre l'expansionnisme de la Russie : les États-Unis et leur arsenal, comme en 1944, et non l'Europe, dont les dirigeants diminuent depuis trente ans les crédits affectés à leur armée. Les fameux dividendes de la paix qui devaient bénéficier à l'Europe après la chute du mur de Berlin ont entraîné une baisse sans précédent de moyens (avions, navires, blindés, canons, munitions, ponts flottants pour faire traverser les rivières aux chars d'assaut) et d'effectifs. Jusqu'à présent, les forces militaires de la France, certainement les meilleures d'Europe mais qualifiées d'échantillonnaires, c'est-à-dire sachant tout faire mais n'ayant qu'un faible volume, étaient plutôt calibrées pour des opérations extérieures, les OPEX, dans le désert, au Levant et en Afrique.

Malgré une forte hausse des moyens décidée par Emmanuel Macron, le budget actuel de l'armée ne couvre pas les besoins. D'où des priorités, comme la fabrication d'obus pour regarnir des stocks très bas. Car la France encourt le risque d'une guerre imposée, contrairement aux guerres choisies précédentes, selon le chef d'état-major des armées, le général Thierry Burkhard. Au regard de la forte utilisation d'obus en Ukraine, celui-ci souligne la nécessité de tenir la cadence avec des munitions pas nécessairement sophistiquées, moins coûteuses et plus rapides à fabriquer. La menace se précisant à l'est depuis l'occupation de la Crimée en 2014 et les déclarations belliqueuses de Poutine qui ont suivi, le général Burkhard a annoncé, avant même l'offensive russe en Ukraine, qu'il fallait se préparer à la guerre avant la guerre, devinant qu'elle serait de haute intensité. Ancien officier de la Légion, au 2e régiment étranger de parachutistes, Thierry Burkhard affiche un dynamisme qui plaît à ses soldats. Ils savent qu'il est proche d'eux. Il peut les encourager les pieds dans la boue sur un parcours du combattant ou plaisanter avec des sous-officiers au cours d'une visite sur le terrain. Il est vif et réactif. C'est ce qu'attendent les soldats de leur chef. Ils veulent des ordres clairs et une vision.

Lorsque Thierry Burkhard commandait l'armée de terre en 2020, son plan « Supériorité opérationnelle 2030 » prévoyait ce type d'entraînement à une guerre de très haute intensité, au plus près de la réalité, y compris sur le territoire national. Lorsque Poutine a envahi l'Ukraine, le général Burkhard avait déjà été nommé chef d'état-major des armées par Emmanuel Macron. Résultat, il a renforcé en février 2023 l'exercice auquel participe l'Allemagne, le Royaume-Uni, la Belgique, l'Italie, l'Espagne et les États-Unis. Nom de code : « Orion 23 ». Du jamais vu depuis vingt-deux ans. En bon légionnaire parachutiste, le général Burkhard sait s'adapter, sans perdre de temps. La guerre est déjà en Europe. Il faut se préparer, au cas où le conflit s'étendrait au-delà de l'Ukraine. Prévoir, c'est gagner. Défendre le pays, protéger sa population, c'est le cœur de métier de l'armée, et Burkhard ne compte pas y déroger.

Mais l'économie de guerre se fait encore attendre alors qu'à Moscou Poutine a ordonné que, dans les usines d'armement, certes en piteux état, les ouvriers fassent les trois-huit. Pas seulement. Il a fait construire de nouvelles usines pour produire plus d'avions et de blindés. Six cents chars pourraient sortir des chaînes de production chaque année, soit autant que ceux livrés par les alliés à l'Ukraine. Poutine a ordonné le basculement de l'économie russe en économie de guerre. Son industrie tourne à marche forcée dans un seul but : alimenter le front en matériel militaire. Ce que l'Europe occidentale n'a pas fait, même en partie, alors que ce riche continent pourrait mutualiser les coûts. Un véritable suicide collectif en cas d'agression. Et alors que les manufactures d'armement des États-Unis ont du mal à tenir la cadence, alimentant, outre l'Ukraine en difficulté, le « front chinois », au cas où Pékin déciderait d'envahir Taïwan, et Israël dans sa riposte au Hamas, à la suite des horribles massacres perpétrés le 7 octobre 2023 par les hommes du Hamas contre des civils israéliens au sud du pays, l'Union européenne, elle, affiche des stocks pratiquement vides. Ils permettraient de tenir quelques semaines à peine au rythme d'une guerre conventionnelle de haute intensité, comme en Ukraine, où des dizaines de milliers d'obus sont tirés chaque mois dans cette guerre d'attrition. La France peut penser qu'elle serait préservée parce qu'elle est loin de la Russie, mais, en fait, pas tant que cela à l'époque des missiles de croisière. En cas d'attaque, nous ne serions pas seuls, estiment les politiques français, à contrer les divisions russes qui n'oseraient pas avancer vers l'ouest, et notre frontière, parce que nous sommes une puissance dotée de l'arme nucléaire. Certes, mais entre le tout nucléaire, ou rien, existent les forces conventionnelles que Poutine a mises en œuvre, et qui font cruellement défaut aux Européens. Le salut, pour la France, comme pour les autres pays européens, ne pourrait venir, même si on peut le regretter, que de l'OTAN.

Après deux ans de conflit, le sursaut n'a pas eu lieu. Aucun pays de l'Union n'est passé, même en partie, en économie de guerre, parce que nous ne sommes pas en guerre, disent nos dirigeants pour se défausser, tout en voulant dans un même temps soutenir l'Ukraine, et alors que la situation dans le monde n'a jamais été aussi instable et menaçante depuis la fin de la guerre froide. En premier lieu à l'est, avec la Russie, la Chine, et la Turquie, où son président, Erdogan, l'ami de Poutine pourtant membre de l'OTAN, fustige l'Occident, « complice d'Israël, criminel de guerre », selon lui. Nouveau sultan qui souhaite reconstituer l'Empire ottoman, il clame : « Ô l'Occident, je m'adresse à vous : voulez-vous relancer une nouvelle croisade du Croissant contre la Croix? Le principal responsable du massacre à Gaza, c'est l'Occident! » affirme-t-il, fin octobre 2023 à Istanbul, après l'attaque du Hamas et la riposte d'Israël sur Gaza, lors d'un grand rassemblement de soutien à la Palestine réunissant plusieurs centaines de milliers de personnes. Ce jour-là, il fait référence aux affrontements de jadis en Terre sainte, entre musulmans et chrétiens, faisant un parallèle entre ces conflits anciens et ceux d'aujourd'hui, qui ressembleraient à une guerre de civilisation, comme le suggère Poutine en parlant de l'Occident, selon lui, faible et dépravé. Depuis l'échec de la contre-offensive ukrainienne, Poutine fanfaronne : « L'Occident ne viendra jamais à bout de la Russie », dit-il. À moins que l'Europe de l'Ouest, riche, insouciante et réfractaire à tout sacrifice, même pour sa survie, ne se réveille pour de bon, sans pleurnicher parce qu'il faut baisser son chauffage d'un ou deux degrés pour ne pas acheter du gaz à la Russie, qui veut nous dominer et s'immisce partout, y compris dans la riposte d'Israël à Gaza.

La France n'est pas épargnée par ce conflit au Proche-Orient, tout d'abord parce qu'elle abrite les communautés juive et musulmane les plus importantes d'Europe. Les islamistes, qui travaillent au corps les jeunes issus de l'immigration dans les banlieues, essayent de transposer cet affrontement sur le sol national. L'autre danger, incontournable celui-là, repose sur la position géographique de l'Hexagone qui s'étend sur les rives de la Méditerranée. Malgré cette menace qui pèse sur elle, et ses voisins de l'Union, la France rogne sur ses stocks de munitions depuis des décennies. Conséquence : les Européens ne sont pas en mesure de se protéger, pas plus qu'ils n'ont la capacité de fournir des obus de 155 millimètres en quantité suffisante à l'armée ukrainienne qui, faute d'approvisionnement pourtant promis par ses alliés, a échoué à mener sa contre-offensive, poussée par des pays donateurs qui veulent rapidement des résultats sur investissement, comme dans une entreprise ! Il y a un changement manifeste, y compris au Congrès américain, entre l'expérience des dirigeants politiques contemporains, qui découvrent la guerre à la télévision, et ceux du siècle dernier, qui, pour beaucoup, l'avaient vécue. Après avoir été tétanisés par l'invasion russe, leur seule préoccupation, c'est de savoir quand elle va se terminer, et non pas comment on fait pour la gagner, et donc arrêter le conflit en battant l'adversaire.

Ces jérémiades, relayées dans le camp prorusse, ont commencé dès le début du conflit, alors que les démocraties occidentales étaient déjà engagées dans le soutien à l'Ukraine, sans se rendre compte qu'une guerre de cette nature dure longtemps, nécessite beaucoup d'armes et une énorme logistique. Que serait-il arrivé si le président Roosevelt n'avait pas mis les usines américaines en production maximale avant de déclarer la guerre aux nazis et à ses alliés ?

Ces déficiences, très dangereuses, pourraient un jour menacer notre liberté car Poutine ne s'arrêtera pas là si l'Ukraine s'effondre, ou même si, en position de faiblesse, elle est obligée de négocier sous la pression de ses alliés, lassés, au bout de deux ans, par un conflit majeur qui est pourtant en train de changer la face du monde. De quoi s'inquiéter, car il n'est pas certain qu'à l'arrière, la jeunesse suive. L'armée a du mal à recruter. À titre de comparaison, on peut penser aux effectifs engagés durant la Grande Guerre, qui a duré deux fois plus longtemps et a été une hécatombe. « C'est aux politiques qu'il incombe de décider du moment de la montée en puissance, et de faire comprendre à l'opinion publique que la situation a atteint un niveau de gravité nécessitant de basculer nos efforts et les investissements de la nation dans d'autres domaines que ceux, légitimes et qui sont la finalité d'une démocratie, du bien-être, du social, d'une plus grande égalité entre citoyens », affirme l'ex-chef d'état-major, le général Lecointre, dans le journal *Le Monde* en novembre 2023. Aucun travail de pédagogie auprès des Français n'existe pourtant vraiment de la part des responsables politiques à propos des menaces qui pèsent sur la France, mis à part le ministre des Armées, Sébastien Lecornu, qui souhaite doubler le nombre de réservistes, et le fait savoir. Ils ne seront pas inutiles dans un avenir proche.

Car imaginer que Vladimir Poutine va, « à la soviétique », embrasser un jour sur la bouche les Européens qui auront essayé de lui faire perdre sa guerre, et mis en péril son pouvoir, relève d'une grande naïveté. Cette imprévoyance incombe aux dirigeants politiques européens qui se sont succédé depuis la chute de l'URSS : ils ont choisi de faire des économies en coupant les budgets de la défense, malgré les avertissements répétés des états-majors successifs, au détriment de la sécurité des Français, jamais réellement consultés ni vraiment informés des enjeux, à propos de décisions pourtant essentielles concernant la sécurité nationale prises dans les cercles du pouvoir. Même si Emmanuel Macron a augmenté incontestablement le budget des armées et annoncé la construction d'un nouveau porte-avions pour remplacer, en 2038, le *Charles de Gaulle*, cette hausse compense surtout le retard accumulé par ses prédécesseurs. Des moyens qui restent insuffisants face à l'agressivité de grandes puissances qui ne cachent pas leurs ambitions, et à celle d'États voyous qui se moquent des lois internationales. Tous contestent la présence occidentale, dont celle de la France, sur terre et sur mer, alors même que les démocraties n'ont pas assez de moyens pour faire face à des actions militaires qui pourraient être simultanées, et coordonnées par ces dictatures et ces autocraties qui souhaitent diriger un nouveau monde qui serait sous leur influence.

Dès le début, l'« opération militaire spéciale » de Poutine a pourtant été perçue comme un danger majeur, qui pourrait avoir comme conséquence une guerre élargie en Europe. Ce nouveau contexte stratégique a évidemment été pris en compte par les états-majors français. Leur chef, le général

Thierry Burkhard, a impulsé dans la foulée un changement de cap, en adaptant les forces françaises à la nouvelle menace qui vient de l'est. Il a chargé le major général des armées, l'amiral Pierre Vandier, de mener à bien cette nouvelle mission. Dans un entretien à la revue *Esprit défense*, cet ancien chef d'état-major de la Marine nationale ne s'en cache pas : il va poursuivre la transformation des armées, et « "durcir" les choses – aussi bien en matière de logistique, de durée, de masse ». Les alliés n'ont-ils pas décidé en 2022, au sommet de Madrid, d'adapter en profondeur la posture de dissuasion de l'OTAN, en portant sa force de réaction rapide à 300 000 soldats, qui devront avoir atteint un haut niveau de préparation face à la Russie ? Il y a urgence. Le vent mauvais de la défaite souffle désormais sur l'Europe, qui apparaît moins résiliente avec le temps. À Moscou, Poutine va certainement se faire réélire sans problème lors des élections présidentielles prévues en mars 2024, et attendre celles qui auront lieu aux États-Unis en novembre, à la suite desquelles il espère que Trump, sinon un autre Républicain, sera élu, et coupera les crédits à Kiev.

Alors que l'Ukraine est encalminée sur le front, Poutine, lui, a augmenté son budget militaire de 68 % et se fait livrer, malgré les sanctions, des obus de la Corée du Nord, la pire dictature de la planète, qu'il caresse dans le sens du poil. Avec des conséquences dramatiques pour le pays agressé que le général Valeri Zaloujny vit au quotidien. Dans une interview parue le 1er novembre 2023 dans le magazine britannique *The Economist*, le commandant en chef des forces ukrainiennes reconnaît être dans une impasse depuis que la contre-offensive menée par ses troupes n'a pas obtenu les résultats attendus. Il estimait atteindre la Crimée en quatre mois. Cela n'a pas été le cas. Sans avions, sans assez de munitions, de renseignements électroniques, d'armes de dernière génération que les Occidentaux refusent de lui fournir, impossible de percer les lignes russes désormais renforcées en hommes, et en matériel. L'Union européenne avait promis un million d'obus pour mars 2024, elle ne pourra en livrer que 300 000. Cette guerre de position, et d'usure, peut durer des années « et épuiser l'Ukraine », dit-il, malgré les pertes colossales de l'armée russe qui, selon lui, a perdu au moins 150 000 soldats. « Dans tout autre pays, de telles pertes auraient arrêté la guerre », analyse-t-il, avant d'ajouter : « Soyons honnêtes, la Russie est un État féodal où la ressource la moins chère est la vie humaine. Et pour nous, la chose la plus chère, c'est notre peuple… » Pour l'officier ukrainien, Poutine, en fait, s'imagine toujours à l'époque soviétique. Comme Staline, qui a sacrifié des millions de soldats contre l'armée allemande pour compenser son manque de matériel, sans état d'âme, il envoie à la mort des dizaines de milliers de recrues venant de la Russie profonde, trois fois plus peuplée que l'Ukraine. Seules des armes et une technologie modernes peuvent empêcher que ce conflit s'enlise comme dans les tranchées de 14-18, estime le général Zaloujny. Un raisonnement contesté par le président Zelensky, qui n'apprécie guère des propos qui servent l'ennemi russe.

Dans cette guerre industrielle qui repose sur un flot logistique ininterrompu, l'avenir dira qui, de la Russie ou de l'Occident, remportera la bataille de la production, celle de la poudre et de l'acier.

CHAPITRE II

Les espions de Poutine, les hackers russes et la riposte française

Début avril 2022, le monde découvre, horrifié, les massacres perpétrés par des soldats russes à Boutcha et dans plusieurs villages alentour. Avec un culot monstre, le Kremlin nie, évoque même une mise en scène ourdie par les Ukrainiens. Des cadavres sont pourtant sortis des puits et des caves. D'autres sont exhumés de fosses communes. Femmes et hommes ont été torturés, abattus d'une rafale sur leur vélo ou dans leur voiture. Les corps gisent dans les rues, les jardins, les maisons pillées par les soudards. Chez les Européens, ce massacre marque un tournant dans la perception de cette invasion qui, au début, les tétanisait.

L'expulsion de douze diplomates russes par les États-Unis le 28 février 2022, soit quatre jours après le début de l'offensive russe, était passée presque inaperçue, tout comme celle de sept espions russes en Lituanie et en Estonie, des pays baltes qui estiment être les prochains dans le collimateur de la Russie. Après Boutcha, près de quatre cents employés d'ambassades russes en Europe ont été renvoyés chez eux. Soit environ la moitié des capacités des renseignements russes du continent, selon Richard Moore, le chef du MI6, le service de renseignement extérieur britannique. Dans la foulée, quarante autres agents ont quitté Berlin, car ils constituaient « une menace pour ceux et celles qui cherchent une protection chez nous. Nous ne le tolérerons plus », a déclaré Annalena Baerbock, la ministre allemande des Affaires étrangères. Ont suivi l'Italie, renvoyant trente « diplomates » indésirables pour « raison de sécurité nationale », et l'Espagne, qui en a chassé vingt-cinq. Au Danemark, « quinze agents qui ont mené des activités d'espionnage » ont été sommés de partir; en Suède, leur nombre s'élève à trois. La Pologne en a expulsé quarante-cinq qui étaient sous couverture diplomatique. *Idem* aux Pays-Bas, qui ont banni dix-sept personnes. Ce grand ménage, à bas bruit, témoigne de la mansuétude de l'Union européenne qui prévalait vis-à-vis de la Russie. Les Européens préféraient surveiller les espions de près, chez eux, en connaissance de cause.

La France, elle, a exigé le départ de trente-cinq diplomates « dont les activités sont contraires à ses intérêts ». « Une action qui s'inscrit dans une démarche européenne », a précisé le Quai d'Orsay. Le contre-espionnage français ne s'est pas arrêté là, comme s'il saisissait l'occasion d'une « fenêtre » politique enfin favorable après la réception de Poutine à Versailles en 2017 et sa visite au fort de Brégançon en 2019 à la suite de l'invitation d'Emmanuel Macron. Celui-ci espérait, à cette époque, renouer des relations « normales » avec le président russe, malgré les conseils de prudence dispensés par ses diplomates. Le 11 avril 2022, en plus des trente-cinq diplomates, ont été expulsés « six agents russes sous couverture diplomatique […] dont les activités se sont révélées contraires à nos intérêts nationaux », dit le communiqué du ministère des Affaires étrangères. Une opération au long cours qui a permis de démasquer des « services très professionnels qui ont employé des techniques très élaborées ». Le ministre de l'Intérieur, Gérald Darmanin, s'est félicité sur X, anciennement Twitter, d'« une remarquable opération de contre-espionnage » : « Bravo aux agents de la DGSI (Direction générale de la sécurité intérieure) qui ont entravé un réseau d'agents clandestins russes ».

Depuis la chute du mur de Berlin, les attaques de la Russie contre la France n'ont jamais cessé. C'est une bataille qui se joue dans l'ombre. Les espions de Moscou sont toujours présents sur notre territoire, et l'offensive du corps expéditionnaire russe en Ukraine ne freine pas le Kremlin. Au contraire : il redouble d'efforts sur le « front français ».

Membre permanent du Conseil de sécurité de l'ONU, la France est dotée de la dissuasion nucléaire et d'une armée qui pèse en Europe, grâce à son expérience de la guerre nourrie par ses multiples interventions extérieures. Membre du commandement intégré de l'OTAN, la France est une nation pivot, importante dans la coalition européenne qui soutient l'Ukraine contre la Russie. L'armée a bonne presse chez les Français, souvent prêts cependant à critiquer les États-Unis, dont les *boys* ont pourtant débarqué le 6 juin 1944 sur les plages de Normandie pour vaincre Hitler, et arrêter Staline. Sans les « Ricains », on parlerait allemand, chante Michel Sardou. Attention à ne pas parler russe un jour. Telle est la crainte des pays de l'Est qui vivaient derrière le rideau de fer. Ils préféreront la guerre plutôt que de revivre une occupation. Aussi, 100 000 soldats américains, qui avaient pratiquement quitté le sol européen afin de stationner en Asie pour contenir la Chine, ont été obligés de revenir pour les rassurer, notamment l'Allemagne, désarmée et très inquiétée par l'invasion russe de l'Ukraine.

L'US Army n'est pas la seule à manifester sa solidarité. Avec ses avions Rafale dans les pays baltes et un contingent blindé en Roumanie, l'armée française s'est déployée très vite sur le limes de l'Europe. La France est désormais nation-cadre d'un groupement de l'OTAN qui comprend d'autres militaires européens face aux troupes russes.

Pour toutes ces raisons, Poutine espionne la France. L'un des derniers agents ayant été démasqués est, selon *Le Monde*, Boulat Ianborissov, le patron de la course automobile Silk Way Rally, une couverture, selon une enquête du *Spiegel* et du site d'investigation russe The Insider. En réalité, Boulat Ianborissov est un général du renseignement militaire russe, le GRU. Il a été décoré en avril 2022 par décret de Vladimir Poutine. Après celle de l'ordre de la Valeur pour actes de bravoure, il a reçu la médaille de l'ordre d'Alexandre Nevski, un prince de Novgorod du XIIIe siècle qui défendit avec succès la Russie contre les Suédois et les Livoniens, des anciens Baltes qui, comme aujourd'hui, ne supportaient pas les Russes. Mais pour un agent perdant sa « légende », dix continuent d'espionner grâce à une vie et une identité inventées de toutes pièces qui leur permettent de se fondre dans des milieux à haut potentiel.

Cela n'est pas nouveau. En 1983, la France a expulsé quarante-sept diplomates et résidents soviétiques – en fait des agents du KGB –, à la suite de renseignements fournis par une taupe à Moscou. L'affaire Farewell est restée dans les annales. Au milieu des années 1990, la nouvelle Russie, qui s'ouvrait sur le monde sans le contrôle du Parti communiste, a continué à déployer des agents du FSB (ex-KGB), du SVR (les renseignements extérieurs) et surtout du GRU (les renseignements de l'armée). Tous se sont infiltrés à l'étranger sous couverture, comme agents dormants ou par le truchement de leurs ambassades. La moitié du personnel diplomatique aurait été composée d'espions. La recherche nucléaire et les applications militaires françaises étaient particulièrement visées. Moscou voulait connaître les secrets de la dissuasion française, de ses bombes, de ses missiles dirigés contre la Russie. Des scientifiques ont été recrutés par des officiers traitants russes et ont été démasqués dans l'affaire Farewell.

Avec la guerre en Ukraine, les agents russes sont, de nouveau, étroitement surveillés. Les services de contre-espionnage français travaillent sur deux autres fronts : les filières terroristes islamistes, qui furent la priorité après les attentats de 2015 à Paris, et les réseaux de l'Est. Sans oublier les étudiants chinois qui cherchent à intégrer les laboratoires de recherche français. Et, comme à l'époque de la guerre froide, des affaires d'espionnage voient le jour.

Afin d'avertir les Russes que la chasse aux espions est ouverte et d'alerter les Français et les entreprises, les renseignements intérieurs ont fait fuiter des informations dans la presse, et ont donné des conseils sur leur site. En octobre 2022, le journal *Le Monde* a révélé que, côté russe, tous les coups sont permis et que l'imagination n'a pas de limites. Depuis plusieurs années, « une douzaine d'approches de ressortissants français sur des sites type Leboncoin.fr par des officiers traitants du SVR » ont été découvertes. La plupart du temps, ces agents ciblent des « profils tendres mais à haut potentiel », précise-t-on au ministère de l'Intérieur. « Des officiers de renseignement russes n'hésitent pas à sélectionner et approcher des étudiants ou des jeunes actifs qui proposent des cours particuliers par des annonces en ligne dans des domaines tels que l'économie, les sciences, les langues étrangères ou la géopolitique », détaillent les services de la Place Beauvau. Les étudiants de grandes écoles et les jeunes diplômés ayant intégré des instances politiques ou exerçant dans des laboratoires de recherche, des secteurs technologiques innovants, telle la physique nucléaire, sont particulièrement visés. Le but est, bien sûr, d'obtenir des informations sensibles, des documents confidentiels.

Exemple : un dénommé Valentin Vladimirovitch Zakharov s'est fait passer pour un consultant tchèque souhaitant prendre des cours de mathématiques auprès d'un jeune ingénieur spécialisé en intelligence artificielle. Toutes les trois semaines, les deux hommes se retrouvaient pour dîner au restaurant. Chaque fois, la date du prochain cours et le lieu de rencontre étaient programmés à la fin du repas afin de ne pas laisser de traces sur la messagerie d'un téléphone portable. Pas de carte de crédit non plus. L'« élève » réglait l'addition en espèces.

Après plusieurs rendez-vous et alors qu'ils savouraient une bonne bouteille, le faux Tchèque a demandé à son professeur qu'il lui communique, moyennant finance, des notes sur les algorithmes, ainsi que des précisions et des détails sur l'environnement informatique dans lequel il travaille. Ce manège aurait pu continuer, n'était la pugnacité des agents de la Direction générale de la sécurité intérieure. Ils ont démasqué l'espion arrivé en France sous la couverture d'un fonctionnaire de la mission économique russe à Paris et l'ont expulsé, après l'avoir interpellé dans un restaurant avec son informateur. Le jeune ingénieur était-il naïf? Ou bien a-t-il collaboré avec les policiers français pour piéger son agent traitant? Depuis l'invasion de l'Ukraine, au moins 450 agents de renseignement russes espionnant sous couverture diplomatique ont été expulsés des démocraties occidentales. Une quarantaine rien que pour la France, qui reste toujours une cible prioritaire. Dans son rapport d'octobre 2023, la Délégation parlementaire au renseignement (DPR) précise que l'« infiltration » est toujours le mode opératoire favori des services secrets russes. Une demi-douzaine de leurs officiers traitants ont été expulsés après avoir été pris en flagrant délit d'espionnage, au moment où ils étaient en contact avec leurs sources françaises. En tout, c'est 500 personnes de la fédération de Russie qui font l'objet d'une fiche d'interdiction d'accès au territoire français. Des mesures de rétorsion qui ne découragent pas le Kremlin. Selon une enquête du journal *Le Monde*, 200 demandes de visa ont été refusées, du printemps à l'automne 2022, à des « diplomates » qui souhaitaient rejoindre leur poste dans les chancelleries russes de l'Union européenne. Une précaution importante, car non seulement leur statut les place sous protection consulaire, mais ils peuvent circuler librement dans l'espace européen grâce à leur visa Schengen. Pour interdire l'entrée d'espions russes sous couverture diplomatique, les services de renseignement de l'Union épluchent les profils des candidats. Certains sont jugés suspects. « D'autres sont considérés comme "grillés" », explique le journaliste du quotidien, Jacques Follorou. Ils sont en effet déjà dans les tablettes de la Direction générale de la sécurité intérieure, la DGSI, qui ne laisse rien passer. Tolérance zéro désormais pour les espions de Moscou. Les services russes essayent donc de contourner les mesures drastiques prises contre eux avec un seul objectif : contrecarrer les soutiens des capitales européennes à Kiev et gagner la guerre en Ukraine. Livraisons d'armements, circuits financiers, échanges diplomatiques, rencontres discrètes entre responsables français et ukrainiens, le FSB essaie de savoir ce qui se fait, et ce qui se dit dans ces domaines sensibles. Faute de pouvoir envoyer des professionnels dans les démocraties occidentales, il essaye de recruter à travers les réseaux sociaux, une procédure difficile cependant à mettre en place, même au sein de la communauté russe, méfiante et désapprouvant de manière générale l'opération militaire spéciale en Ukraine. Faute de candidats sérieux, les directions du renseignement russe essayent d'envoyer à l'ouest des citoyens ordinaires, en général des femmes, sans passé dans le métier, qui demandent de simples visas de voyage. Là aussi, la DGSI regarde cela de très près. *Le Monde* cite le cas d'une Russe dont la demande de visa a été refusée. Le contre-espionnage français a découvert qu'elle était la compagne d'un agent de l'unité 29155 du 161e centre de formation spéciale des services secrets militaires russes, très offensifs en Europe. Ils sont accusés, entre autres, d'être derrière la tentative d'empoisonnement, en 2018, du transfuge Sergueï Skripal, réfugié au Royaume-Uni.

En novembre 2023, c'est une opération de déstabilisation qui frappe Paris et sa banlieue. Des étoiles de David bleues apparaissent sur les murs de maisons, qui ne sont pas forcément habitées par des familles de confession juive. En pleine guerre de Tsahal contre le Hamas à Gaza, la présence du drapeau israélien interroge. Elle peut susciter la colère, en particulier des musulmans qui soutiennent la cause palestinienne. Elle peut aussi provoquer des actes antisémites qui ont fortement augmenté, à quelques jours d'une grande manifestation organisée justement contre l'antisémitisme. Ces dessins, tous identiques, 250 en dix jours, sont tagués au pochoir. Ils semblent être le résultat d'une campagne soigneusement orchestrée. Peu de temps après, le Quai d'Orsay dénonce le réseau de désinformation Doppelgänger, qui a propagé en ligne des photos de ces tags grâce à des comptes automatisés. Ce réseau a par le passé été démasqué alors qu'il avait été à l'origine d'une opération d'influence russe sur des faux sites d'information et dans des copies de grands journaux européens fabriqués de toutes pièces. L'enquête judiciaire, elle, a permis d'interpeller un couple qui a peint ces étoiles de David. Ils sont moldaves, comme les deux autres personnes qui les ont aidés. Le commanditaire est un homme d'affaires également moldave, un ancien escroc, qui a publié il y a une douzaine d'années des messages à connotation antisémite sur les réseaux sociaux. Il a formé des groupuscules prorusses avant de rejoindre le Parti socialiste de Moldavie contrôlé par la Russie, qui fait pression sur ce petit pays, candidat à l'Union européenne, en partie occupé par des soldats russes.

L'affaire des tags est un épisode de l'offensive du Kremlin contre la France, qui ne connaît pas de limites. Cette offensive vise aussi les adeptes français de Poutine, qui présentent, eux, un double intérêt. Ils peuvent livrer des renseignements et, en même temps, défendre le bien-fondé de la propagande russe, sans même que des agents de Moscou leur demandent clairement de le faire. Leur approche par les agents russes est facile car ils sont déjà convaincus, quitte à « trahir » leur propre pays. Aveuglés par des convictions à géométrie variable, ces Français et ces Européens séduits par Poutine défendent les mêmes thèses, proches de celles que l'on retrouve au sein de l'AFD, le parti d'extrême droite allemand. Ils se rejoignent sur la détestation des États-Unis, rêvent d'une société régie par un ordre musclé et une morale de façade, le tout incarné par un tyran qui ressemblerait au maître du Kremlin. Taupes ou chevaux de Troie, ils répètent les arguments fallacieux de Poutine, grand spécialiste de l'inversion des faits, et par conséquent de la vérité, comme il l'a appris à le faire jadis au KGB.

L'offensive des hackers russes

Dans sa guerre contre la France, Vladimir Poutine a modernisé ses méthodes. Ses services ont constitué, depuis une décennie, des armées de hackers. En Russie, ces cyber-combattants qui s'attaquent aux hôpitaux ou à des entreprises civiles et les rançonnent sont des héros. Sur le papier, ils encourent jusqu'à sept ans de prison, mais sont rarement condamnés. À Moscou, le Parlement travaille sur des textes législatifs qui permettraient de les exonérer de responsabilité pénale, s'ils agissent, en bons patriotes, dans l'intérêt de la Russie. Le député russe Dmitry Gusev a demandé leur intégration dans l'armée afin qu'ils soient mieux protégés. Ces hackers font, en effet, d'une pierre deux coups : ils déstabilisent l'ennemi et reversent l'argent des rançons aux organes du pouvoir et à leurs dirigeants. *Idem* pour les énormes sommes provenant du blanchiment d'argent issu des cryptomonnaies, du piratage et des ventes illégales sur le darknet. Une économie parallèle, de fait autorisée par le Kremlin. En France, selon le Code pénal, entraver ou fausser « un système de traitement de données est passible d'une peine de cinq ans d'emprisonnement et de 150 000 euros d'amende ». Vu de Moscou, un coup d'épée dans l'eau.

Le nombre de ces « hacktivistes » a considérablement augmenté depuis l'invasion de l'Ukraine. L'agence de sécurité américaine a pointé du doigt les groupes NoName057, Anonymous Russia ou Kilnet et d'autres, que finance le Kremlin. Soldats virtuels du pouvoir russe, ceux-ci s'introduisent dans les sites de plateformes gouvernementales, d'aéroports et de ministères en Europe et les paralysent. Ils perturbent l'organisation des entreprises stratégiques, leurs flux logistiques et piratent les listes de malades hospitalisés, le nom des médicaments qui leur sont prescrits et les affections dont ils souffrent.

En août 2022, le groupe de pirates informatiques LockBit a immobilisé le système du centre hospitalier Sud-Francilien, situé à Corbeil-Essonnes. En décembre, il a exigé un million d'euros pour la restitution des fichiers, sous peine de les publier ou les revendre au plus offrant. La rançon n'a apparemment pas été versée, mais, en 2021, 582 établissements hospitaliers, soit 1 sur 6, ont été visés en France, comme celui de Versailles qui abrite 700 lits et emploie 2 800 personnes. De quoi déstabiliser un pays. Le ministre chargé de la Transition numérique, Jean-Noël Barrot, a annoncé la création d'un « bouclier cyber » doté de 30 millions d'euros pour les entreprises et les collectivités, désormais sensibilisées par les autorités au risque de piratage. Autres objectifs prioritaires des hackers : Paris Aéroport et la DGSI, chargée du contre-espionnage. Ils ont aussi attaqué la mairie de Lille, des syndicats des eaux, les serveurs de la holding du groupe de télécoms et de médias Altice et recueilli des informations confidentielles.

Une entité du ministère des Armées, l'Office national des combattants et des victimes de guerre (ONaCVG) a été la cible – une première – de hackers, russes selon les experts, qui visaient ses serveurs et ses bases de données. Des centaines de milliers de fiches comportant les noms, photos et coordonnées de ces anciens militaires pensionnés, qui pourraient permettre aux services de désinformation russes de leur faire passer des messages justifiant l'invasion, en inversant la réalité : la Russie ne fait que se défendre contre l'attaque du régime ukrainien néonazi et des États-Unis qui veulent l'envahir ; il faut arrêter le soutien de la France à l'Ukraine ; Macron est à la botte des Américains qui gagnent des fortunes en vendant des armes et du gaz liquéfié. Comme si ces derniers devaient les fournir gratuitement à une Europe riche et imprévoyante, qui n'a pas investi dans sa propre défense. Les services russes espèrent ainsi jeter le trouble parmi les personnes âgées qui composent la majorité des anciens combattants, sensibles, avec leur famille, à l'indépendance de leur pays, pour lequel ils se sont battus. « La guerre ne se déclare plus, elle se mène à bas bruit, insidieusement, elle est hybride », a reconnu Emmanuel Macron.

Et nul n'est à l'abri. En novembre 2022, le site internet du Parlement européen a été victime d'une attaque informatique après que les députés ont voté une résolution qualifiant la Russie d'État « promoteur du terrorisme ». En mars 2023, les sites internet de l'Assemblée nationale et du Sénat ont été bloqués par le groupe de hackers NoName057, qui a revendiqué cette cyberattaque, riposte au soutien de la France à l'Ukraine et au président Emmanuel Macron qui « continue à servir les néonazis ukrainiens ». Pour les mêmes raisons, le groupe NoName057 a de nouveau attaqué le Sénat, en mai 2023, et s'en est vanté sur sa chaîne Instagram dans un message en russe et en anglais.

La centaine de collectifs de hackers prorusses qui s'en prend aux institutions des pays armant l'Ukraine crée un climat anxiogène. Ces groupes sont toutefois moins nombreux et moins performants que l'armée de hackers ukrainiens qui les harcèlent en permanence dans tous les domaines. Ceux-ci ont, par exemple, siphonné des données de la Banque centrale russe et les ont publiées sur Instagram. Ils ont piraté l'e-mail et le compte du géant de la vente en ligne AliExpress, et ceux d'un blogueur russe qui récoltait de l'argent pour équiper les soldats. Au lieu de recevoir des drones commerciaux destinés aux militaires et achetés grâce aux dons patriotiques, le blogueur s'est vu livrer des sex-toys pour un montant de 23 000 euros.

Avec la guerre, les attaques se multiplient et les groupes à la solde du régime russe ont besoin de toujours plus de hackers. Ils recrutent sur Instagram et rémunèrent les candidats proportionnellement au volume de leurs attaques sur les cibles désignées : entre 350 et 1 500 euros par opération. Pour leur faciliter la tâche, des collectifs fournissent en libre accès un kit pour installer un logiciel permettant de pénétrer un réseau d'appareils déjà infectés.

En vingt-quatre heures, ces hackers russophones sont capables de cibler vingt-huit organismes. Selon le site spécialisé Numerama, 1 500 photos de cartes d'identité et de passeports français, qui peuvent être utilisées pour la fabrication de faux papiers ou l'ouverture de comptes, sont à vendre par lot. Un autre groupe de malfaiteurs a récupéré 22 000 pièces d'identité de plusieurs pays, dont la France.

Parfois, ces voyous de l'informatique ont des désaccords entre eux sur les paiements, qui entraînent une fuite de données à leurs dépens. À la suite d'une dispute interne, LockBit a vu le kit d'installation de son logiciel malveillant apparaître sur les réseaux sociaux. Un compte, inconnu jusqu'ici, a publié sur Twitter le code pour assembler le rançongiciel.

L'objectif du Kremlin est toujours le même : créer un sentiment prorusse et influencer l'opinion puis le personnel politique, déjà très prudent, sinon absent, sur le sujet par crainte d'inquiéter leurs électeurs.

Selon Numerama, le collectif NoName057, bras armé du Kremlin, a frappé des cibles françaises importantes pendant le discours de Poutine le 21 février 2023, à l'occasion du premier anniversaire de l'invasion de l'Ukraine. Un symbole censé montrer la puissance russe, pourtant décevante sur le terrain. La procédure est toujours la même : après une attaque par déni de service, qui consiste à saturer une cible avec des vagues de connexions simultanées, le serveur n'arrive plus à les traiter et la plateforme s'éteint. Les sites du Centre national d'études spatiales, la Direction de l'animation de la recherche, des études et des statistiques et l'Institut national du travail, de l'emploi et de la formation professionnelle, qui prépare aux concours et assure la formation de ses inspecteurs, sont tombés en panne. Ont également été visés le site Data.gouv.fr et celui de Naval Group qui construit les navires de guerre. Pareilles « pannes » sont, en général, résolues en vingt-quatre heures. Elles pénalisent toutefois l'économie ou l'administration et bloquent leurs systèmes de données, indispensables au pays en cas de crise majeure. Résultat, NoName057 s'est vanté d'avoir « croqué la baguette française », et pour le Kremlin, il s'est agi d'une petite victoire : il a réussi à neutraliser, certes peu de temps, son « ennemi ».

Grâce à des fuites de données publiées par plusieurs grands journaux, dont *Le Monde*, les plans d'attaque du Kremlin contre l'Europe et les États-Unis ont été révélés. Comme c'est désormais souvent le cas, un lanceur d'alerte, écœuré par l'invasion de l'Ukraine, a divulgué 5 300 pages détaillant 1 000 documents secrets. E-mails internes, rédactions de projets et instructions racontent, de 2016 à 2021, les coups bas montés par la tentaculaire administration présidentielle du Kremlin avec l'aide de l'entreprise Vulkan. Cette société de conseil ressemble presque à une start-up californienne : on y fête les anniversaires, et les jeunes salariés jouent au football. Slogan de l'entreprise : « Rendre le monde meilleur ». Derrière ce tableau bon enfant se cachent des spécialistes, des techniciens, des hackers qui cherchent la faille informatique. Protégés par des portes blindées et sous l'œil de caméras, les employés travaillent devant des rangées d'ordinateurs. Tous exécutent les ordres et les objectifs fixés par le GRU, les renseignements militaires, le FSB, la police politique, et le SVR, l'agence russe de renseignements extérieurs. Un programme de formation apprend comment perturber des infrastructures ferroviaires ou aéroportuaires. Les informaticiens utilisent un logiciel, Scan-V, qui furète dans le web pour trouver le « passage » qui permettra de lancer une cyberattaque de masse. Ces chasseurs signalent ensuite leurs trouvailles au collectif de hackers du Kremlin, Sandworm, à l'origine de perturbations lors des jeux Olympiques d'hiver de 2018 en Corée du Sud ou de pannes d'électricité en Ukraine.

Au département de la Justice à Washington, on considère ces pirates informatiques comme très dangereux. Une prime pouvant s'élever jusqu'à dix millions de dollars est offerte à ceux qui communiqueraient des informations sur les saboteurs de Sandworm. Ceux-ci, ainsi que d'autres hackers russes, sont, en effet, responsables des attaques visant le fournisseur d'accès internet Viasat, qui ont perturbé les communications de l'armée ukrainienne au début de la guerre et privé un million d'habitants de connexion. En Allemagne, 3 000 éoliennes ont été touchées. Quant à la Suisse, elle s'inquiète de voir la centrale nucléaire de Mühleberg figurer dans un manuel de piratage russe.

Baptisé « Amezit », le second volet de l'activité clandestine de Vulkan permet de surveiller et de contrôler l'internet en Russie, désormais coupé en grande partie de l'Occident. Ce système décèle les opposants et crée de nombreux comptes de désinformation et de faux profils sur la toile afin de piéger les détracteurs de Poutine et de son « opération militaire spéciale » en Ukraine.

Dès 2013, le chef d'état-major des armées russes, le général Valeri Guerassimov, avait conceptualisé la guerre hybride qu'il pratique aujourd'hui. Grâce à des attaques asymétriques secrètes, il prévoyait d'affaiblir ses ennemis occidentaux en s'attaquant aux piliers de leur cohésion sociale, en même temps qu'il prônait « une confrontation de l'information » par des mensonges et de la propagande.

Les responsables politiques européens qui soutiennent l'Ukraine sont des cibles régulières pour le Kremlin. Toutes les méthodes sont bonnes pour les discréditer. Exemple : deux humoristes russes, Vovan et Lexus, ont appelé le président polonais, farouchement opposé à Poutine, en se faisant passer pour Emmanuel Macron. La conversation orientée a mis la puce à l'oreille du chef de l'État, mais a été diffusée sur le YouTube russe. Heureusement, le président polonais avait précisé qu'il ne voulait pas de guerre avec la Russie. Le secrétaire britannique à la Défense et le ministre ukrainien des Affaires étrangères ont, eux aussi, été piégés par le même duo. À chaque fois, les sujets abordés portaient sur l'invasion de l'Ukraine ou les divisions européennes. Selon des informations recueillies par le site Numerama, le pouvoir ukrainien a classé les deux humoristes comme faisant partie des unités d'opérations psychologiques, censées montrer aux Russes la puissance de leur régime et de ses agents, capables d'atteindre les décideurs les plus protégés et, par conséquent, les opposants partout où ils se trouvent.

Emmanuel Macron n'est pas non plus épargné. Vladimir Poutine s'est déjà attaqué au parti de son homologue français pendant la campagne présidentielle de 2022. Un groupe russe de pirates informatiques s'est même félicité d'avoir mis en panne le site de la majorité présidentielle. Ils voulaient se venger d'Emmanuel Macron pour l'aide débloquée pour l'Ukraine. Le *modus operandi* est toujours le même : saturer le serveur en multipliant les fausses connexions pour rendre le site inactif pendant plusieurs heures. Les hackers ne s'en sont pas cachés : ils revendiquaient leur appartenance à Killnet, une organisation considérée comme proche du Kremlin par le gouvernement américain. Selon plusieurs sites spécialisés, ce collectif de hackers prorusses a ciblé le parti d'Emmanuel

Macron pendant les dernières élections présidentielles, et, sur sa chaîne Telegram, a félicité Marine Le Pen pour son passage au second tour, espérant qu'elle soit, en cas de victoire, en mesure d'établir une véritable amitié entre la Russie et la France. « OTAN goodbye », auraient écrit ces hackers, résumant par leur slogan l'opposition traditionnelle de la députée du Rassemblement national au système commun de défense occidentale.

Riposte française

Avec l'invasion de l'Ukraine, l'Europe s'est réveillée en sursaut. En France, les politiques ont prêté davantage attention aux mises en garde des états-majors et des services de renseignement. Preuve de l'importance de la menace, Emmanuel Macron a annoncé en 2023, lors de la présentation de la loi de programmation militaire 2024-2030, le doublement des budgets des renseignements militaires sur les théâtres d'opérations et le renforcement de la contre-ingérence cybernétique, premier front désormais de la guerre que mène la Russie contre la France. Cette riposte, qui nomme l'adversaire, sinon l'ennemi, brise un silence qui pouvait passer pour un consentement. Pour Vladimir Poutine, adopter ce type de posture afin de préserver l'avenir est, de toute manière, synonyme de faiblesse.

En juin 2023, le ministère des Affaires étrangères a dénoncé une vaste opération de désinformation contre la France qui durait depuis plus d'un an : les ministères régaliens et la presse étaient visés. Un faux communiqué du Quai d'Orsay annonçait une taxe de 1,5 % sur « chaque transaction monétaire » pour financer le soutien militaire à l'Ukraine. But recherché : influencer l'opinion, puis la retourner pour qu'elle se prononce contre le soutien de la France à l'Ukraine. Cette campagne était, en fait, beaucoup plus vaste. Les faussaires russes visaient d'autres cibles : les journaux nationaux, lus et influents. Ils reproduisaient à l'identique des pages du *Monde*, du *Figaro*, du *Parisien* et de *20 minutes* qui incluaient des articles prorusses, critiquant une visite du ministre des Armées à Kiev ainsi que le président Zelensky, qui mènerait son pays à sa perte.

Outre la France, l'Italie, la Grande-Bretagne, la bête noire de Poutine, et l'Allemagne sont aussi visées par les attaques d'envergure. Des faux articles qui ressemblent aux vrais racontent que les sanctions ruinent l'économie allemande. De quoi faire paniquer la population afin qu'elle fasse pression sur le gouvernement pour qu'il arrête de soutenir l'Ukraine. Sur des pages Facebook, des pseudo-ouvriers se plaignent d'avoir été licenciés parce que leurs dirigeants dépensent des fortunes dans des guerres inutiles. Le but est encore de retourner l'opinion européenne. Une manœuvre dans le collimateur des services européens, qui ont baptisé cette opération russe Doppelgänger, « sosie maléfique » en français, relayée partout grâce à Instagram, y compris par l'ambassade de Russie en France.

Victime de cette offensive, le journal *Le Monde* explique dans une enquête que ces fausses pages Facebook ont servi à amplifier des tweets de Florian Philippot, l'ancien bras droit de Marine Le Pen, sur la guerre en Ukraine, ou encore à donner plus de visibilité à une vidéo du média français *Omerta*, qui défend des positions prorusses. *Idem* pour un ancien sénateur connu pour son soutien à la Russie. Grâce à ce stratagème, il a rediffusé un faux article du *Parisien* prétendant que les Ukrainiens désertaient en masse. Ces fausses nouvelles ont été vues trois millions de fois. Nouveaux médias, portails d'information, micros-trottoirs et interviews de sympathisants sont diffusés sur le réseau Doppelgänger et d'autres sites francophones, contrôlés, entre autres, par le ministère de l'Intérieur russe. De fausses informations propagent l'idée que les Européens seraient prêts à se soulever pour que leurs dirigeants arrêtent de soutenir l'Ukraine. À Paris, on ne laisse plus passer ces opérations d'ingérence.

Dans un communiqué, le ministère français des Affaires étrangères précise que des investigations ont mis en évidence « l'implication d'individus russes ou russophones et de plusieurs sociétés russes ». Ces attaques sont « une nouvelle illustration de la stratégie hybride que la Russie met en œuvre […] pour porter atteinte à nos institutions démocratiques », institutions qui sont protégées désormais par des opérations militaires d'influence contrecarrant les mensonges de l'adversaire.

En décembre 2020, Facebook a fermé de faux comptes apparemment liés aux forces françaises qui réagissaient aux campagnes de désinformation de la Russie au Mali. Un prêté pour un rendu qui montre que les services spécialisés ne sont plus inertes face à ce sujet et sont décidés à rendre coup pour coup dans le cadre de la doctrine L2I. Cette « lutte informatique d'influence », élaborée par le général Lecointre, a été finalisée par son successeur, le chef d'état-major Thierry Burkhard, qui place désormais ces ripostes au premier plan. Une information fausse et des manipulations destinées à saper la légitimité d'une opération militaire sont devenues des armes grâce aux réseaux sociaux. Parfois, ce sont de véritables manœuvres où des centaines de trolls saturent une audience. Pour traiter, à travers des algorithmes d'intelligence artificielle, des énormes masses de données, le ministère des Armées a passé des commandes, *via* l'accord-cadre Ouranos, avec une entreprise, Preligens, créée par deux ingénieurs français. Le commandement de la cyberdéfense, la direction du renseignement militaire et même le commandement des opérations spéciales pourront bénéficier de ces informations, afin d'en savoir davantage sur l'adversaire et de réagir plus vite sur le terrain, partout dans le monde.

Le champ de bataille de la Russie contre la France, paradoxalement, ne se borne pas toujours à l'Europe. Il s'étend surtout dans son ancien pré carré, en Afrique, où l'ancienne puissance coloniale est fragilisée. Paris a déjà expulsé des diplomates espions russes, mais c'est désormais sur le continent africain que Poutine règle ses comptes avec l'Hexagone, en demandant aux régimes militaires qu'il soutient d'exiger le départ des troupes françaises.

CHAPITRE III

La Russie poursuit le combat de l'URSS en Afrique

Le combat de Poutine dépasse largement l'Ukraine. Il oppose les dictatures et les autocraties de la planète aux démocraties libérales occidentales. Par ses alliances avec la Chine ou la Corée du Nord, la Russie de Poutine ressemble à l'URSS qu'il regrette tant. Le président russe s'est même acoquiné avec les généraux putschistes birmans qui ont repris le pouvoir à Rangoon. La Russie leur fournit des hélicoptères et des avions de chasse pour bombarder les villages où se cachent les malheureux résistants du royaume des mille pagodes. Beaucoup de Karens ont fui en Thaïlande, mais le pays compte quatre millions de chrétiens, toutes ethnies confondues. Ils sont persécutés par les amis birmans de Poutine, un président qui se targue pourtant d'être un défenseur de la chrétienté.

La dérive sécuritaire propre à ce type de régimes s'accompagne d'un multipartisme tronqué et de façade. Ce système que Vladimir Poutine a instauré en Russie depuis une vingtaine d'années, il l'exporte désormais sur le continent africain grâce à internet et à ses mercenaires. Brejnev avait mis en place un schéma identique. Il soutenait, grâce au KGB et à des soldats cubains, les pays socialistes de ce continent, où on affichait les portraits de Karl Marx et de Lénine à côté de la faucille et du marteau. Ce bourrage de crâne poussait les populations à la révolte. Aujourd'hui, de nouvelles rébellions contre le pouvoir central continuent de se répandre au Sahel, de l'Afrique de l'Ouest au Nigeria, de l'est de la République démocratique du Congo au nord du Mozambique. À la différence que, cette fois-ci, ce sont des mouvements djihadistes qui se moquent des frontières au nom d'un islam de conquête parti du Maghreb. Les Russes ne les arrêteront pas plus que, jadis, les Soviétiques avaient terrassé des rebelles, qui ont fini par les faire partir en renversant des régimes prétendument révolutionnaires.

Seul l'Angola a résisté. Il est désormais à moitié libéral, mais toujours gouverné par des politiciens du mouvement de libération marxiste-léniniste, le Mouvement populaire de libération de l'Angola (MPLA) qui a pris le pouvoir dans la capitale, Luanda, dès le départ des Portugais en 1975. Après avoir mis sur la touche l'ex-président José Eduardo dos Santos et sa fille Isabel, le nouveau chef de l'État, le général João Lourenço, a tourné casaque, même si son armée est équipée de matériel russe et qu'il a étudié, comme beaucoup de ses camarades africains, à l'Académie supérieure Lénine de l'URSS. Il est, d'ailleurs, le dernier « dinosaure rouge » formé à Moscou encore à la tête d'un État, que le ministre russe des Affaires étrangères, Sergueï Lavrov, ne manque pas de visiter.

Lors de sa tournée africaine en mars 2023, Emmanuel Macron a annoncé, en Angola, lancer des partenariats agricoles, pour rompre avec la Françafrique où les revers s'accumulent. Lourenço est devenu « juge de paix » pour la région des Grands Lacs pour mettre fin à l'occupation quasi permanente de l'est de la république démocratique du Congo par des mouvements de rébellion tutsis, lesquels ont été créés de toutes pièces par le Rwanda afin de piller, sous un faux drapeau, les minerais rares de son voisin.

Dans le but de réaliser pour Canal+ le documentaire *Du sang dans nos portables*, sur les enfants exploités dans les mines de coltan, nécessaire à la fabrication des téléphones, j'avais rejoint dans son maquis du Nord-Kivu, près du volcan Nyiragongo, le général rebelle congolais Laurent Nkunda. Un Tutsi, comme le président du Rwanda, Paul Kagame, qui lui fournissait des armes et lui dictait les ordres permettant, entre autres, l'exportation clandestine du fameux coltan. Arborant un drapeau « *Jésus Christ, king of kings* » (roi des rois), ce mystique inquiétant me soutenait, au milieu de ses miliciens en uniforme de soldat rwandais, avoir reçu un message divin du Très-Haut. Ses combats contre l'armée et ses exactions contre les civils avaient provoqué la fuite de 500 000 personnes. Son parrain, Kagame, a fini par le lâcher. Nkunda vit désormais à Kigali.

Plus tard, Kagame a créé un autre groupe de rebelles, le M23, dirigé par un ancien adjoint de Nkunda. Ce mouvement est condamné par les Nations unies pour massacres de civils, mais, lors de sa visite à Kinshasa en 2023, Emmanuel Macron n'a pas mis en cause le Rwanda, pourtant pointé du doigt par l'ONU.

Depuis l'ouverture des archives et l'arrêt des poursuites judiciaires contre Kagame, les relations sont au beau fixe avec Paris. En Centrafrique, Paris verrait bien les Russes remplacés par des troupes du Rwanda, dont des sociétés sont déjà implantées. En France, on n'entend plus guère parler les associations qui accusaient la France, et ses militaires de l'opération Turquoise, de génocide. Même des chirurgiens du service de santé des armées étaient accusés par de mystérieux plaignants d'avoir pratiqué des expériences chirurgicales sur des Tutsis blessés à coups de machette, soignés à l'aéroport de Goma sous la tente de leur antenne chirurgicale, que j'avais visitée en 1994. Les médecins militaires avaient, à juste titre, porté plainte pour diffamation. En 2017, devant le tribunal qui devait statuer sur ces allégations, j'ai témoigné sous serment alors que les « plaignants », français, s'y sont refusés. « Non, je n'ai pas vu de médecins français adeptes de Mengele », ai-je répondu au procureur pour dénoncer ces accusations fausses et infamantes. Depuis, au nom de ce qui ressemble à la raison d'État, une sorte de donnant-donnant a mis fin au conflit politico-judiciaire entre les deux pays. Une méthode qu'Emmanuel Macron a déclinée en ouvrant les archives à des historiens français et africains, afin de faire « la lumière » sur l'action de la France au Cameroun et en Algérie – qui hésite à les consulter, par crainte de mettre au grand jour les massacres du FLN, toujours au pouvoir plus de soixante ans après l'indépendance.

Mais lors de sa visite en mars 2023 à Kinshasa, le tropisme pro-Rwanda du président français provoque, au cours d'une conférence de presse commune, l'ire du président de la république démocratique du Congo, Félix Tshisekedi, qui dénonce l'occupation d'une partie de son pays par son voisin rwandais. Pour lui, il y a un « deux poids, deux mesures », ce dont sont convaincues les opinions africaines. La France défendrait l'Ukraine envahie, mais pas un pays africain dans le même cas de figure. À Kinshasa, le ton monte encore quand Tshisekedi reproche l'attitude paternaliste ou néocoloniale de la France en évoquant une remarque de Jean-Yves Le Drian. Rappel des faits : le ministre des Affaires étrangères avait qualifié de « compromis à l'africaine » son élection en 2019. Ce qui aurait pu relever de l'anecdote va prendre une autre dimension. Le président français réplique, à sa manière, sans vraiment convaincre. Cela lui vaut, depuis, une campagne de dénigrement sur les réseaux sociaux, animée par des influenceurs prorusses. Ils s'en donnent à cœur joie pour délégitimer le « nouveau logiciel » français que souhaite développer Emmanuel Macron afin de sortir du carcan de l'ancienne Afrique des colonies. Son ambition est de se tourner davantage vers les pays anglophones et lusophones.

L'Angola figure en tête de liste. Lorsqu'il était sous la coupe de Moscou, ce pays hébergeait plusieurs mouvements de rébellion, dont beaucoup étaient armés par la CIA, l'Afrique du Sud de l'apartheid, et quelques-uns par les services secrets français. Les indépendantistes de l'enclave du Cabinda, eux, étaient les parents pauvres de l'aide militaire occidentale. À cause de ses puits de pétrole, exploités par les Américains et protégés par les Cubains et les Russes, qui récupéraient des millions de dollars. Le Cabinda était le seul endroit où whisky et vodka faisaient bon ménage. Dans l'espoir d'obtenir sa part de pétrole, Elf et les services français avaient essayé de soutenir la rébellion. Une petite équipe de Bob Denard, mercenaire pour les uns, corsaire de la République pour les autres, avait bien essayé de mener au combat les Cabindais. Sans succès, face aux Cubains qui débarquaient par milliers.

En venant du Zaïre, l'ancien Congo belge du maréchal Mobutu, j'avais rejoint en 1980, clandestinement, les guérilleros du Front de libération de l'enclave du Cabinda (FLEC). On avait attendu, postés au bord d'une route pendant deux jours, un convoi militaire angolais qui ravitaillait le camp de Buco Zau. Au cours de notre marche d'approche au cœur de la forêt primaire, les rebelles avaient tué un jeune gorille. Ils avaient grillé son pelage sur un feu, avant d'ouvrir sa carcasse à coups de machette. Dans la pénombre, l'animal avait la silhouette d'un être humain. Après l'avoir décapité, ils se passèrent de main en main son crâne, ouvert comme un œuf à la coque, pour que chacun mange avec les doigts un peu de sa cervelle. « C'est pour avoir la force du gorille pendant la bataille », me disaient-ils. Mis à part des chauves-souris dont la viande rappelle vaguement celle du lapin, des crocodiles dont la chair ferme ressemble à la lotte et des fruits sauvages, les provisions étaient maigres. J'avais décliné ma part de cervelle. Dans mon sac, j'avais gardé deux tubes de lait Nestlé, qui me donnaient l'énergie nécessaire pour effectuer de longues marches dans une chaleur étouffante.

L'attente dans les fourrés parut interminable.

Soudain, un sifflement. Un guetteur nous avertit que le convoi approchait. C'était la tombée du jour. On entendait les craquements des changements de vitesse des véhicules militaires, qui peinaient à monter le virage en côte où nous étions embusqués. Enfin, ils arrivèrent à notre hauteur. C'était le moment. Les maquisards tirèrent de longues rafales avec leurs FAL, des fusils belges. D'autres lancèrent, avec un M79 américain, des grenades de 40 millimètres qui ressemblaient à des petits obus, courts et dorés. La cabine du premier camion explosa avec son équipage. Ce fut le signal de l'assaut. Un déluge de feu s'abattit sur le convoi. À l'arrière, des hommes crièrent. Ils étaient touchés. Certains ripostèrent. Les rebelles couraient dans la nuit et les abattaient en tirant au coup par coup. Plusieurs soldats agonisèrent, pas longtemps. Ils mourraient tous. Il n'y avait pas de place pour les blessés. S'il y avait eu des Soviétiques, ils auraient subi le même sort.

Ce genre d'attaques commencent à arriver au Mali et en Centrafrique contre des mercenaires russes, installés, après le départ des soldats français, pour protéger, comme à l'époque de l'URSS, des régimes autoritaires et corrompus. Déjà, plusieurs de ces mercenaires auraient été tués. Leur retour en Afrique risque de ne pas se dérouler comme ils le pensent. Ils finiront probablement comme leurs aïeuls soviétiques par être mis dehors, notamment par les groupes islamistes armés qui s'approchent de Bamako, la capitale du Mali. Les chefs d'Al-Qaïda pour le Maghreb islamiste l'ont annoncé : les Russes sont comme les Français, des occupants qu'il faut chasser. En avril 2023, l'organisation terroriste a revendiqué l'embuscade, près de la frontière de la Mauritanie, qui a tué Oumar Traoré, le chef de cabinet du président par intérim, le colonel Goïta, l'homme qui a fait venir les mercenaires russes et exigé le départ des troupes françaises.

En brousse, les Russes sont aux côtés de l'armée malienne lors de ses exactions dans les villages. Dans les agglomérations, le contrôle de la société par des indics a déjà cours. C'est un classique hérité des méthodes soviétiques. En Éthiopie, ce fut le cas sous le règne du dictateur Mengitsu, de 1977 à 1991. Sauf à bord du « train du Négus », qui cheminait d'Addis-Abeba à Djibouti. Construit par des ingénieurs français, ce train mythique était alors en fin de course. Il déraillait à tout bout de champ et était attaqué par les rebelles oromo et ceux de l'Ogaden. Le conducteur de la locomotive broutait du khat, ces feuilles stimulantes prisées dans la Corne de l'Afrique, tandis que des soldats étaient censés protéger les passagers voyageant dans les wagons délabrés. À Dire Dawa, il y avait la plus ancienne Alliance française de la planète, où les petits Éthiopiens récitaient les fables de Jean de La Fontaine. Près de la gare, des ateliers et d'immenses entrepôts ferroviaires abritaient des milliers de pièces détachées, répertoriées en français avec des pleins et des déliés tracés sur les casiers. Par conséquent, les employés de la ligne parlaient français et jouaient à la pétanque, comme au dépôt de Miramas par exemple. Les terrains de boules des cheminots étaient ornés de panneaux rouillés vantant la Suze et le pastis. Depuis, le chemin de fer a été racheté et rénové par une compagnie chinoise.

Pendant la période marxiste, la répression était féroce en Éthiopie. En débarquant à Addis-Abeba au mitan des années 1980, je n'ai pas vu de contestations contre le régime et l'URSS comparables aux manifestations qui se déroulent actuellement contre la France à Bamako, à Niamey ou à Bangui, où une partie de la population adhère à la propagande, oubliant le joug des dictatures passées. La population éthiopienne était en effet espionnée par le Derg, le terrible comité militaire marxiste-léniniste qui torturait et assassinait le moindre opposant. Manifester contre le régime et son parrain russe, c'était la mort assurée. Son chef, Mengistu Haïlé Mariam, surnommé le « Négus rouge », avait enterré la dépouille de l'empereur Haïlé Sélassié sous les fenêtres de son bureau. Le « roi des rois », deux cent vingt-cinquième descendant de la dynastie du roi Salomon et de la reine de Saba, avait été étranglé, dans le cachot où il croupissait, par les sbires d'une dictature éthiopienne inféodée à Moscou. Critiqué à la fin de son règne, le roi avait pourtant combattu le fascisme, dont Poutine revendique être le rempart en Europe.

Mengistu ne s'intéressait guère à la famine qui ravageait son pays. Pour obtenir de l'aide, il laissait parfois des envoyés spéciaux accéder aux camps de déplacés regroupant des dizaines de milliers d'affamés. Le regard vide de ces enfants au ventre gonflé par la malnutrition était insoutenable. Je n'en ai jamais vu autant, par la suite, rassemblés au même endroit. Cela n'émouvait pas Mengistu, qui détournait l'aide fournie par des démocraties pour renflouer les caisses de son parti sous influence soviétique.

Durant les années 1980, les champs de bataille étaient nombreux. Dans son affrontement avec l'Ouest, Moscou essayait de placer des pions partout, en soutenant des mouvements de guérilla ou les régimes marxistes qu'il avait contribué à installer.

Depuis que Poutine a accédé au pouvoir, il applique la même méthode. Si son armée l'avait emporté en février 2022 à Kiev, il aurait mis en place en Ukraine un régime fantoche à ses ordres, comme jadis en Europe de l'Est. En Afrique, il a déjà commencé. En faisant d'une pierre deux coups : s'approprier les richesses et chasser toute présence française du continent. C'est un moyen d'affaiblir l'Occident et de le dominer par la guerre et l'influence.

CHAPITRE IV

La France, puissance d'équilibres ?

L'offensive russe a largement écorné le concept français de puissance d'équilibres, qui s'appliquerait à un choix médian, à un « ni-ni » à géométrie variable de la France selon les enjeux internationaux. Dès qu'il s'agit de l'Europe, ou de nos intérêts, « l'équilibre » n'existe plus. En Bosnie, au Kosovo, en Afghanistan, en Libye, aujourd'hui en armant l'Ukraine, la France participe aux opérations de l'OTAN aux côtés des États-Unis, alors que la position de la Russie est à l'opposé. L'intervention, en 1999, contre la Serbie dirigée par le président nationaliste Milosevic, mort depuis dans la prison du Tribunal pénal international pour l'ex-Yougoslavie (TPIY), a été perçue à Moscou comme une opération contre la Russie, slave et orthodoxe, comme la Serbie. Pour les nationalistes serbes comme pour les Russes, une déception presque sentimentale.

Condamné à perpétuité par le TPIY pour génocide, crimes contre l'humanité et crimes de guerre, le commandant en chef de l'armée de la république serbe de Bosnie, le général Ratko Mladic, a fait partie de ces déçus. J'en ai eu la confirmation lorsque je suis tombé sur lui en Bosnie, avant son arrestation le 26 mai 2011.

« Pourquoi vous êtes contre nous? La France est notre alliée. Nous avons combattu ensemble en 1914-1918 », m'a rappelé ce colosse surnommé « le Boucher des Balkans », avant de donner l'ordre de me libérer à la nuit tombée. Depuis le matin, j'étais retenu par ses hommes dans une caserne serbe située non loin de l'aéroport de Sarajevo, défendu par des soldats français, qu'il faisait bombarder sans états d'âme. J'avais eu droit à une diatribe nourrie contre la France, qui se battait, selon lui, aux côtés de son ennemi bosniaque. Il ne voulait pas voir que la mission des militaires tricolores, en tenant l'aéroport et la piste du mont Igman, était de nature humanitaire, et permettait à la ville assiégée de garder un corridor vers l'extérieur.

Les troupes françaises s'étaient déjà illustrées dans des combats contre des Serbes en mai 1995, quand un jeune capitaine du 3e régiment d'infanterie de marine, François Lecointre, était monté à l'assaut avec la section du lieutenant Heluin. Par la suite, ce capitaine est passé général et a assuré la fonction de chef d'état-major jusqu'en juillet 2021. Avec ses hommes, Lecointre a mené, « baïonnette au canon », au printemps 1995, à Sarajevo, la dernière charge de l'armée française pour reconquérir Sierra Victor, deux postes d'observation sur le pont de Vrbanja que les Serbes avaient occupés en se déguisant en Casques bleus et en prenant des otages. Un assaut d'une violence inouïe, sous une pluie de balles et de grenades. Une dizaine de mètres séparaient parfois les ennemis. Les échanges de tirs se déroulaient dans les mêmes tranchées. Le bilan fut lourd : quatre morts, deux blessés côté serbe. Deux morts et dix-sept blessés côté français. Huit, dont le lieutenant Heluin, furent évacués à Paris. « La reprise du pont de Vrbanja restera dans la mémoire de nos armées comme un symbole, celui de la dignité retrouvée, du refus de toutes les humiliations », dira Jacques Chirac lors des obsèques des marsouins Amaru et Humblot, tués lors de cette opération.

Révolté par ce coup bas des Serbes, Chirac a ordonné qu'on libère les douze soldats français pris en otage. Leurs ravisseurs étaient un groupe de tchetniks orthodoxes. Parmi eux figuraient probablement des volontaires russes de la « Fraternité slave » universelle.

Chirac ne s'est pas arrêté là. Parrainés ou non par Moscou, les Serbes de Bosnie allaient de nouveau entendre parler de lui. Ce qui ne l'empêcha pas de devenir « copain » avec Poutine, preuve que celui-ci est capable d'avaler des couleuvres, malgré ses rodomontades, comme aujourd'hui à propos de l'OTAN. Pour Chirac, le siège de Sarajevo avait trop duré. Les Casques bleus français étaient pris pour cible depuis les hauteurs sans avoir les moyens de se défendre. C'est depuis le mont Igman qu'il va riposter en envoyant l'artillerie lourde.

Un petit matin de la fin août 1995, les positions serbes ont reçu une pluie d'obus tirés par les canons de 155 millimètres français du 40e régiment d'artillerie de la force de réaction rapide. Elle était commandée par le général Soubirou, un légionnaire qui nous a accueillis dans les bâtiments à moitié en ruine des jeux Olympiques d'hiver de 1984, où il avait installé son poste de commandement. Canons, mortiers, missiles, les avions alliés tiraient non-stop. Sarajevo vivait en état de siège depuis trois ans. En trois jours de bombardements ciblés, les assaillants ont accepté de se mettre à la table des négociations pour signer les accords de Dayton. Une leçon pour les Serbes, mais aussi pour les Russes, qui n'oublieront pas la force que sont capables de déployer des pays occidentaux coalisés. Aujourd'hui, Poutine et ses généraux connaissent la puissance de frappe des centaines d'avions de l'OTAN.

Dans ses circonlocutions, Vladimir Poutine se garde bien de vouloir dépasser les frontières des pays de l'OTAN qui, avec les États-Unis, riposteraient depuis le ciel. Il n'émet pas non plus d'ultimatum contre les livraisons d'armes lourdes, de chars et d'avions à l'Ukraine. Il connaît la « règle du jeu ». Dans les années 1960, l'URSS soutenait le Viêtnam du Nord et la Chine avait lancé, en 1950, 1,7 million d'hommes en Corée contre les troupes américaines et un contingent français. Washington n'a pas exercé de riposte sur leur territoire pour autant. Seuls l'ancien président Medvedev, mis sur la touche, et les fous du roi propagandistes des télévisions d'État claironnent qu'il faut raser Londres, Paris et Berlin à coups de missiles nucléaires. Un numéro outrancier qui prend de moins en moins dans l'opinion russe, assommée par la propagande.

Depuis son invasion en Ukraine, le Kremlin serait déçu par la France, surtout après qu'Emmanuel Macron a changé son fusil d'épaule en soutenant très clairement Kiev à l'automne 2022. À son arrivée au sommet de l'OTAN, à

Vilnius, en juillet 2023, il annonce que la France est en train de livrer une cinquantaine de missiles Scalp – la version française des Storm Shadow britanniques, que Londres a commencé à acheminer en mai. Ces armes peuvent atteindre des cibles jusqu'à 500 kilomètres de distance, à 1 000 kilomètres/heure et à 30 mètres au-dessus du sol. Quasiment indétectables, elles sont capables de pulvériser le bunker d'un état-major ou celui d'un dépôt de munitions, avec une précision d'un mètre ! De quoi ficher la trouille aux généraux russes qui ont déjà reculé leur PC loin de la ligne de front pour se protéger des canons Caesar, mais qui n'échapperont pas aux Scalp, même en Crimée où le port de Sébastopol et surtout le pont de Kertch, construit par Poutine pour mieux annexer la péninsule, risquent d'être détruits, après des tentatives en octobre 2022 et juillet 2023.

Ce soutien fait enrager les adeptes français de Poutine, pour qui la France devrait se tenir loin de Washington, donc plus près de Moscou, et suivre une troisième voie, qui arrangerait bien le Kremlin, toujours prêt à enfoncer un coin dans l'unité de l'Europe et dans son alliance avec les États-Unis.

Mais la France fait partie intégrante de l'OTAN, malgré le mythe récurrent d'une défense européenne que tous refusent, notamment les militaires, toujours réalistes. Conséquence : Poutine a choisi l'Afrique comme terrain de confrontation avec l'Hexagone en attisant un ressentiment antifrançais grâce à une entreprise informationnelle sans précédent.

La contestation contre la France qui grandit au sein de la population africaine, les présidents et ministres successifs n'en ont pas mesuré la profondeur. La détérioration des relations entre l'opinion africaine et la présence française marque la fin d'une époque, dont Emmanuel Macron essaye de se défaire, au cours de son second quinquennat, en voulant diminuer, d'abord, l'empreinte des bases françaises.

Ce dénigrement avait, en fait, commencé pendant la mandature de François Hollande qui, une fois élu président, a choisi comme ministre de la Défense son ami – du moins à l'époque – Jean-Yves Le Drian, qui serait, peut-être un peu trop vite, surnommé « Monsieur Afrique », par référence à ses nombreuses visites aux troupes françaises sous l'œil des photographes. L'ancien maire de Lorient, président du conseil régional de Bretagne, a découvert en fait ce continent très tard dans sa longue carrière politique. François Hollande et Jean-Yves Le Drian ont décidé d'une intervention au Mali et se sont entêtés, pour ne pas se dédire sur le plan politique, dans une fuite en avant, malgré les mises en garde des états-majors qui, eux, ont vite compris que cette forme de guerre, qui n'en est pas vraiment une, ne peut pas être gagnée au sens où nous l'entendons en Occident.

Les nombreuses visites au Sahel de Le Drian, devenu ensuite ministre des Affaires étrangères d'Emmanuel Macron, n'auront pas permis d'enrayer le déclin de la France sur le continent. Les émissaires venus de Paris n'ont pas su, ou pu, imposer au Mali le respect des accords signés par les protagonistes, ni peser pour faciliter une meilleure gouvernance, notamment au sein de l'armée malienne soutenue pourtant à bout de bras par les militaires français.

Aujourd'hui, les États-Unis et l'Union européenne imposent au président ukrainien Volodymyr Zelensky de rendre des comptes à propos de l'aide financière que son pays reçoit et des mesures qu'il prend pour juguler la corruption. Cela a été impossible avec le vieux président malien Ibrahim Boubacar Keïta, surnommé « IBK », mort depuis d'une crise cardiaque. Le détournement des soldes et des pensions des veuves, la désorganisation et les accusations des troupes contre leurs officiers supérieurs qui, selon elles, se « planquaient » à l'arrière en envoyant les soldats au combat contre les djihadistes sans suffisamment de munitions et de carburant, ont fini par provoquer un putsch, fomenté par de jeunes militaires ambitieux qui savaient pouvoir compter sur la Russie, destituant IBK.

Une dérive qui remonte à loin, car la cause profonde de la contestation de la présence française en Afrique subsaharienne ne trouve toutefois pas son origine uniquement dans son intervention militaire au Mali, laquelle est en fait la conséquence d'une décision antérieure prise par Nicolas Sarkozy. Cette présence découle d'un « péché originel » et de l'engrenage qui a suivi. Au départ, François Hollande et son état-major n'avaient guère, en effet, d'autre choix que de déclencher l'opération Serval, qui a mis un coup d'arrêt aux colonnes djihadistes descendant vers la capitale malienne. Une initiative que personne, même en Afrique, ne blâme vraiment.

Les critiques contre la France prennent leur source en 2011, quand Nicolas Sarkozy a ordonné, certes sous l'égide de l'ONU et aux côtés de l'OTAN, le lancement de l'opération Harmattan, en Libye. Le président français ne s'est pas rendu compte qu'il allait mettre le feu à la moitié de l'Afrique en rendant possible le pillage des gigantesques stocks d'armes de Kadhafi. Ses successeurs essayeront d'éteindre l'incendie. Sans succès. Ce chaos favorisera, une décennie plus tard, la venue des Russes.

Lorsque ceux-ci se sont immiscés dans la relation entre la France et l'Afrique subsaharienne, le divorce était consommé depuis longtemps, à la suite de déboires dans un Sahel devenu un immense champ de bataille, où s'affrontent groupes rebelles, djihadistes, milices, armées locales, Touaregs, Peuls, Bambaras, Dogons, mercenaires russes, putschistes et forces françaises, enchevêtrés dans un maelström inextricable, où Poutine tire son épingle du jeu.

J'ai été le témoin de cette dérive qui a commencé dès le début de la révolution libyenne.

CHAPITRE V

La révolte de Benghazi : le début du chaos

Au mois de mars 2011, je suis l'envoyé spécial de *Paris Match* à Benghazi, la grande ville de l'est de la Libye, d'où les insurgés comptent renverser le foutraque colonel Kadhafi, dans une pagaille qui n'annonce rien de bon. À peine arrivé dans le centre-ville après un long voyage en voiture depuis Le Caire, je tombe sur des centaines d'opposants qui contrôlent la deuxième ville de Libye. Un jeune vide en l'air le chargeur de sa kalachnikov en éclatant de rire. Un autre fait de même avec un pistolet automatique. Les plus hardis sont agglutinés sur le siège d'un canon de 14,5 millimètres à haute cadence de tirs, capable de pulvériser un mur à 2 kilomètres de distance. « Kadhafi est un criminel! Nous allons libérer Tripoli! » hurlent-ils en brandissant un drapeau rouge, noir et vert, celui de l'indépendance de 1951, que Kadhafi a remplacé par une bannière verte. Apparaît un camion de l'armée sous les hourras des révolutionnaires. De jeunes soldats sautent à terre. Ils tombent dans les bras des insurgés, réjouis par ces nouveaux ralliements de l'armée qui, dans toute la Cyrénaïque, a pris fait et cause pour la révolution contre Kadhafi, resté dans la capitale, Tripoli.

Les policiers, symboles de la répression, sont devenus invisibles. Sur la place, le centre d'apprentissage du petit *Livre vert*, un recueil d'inepties qui rassemble les pensées de Kadhafi, a été incendié. Plus loin, la maison d'un dignitaire a subi le même sort. À la katiba, qui terrorisait les habitants, les voitures attendent pare-chocs contre pare-chocs. Le premier Libyen à y être entré de force est devenu un martyr. Au milieu des combats, il a ouvert une brèche dans le mur d'enceinte avec son véhicule rempli d'explosifs.

Partout, sur les façades, Kadhafi est traité de chien, d'agent d'Israël, de dictateur, de fou, de suceur de sang. Des graffitis le ridiculisent. Lustres, meubles, jusqu'aux boiseries : toutes les villas ont été pillées. Plus loin, des centaines d'habitants sont massées autour d'une pelle mécanique qui détruit des murs souterrains. Apparaît une lourde porte blindée qui barre l'accès à un abri. « C'est là que les prisonniers étaient torturés », m'assure Salaheddin, un pilote d'avion au chômage qui habite le quartier. « Sous cette cité interdite, Kadhafi avait fait creuser des tunnels pour s'échapper en cas de coup dur », me certifie un révolutionnaire. Comme à Bagdad après la chute de Saddam Hussein, je trouve à Benghazi une population qui découvre de l'intérieur les lieux secrets des horreurs du régime.

Brouillonne, la nouvelle révolution libyenne tire un trait sur quarante ans de dictature. Fini les mots creux et les slogans vides de sens. Quand Kadhafi apparaît à la télévision, il fait rire. La place devant le tribunal de Benghazi est une agora où chacun exprime sa colère et sa souffrance. Cheveux au vent ou dissimulés sous un *hidjab*, des filles manifestent. « Contrairement à ce que dit Kadhafi, notre révolution n'a rien à voir avec le fondamentalisme et Al-Qaïda. Nous voulons seulement la démocratie, la liberté et pouvoir vivre en paix », me soutient un étudiant alors que des barbus commencent à se montrer en ville. L'anarchie règne partout. Les armes circulent sans aucun contrôle.

Un soir, une immense explosion retentit dans Benghazi. Une déflagration qui fait trembler les vitres du Tibesti Hotel, où je loge avec une partie de la presse. Elle n'a pas eu lieu dans le centre, mais à plusieurs kilomètres, à Rajma, dans l'un des plus gros dépôts de munitions du pays. C'est dire le nombre de décibels. Le lendemain matin, je m'y rends. Salah, mon chauffeur, n'est pas très rassuré. D'autres explosions sont à craindre. On compte déjà au moins quarante morts et des dizaines de blessés. Pourtant, lorsque nous arrivons, des gens sont encore là, occupés à piller les armes entreposées par dizaines de milliers dans une cinquantaine de silos en béton. C'est un décor d'apocalypse. Les arbres ont été déracinés, des murs ont volé en éclats. Les voitures projetées en l'air ne sont plus que des carcasses calcinées. *Idem* pour des camions de pompiers qui n'ont servi à rien. Le camp s'étend sur plusieurs hectares. Personne pour en empêcher l'accès. Les portes d'acier sont ouvertes, déformées par les explosions et les pillards. À l'intérieur, des caisses kaki en bois empilées sur plusieurs mètres de haut. Des dizaines ont été défoncées. Rebelles, islamistes et trafiquants se sont servis.

Dans les caisses, des kalachnikovs, des grenades, des lance-roquettes RPG-7, des pistolets Makarov, des semi-automatiques Tokarev, des mitrailleuses 12,7 millimètres, dont des Douchka, des fusils de précision pour snipers. Dans un silo sont stockés des explosifs. Le suivant renferme des munitions de tout calibre. Des caisses sont fracassées. Des projectiles jonchent le sol. Dehors, des canons antiaériens à tir rapide ont été tordus par le souffle de l'explosion et fument encore. Ceux qui sont en état de fonctionner sont volés pour armer l'insurrection ou pour être revendus. Attentat des partisans de Kadhafi ou maladresse d'inconnus qui n'ont pris aucune précaution ? On ne saura jamais la cause de ce sinistre. L'anarchie qui règne dans l'est de la Libye empêche toute enquête.

Il n'y a pas qu'à Benghazi que des armes se retrouvent par milliers entre n'importe quelle main. À chaque fois qu'une ville tombe sous le contrôle des insurgés, des arsenaux gigantesques sont pillés. Les islamistes, jusqu'ici écrasés par Kadhafi qui se méfiaient de lui comme de la peste, récupèrent, eux aussi, une large part du butin. À Derna, ils sont chez eux. En venant d'Égypte, je m'y suis arrêté, avant de rejoindre Benghazi. Depuis, j'évite. Je me méfie des barbus en kamis, chaussés de sandales, qui regardent de travers l'Occidental que je suis.

Depuis et pendant l'ère soviétique, Kadhafi a acheté, aux Russes principalement, pour vingt milliards d'euros, des millions d'armes, de munitions, de blindés et d'avions avec l'argent du pétrole. Suivant les époques, la France, l'Italie, la Belgique, certes dans une moindre mesure, n'étaient pas en reste, elles aussi ont vendu des armes. « Le Fou de Tripoli », comme le surnomment les insurgés, a armé des rébellions en Afrique et au Proche-Orient. Contre l'allégeance des rebelles au « Guide de la révolution », ils s'approvisionnaient en Libye, avec en prime le petit *Livre vert* de Khadafi, qui détaillait sa vision ubuesque de la démocratie. Mouammar Kadhafi rêvait de créer, sous sa coupe, les États-Unis d'Afrique, en déstabilisant les régimes en place soutenus par la France ou ceux proches, à ses yeux, des États-Unis. Croyant parvenir à imposer ses projets délirants par des actions clandestines, il fut le commanditaire des attentats contre deux avions de ligne. En 1988, un Boeing 747 américain de la Pan Am a explosé au-dessus du village écossais de Lockerbie, tuant 259 passagers et membres d'équipage, ainsi que 11 personnes au sol. En 1989, l'avion du vol 772 de la compagnie française UTA s'est écrasé au Niger à la suite d'une déflagration, causant la mort de 170 personnes, dont 54 Français. Dans les deux cas, Abdallah Senoussi, le chef des services secrets, beau-frère du leader libyen, a été mis en cause. En 1999, il a été condamné en France, par contumace, à la réclusion criminelle à perpétuité pour l'attentat du vol de l'UTA.

Pourtant, en 2007, Nicolas Sarkozy a accueilli Mouammar Kadhafi et ses amazones gardes du corps en grande pompe, lors d'une visite officielle d'une durée exceptionnelle de cinq jours censée favoriser le retour d'un chef d'État fantasque et dangereux sur la scène internationale. Cette visite à Paris est restée dans les annales : le chef de l'État libyen a planté une grande tente de Bédouin dans le parc de l'hôtel de Marigny, s'est baladé avec ses amazones en bateau-mouche et a exigé de chasser dans la forêt de Rambouillet.

Cette invitation française, qui interroge depuis (le nom de Kadhafi sera cité dans l'affaire du financement de la première campagne électorale de Nicolas Sarkozy renvoyé devant un tribunal correctionnel en 2025), aurait permis la libération de malheureuses infirmières bulgares et d'un médecin palestinien détenus à Tripoli pour avoir prétendument injecté le sida à leurs patients. Ils rentreront chez eux avec l'émissaire de Nicolas Sarkozy, Cécilia, son épouse de l'époque, mais aussi grâce au « soutien » des Émirats arabes unis.

Plus tard, en 2011, durant le Printemps arabe libyen, le même Senoussi mène la répression contre les insurgés. Mais cette fois-ci, Nicolas Sarkozy décide d'arrêter la contre-offensive du dictateur en lançant une campagne de bombardements. Elle va durer sept longs mois et inclure les alliés de l'OTAN. Après le désert libyen, je vais la suivre en mer et dans le ciel, aux côtés des pilotes et des marins français qui ne se doutent pas qu'un terrible engrenage, que personne n'a prévu à Paris, va se mettre en place.

CHAPITRE VI

Le pillage des arsenaux libyens arme les rébellions du Mali

Depuis la chute de Tripoli, celui qui a tenu sous sa coupe le pays pendant quarante-deux ans a disparu. Qu'il ait trouvé refuge avec un dernier carré de fidèles dans sa ville natale est fort possible. Les écoutes des « grandes oreilles » britanniques et les « yeux » américains ont permis de resserrer les mailles du filet. Kadhafi est dans une nasse. Immobile, il était à l'abri. En mouvement, il est en danger. Mais il faut qu'il bouge, qu'il quitte Syrte, s'il ne veut pas, au mieux, être capturé par les rebelles, qui le détestent. Tant pis si les avions de la coalition survolent en permanence la zone. Ce jour-là, la baraka n'est pas avec lui.

Les chasseurs bombardiers de la coalition ont traité une cible désignée par un renseignement allié. Comme aujourd'hui en Ukraine, rien n'échappe en Libye aux satellites militaires et aux moyens d'observation des États-Unis. Ce jeudi 20 octobre 2011, ils ont repéré un convoi qui tente de fuir la ville de Syrte, qui vient de tomber aux mains des insurgés. Les analystes savent-ils que le leader de la révolution est à bord d'un de ces 4 × 4 luxueux qui se dirigent vers le désert à toute allure ?

Dans leur cockpit, les pilotes ont reçu l'ordre de tirer. Il est 13 h 55, ce 20 octobre 2011. Les missiles explosent devant des voitures, qui se renversent. Le tyran est blessé. Il se réfugie avec ses gardes du corps dans une grosse buse de béton qui draine l'eau sous la route pendant les orages. Mais les pick-up des miliciens sont déjà là, attirés par le bruit du bombardement ou prévenus par un officier de liaison allié. Les échanges de tirs ne durent pas longtemps. Quand ils découvrent le corps ensanglanté, ils reconnaissent celui qui les a terrorisés pendant des décennies, avec ses « moukhabarat », sa police secrète, son petit *Livre vert*, sa Jamahiriya arabe où il n'existerait pas de chefs, ses lubies et ses frasques, ses expéditions guerrières et ses tortures dans de sinistres cachots. Sur les images des téléphones portables des insurgés, Kadhafi, grièvement blessé, est à moitié inconscient. Ils se moquent de lui, de son corps avachi, à moitié dénudé. Et ils l'achèvent. Mouammar Kadhafi est neutralisé, mais personne ne se doute que sa disparition marque le début d'une nouvelle guerre qui va s'étendre au Mali, puis dans tout le Sahel.

Fin octobre, l'opération militaire prend fin. Il est temps, après 27 000 heures de vol et 5 600 sorties tricolores. Marins et pilotes sont heureux de rentrer à la maison.

Dès le lendemain, avions et bateaux retournent en France. Seuls quelques militaires français, américains et britanniques sécurisent les stocks d'armes chimiques et de missiles sol-air, le principal danger pour les avions de la coalition, qui a agi sous mandat des Nations unies, avec une résolution du Conseil de sécurité, comprenant comme membre permanent la Russie, qui s'est abstenue.

Moscou a approuvé une zone d'exclusion aérienne, le blocage des avoirs du régime, et toutes « les mesures jugées nécessaires pour protéger les populations civiles ». Mais le Kremlin n'a pas validé un changement de régime ni *a fortiori* la mise à mort de Kadhafi, qui met Vladimir Poutine, alors Premier ministre, dans tous ses états. Peut-être craint-il un jour de finir comme le dictateur libyen ?

Poutine en profite pour attaquer le président Medvedev, aux idées libérales, qu'il a mis dans le fauteuil du Kremlin, le temps d'un mandat, afin d'y revenir ensuite, comme le lui autorise la Constitution russe, qui interdit, à l'époque, plus de deux mandats consécutifs. Pour Poutine, « l'intervention des Occidentaux en Libye fait penser à l'appel des croisés du Moyen Âge », un vocabulaire employé par les islamistes que, pourtant, il assure combattre. Medvedev répond à son mentor en qualifiant d'« inacceptables » ses déclarations : « Il est inadmissible d'employer des expressions comme "croisades", qui sous-entendent un choc de civilisations […] C'est dangereux et cela peut entraîner de graves conséquences […]. » En vain.

Poutine cherche, déjà, à capter le nationalisme russe et à capitaliser sur ses « valeurs », face à un Medvedev ouvert à l'Occident, et qui risque surtout de se représenter contre lui à l'élection présidentielle. Poutine se lance alors dans une diatribe censée affaiblir son possible concurrent : « Sous Clinton, les États-Unis ont bombardé la Yougoslavie, sous Bush, l'Irak, et maintenant, c'est au tour de la Libye. J'ai l'impression que cette tendance est une constante de leur politique étrangère. Dans ce contexte, la Russie a le devoir de renforcer ses capacités de défense et nous avons décidé de doubler notre production de missiles. » Cet affrontement verbal laissera des traces entre les deux dirigeants.

Résultat, Dmitri Medvedev fait du zèle depuis le début de la guerre en Ukraine pour se racheter une conduite auprès de son ex-mentor, redevenu président, qui ne compte pas abandonner son fauteuil de sitôt. Rétrogradé vice-président du Conseil de sécurité de la fédération de Russie, Medvedev insulte désormais les démocraties occidentales en menaçant de les détruire à coups de bombes atomiques. La France n'est plus épargnée. C'est le contraire de ce qu'il professait quand il était président, une fonction qu'il espère peut-être occuper de nouveau, si Poutine doit quitter le pouvoir à cause de son « opération militaire spéciale » en Ukraine. À l'époque, il ne pensait pas, lui non plus, que la chute du colonel Kadhafi allait entraîner une guerre au Sahel qui dure encore.

Après la mort du « Guide », ont eu lieu des affrontements entre tribus qui régissent la politique locale depuis toujours, les régions de la Tripolitaine et du Fezzan s'opposant à la Cyrénaïque, d'où est partie la rébellion. Kadhafi tenait compte de ces tribus. Il s'appuyait sur des chefs de clan pour gouverner, aidé par la terreur qu'inspiraient ses services de renseignement.

Après sa disparition, chaque grande ville est devenue une cité-État dotée d'une milice qui combat le voisin ou le nouveau pouvoir central, insignifiant en dehors de Tripoli.

Les dépôts d'armes ont été pillés. Insurgés et trafiquants se sont servis dans le gigantesque arsenal accumulé par Kadhafi.

Supplétifs du leader de la révolution, les Touaregs ont quitté la Libye avec armes et bagages. Poussés jadis par la sécheresse à se déplacer, certains étaient arrivés dans le pays avec leur famille. Ils s'étaient enrôlés dans l'armée. Plusieurs centaines d'entre eux constituaient même des forces spéciales, à la sauce libyenne. Ils disposaient de pick-up tout-terrain, de canons à tir rapide, de mitrailleuses et de lance-roquettes.

Ceux qui sont rentrés au Niger, après la chute de Kadhafi, ont été plus ou moins désarmés ou intégrés dans la garde nationale. Les autres ont rejoint le désert malien, dont la plupart étaient originaires. Une aubaine pour les irrédentistes touaregs du Mali, qui se sont lancés dans une nouvelle rébellion contre le pouvoir central grâce à l'arrivée de leurs frères lourdement armés. Ils étaient déjà soutenus par des groupes islamistes venus d'Algérie, qui considéraient, à l'époque, les pays du Sahel comme leur base arrière.

Des terroristes algériens, marocains, tunisiens, soudanais et mauritaniens composaient à l'époque cette légion islamiste. Ce sont eux qui ont commencé la bataille au Mali, qui dure encore et dans laquelle les Russes se sont engouffrés. Le noyau originel s'appelle le Groupe salafiste pour la prédication et le combat, le GSPC, qui a capturé une trentaine de touristes et menacé le Paris-Dakar en janvier 2020. Pour éviter le pire, la course quittera le Sahel.

Pendant l'été 2004, je rejoins les rebelles toubous qui ont capturé ces djihadistes dans le massif du Tibesti, au nord du Tchad. Parmi ceux qui ont réussi à s'échapper, Abou Zeid, futur chef d'Al-Qaïda au Maghreb islamique, qui allait prendre en otage des employés d'Areva, et qui sera tué au cours de l'opération Serval.

Mon périple clandestin s'étale sur 3 000 kilomètres dans le Sahara à partir d'Agadez, au Niger. M'accompagne Adoum, un ex-commandant couturé de blessures par balle. Je l'ai connu au cours des rébellions tchadiennes et dans les maquis du Nord. J'ai confiance en lui. C'est un ami. Nos deux 4 × 4 traversent les zones minées de la frontière tchadienne, pour gagner les montagnes proches de la Libye, où est détenu dans une grotte le chef du GSPC, Abderrezak el Para, le « Ben Laden du désert ».

Les Nigériens du groupe sont des Touaregs armés de la garde nomade, qui arrondissent avec moi leur solde afin de sécuriser le parcours hors piste du Ténéré et d'éviter de mauvaises rencontres. Le soir, on ne bivouaque pas à côté des points d'eau. On ne fait pas de feu. Des phares se manifestent chaque nuit dans le désert. Ce sont des camions chargés de migrants que les passeurs amènent clandestinement en Libye. Ils sont armés, comme les trafiquants de cigarettes ou de drogue qui circulent sur ces pistes. Ces bandits sont capables de tout. Nous tuer, nous voler, ou me prendre en otage.

Passés au Tchad, nous évitons la garnison de Bardaï en poussant nos 4 × 4 dans la rocaille des montagnes. Nous traversons des paysages minéraux à couper le souffle pour rejoindre un campement de rebelles qui avaient capturé par hasard la katiba d'Abderrezak. Il s'en était sorti en fuyant à pied et sans beaucoup d'eau, alors que la plupart de son groupe djihadiste avait succombé après deux accrochages très violents avec une patrouille de l'armée tchadienne. Sous-officier parachutiste algérien, El Para a été formé à Moscou avant de devenir le garde du corps d'un général algérien et de faire défection pour rejoindre les rangs des islamistes. Il a par la suite été fait prisonnier par les rebelles toubous. Grand, costaud, il a réussi à s'échapper de la grotte où il était gardé. Sans eau et à pied, il n'est pas allé bien loin. Un jeune berger l'a ramené épuisé et assoiffé. Même amaigri, El Para a l'allure d'un chef. Il baragouine le français. « Tu sais, ma mère s'appelait Blanchet », me dit-il avec un sourire en coin. De Washington à Paris, les services de renseignement cherchent à lui mettre la main dessus, car il en connaît un rayon sur les terroristes algériens, dont beaucoup reviennent d'Afghanistan. Après mon départ, El Para sera acheté par des Libyens, qui le remettront ensuite aux services secrets algériens, à la manœuvre depuis le départ pour le récupérer. Ce sont les djihadistes de son groupe qu'on retrouve au nord du Mali, qui est vite passé sous leur coupe grâce à leur alliance avec des mouvements rebelles touaregs.

Gao, la grande ville du nord du Mali, est interdite désormais aux étrangers, comme Tombouctou, la cité mythique. « On est là pour imposer la charia. Les femmes doivent se voiler. Celles qui seront surprises à commettre l'adultère seront tuées », menacent les djihadistes qui ont pris le contrôle de la région après avoir repoussé l'armée malienne. « Les voleurs auront la main coupée », annoncent-ils à la population, terrorisée. Une demi-douzaine de groupes armés contrôlent Gao. Les banques ont été pillées, comme les entrepôts de la sécurité alimentaire. Les stocks de riz et de mil ont été embarqués sur des camions volés, direction l'Algérie, pour être revendus en contrebande. *Idem* pour les générateurs et le gazole de la société nationale Énergie du Mali. Résultat, il n'y a plus d'électricité en ville.

« Ce sont des Touaregs qui viennent de Libye, me dit un habitant qui ose me parler au téléphone en cachette. De véritables voyous indisciplinés qui se croient ici en terrain conquis. Le contraire des islamistes, avec qui ils ont souvent des accrochages. Chaque jour, des rafales d'armes automatiques crépitent dans la ville. » Grâce aux armes récupérées en Libye, le nord du Mali est devenu un nouvel Afghanistan, peuplé non pas de talibans, mais de Touaregs islamistes alliés à l'AQMI, Al-Qaïda au Maghreb islamique. Sanctuaire inexpugnable, entre désert et massif montagneux, l'Azawad, le pays touareg, est sous contrôle d'Al-Qaïda. Illuminés et djihadistes du continent, de la Somalie à l'Algérie, s'y retrouvent. Ils déambulent dans ce repaire qui constitue de nouvelles zones tribales, non pas au Pakistan, mais au cœur du Sahel, qui échappe à tout contrôle.

Les combattants touaregs d'Iyad Ag-Ghaly se révèlent être des guerriers farouches et disciplinés, contrairement aux ex-supplétifs de Kadhafi. Le drapeau islamiste flotte sur les villes du Nord, en partie contrôlées par cet homme charismatique, respecté chez ses coreligionnaires. En 2023, il est toujours à la tête du Groupe de soutien à l'islam et aux musulmans (GSIM). Il a noué un pacte de non-agression avec des mouvements touaregs pour mieux combattre un « concurrent » : l'État islamique dans le Grand Sahara (EIGS), qui cause des ravages jusqu'au Niger et au Burkina

Faso. Entre eux, les affrontements sont fréquents. Plusieurs centaines de guerriers s'opposent parfois pour le contrôle des espaces. Une réalité qui n'a pas été prise en compte lorsque Kadhafi a été abattu, sans solution politique ni programme de reconstruction pour remplacer son régime tyrannique.

CHAPITRE VII

Le président du Tchad Idriss Déby regrette l'opération contre Kadhafi

Les pays du Sahel sont musulmans, mais la population y pratiquait un islam de foi, et non pas de conquête, jusqu'à l'arrivée des djihadistes algériens et libyens. Au Tchad, qui comprend un Sud chrétien sous la férule des nomades du Nord, qui ont pris le pouvoir il y a quarante ans, la religion n'est pas un débat. J'ai pu l'observer, il y a longtemps, avec les Toubous, à l'époque de l'opération Tacaud. Depuis, je l'ai constaté à chacun de mes séjours. Rien n'a changé de ce côté-là. Ce pays enclavé est ouvert sur l'extérieur. Le chrétien n'y est pas considéré comme un ennemi.

Le problème est politique et clanique. Les opposants et les rébellions armées contre le régime en place ne se sont jamais battus, jusqu'ici en tout cas, au nom de l'islam.

Allongé sur un tapis posé sur le sable près de nos véhicules, j'ai souvent dormi à la belle étoile, à côté de ces combattants toubous, goranes, arabes ou zaghawas, armés d'un couteau et d'une kalachnikov. Des périples jusqu'à Ati, Abéché ou bien Faya-Largeau, la préfecture du BET regroupant le Borkou, l'Ennedi et le Tibesti, qui composent les grandes régions montagneuses du Nord où se dissimulent les guérillas. Une fois, je suis même parti de Sebha, en Libye, dans un avion militaire de Kadhafi, pour rejoindre le chef rebelle Goukouni Weddeye.

C'est en 1978 que j'ai découvert ces paysages magnifiques peu connus, sauf de quelques rares archéologues comme Françoise Claustre, qui travaillait sur des peintures rupestres de plus de 2000 ans lorsqu'elle fut prise en otage par le rebelle Hissène Habré avant qu'il ne devienne président et torture ses opposants. J'ai beaucoup roulé, en définitive, dans ce Tibesti, un désert minéral, montagneux et magnifique. À plusieurs reprises, j'ai dormi dans la préfecture de Faya-Largeau, dominée par une dune. En arrivant du Nord à la fin des années 1970, j'avais traversé son immense palmeraie, qui venait d'être le théâtre d'une sanglante bataille. Elle était jonchée de cadavres de soldats libyens, morts pour Kadhafi, qui voulait conquérir le pays. La tactique des Goranes était simple : ils tiraient des roquettes sur les citernes d'eau libyennes. Et attendaient. Le lendemain, soit les soldats étaient morts de soif, soit ils se rendaient comme des zombies. Depuis Zouar, j'avais emprunté aux côtés des combattants toubous la large piste qui mène au rond-point de Gaulle, où rouillent encore des châssis de camions de la colonne Leclerc qui, en 1941, prit Koufra, dans le Fezzan, où le maréchal prononça son fameux serment.

Au cours de ces longs périples, les combattants tchadiens arrêtaient leurs pick-up au milieu de nulle part pour faire leurs prières. Ils ne parlaient jamais de djihad ou de charia.

Recrutés dans les villages et les campements nomades, ces jeunes guerriers sans grande culture politique se battent d'abord pour leur chef et contre le clan adverse. Ils sont musulmans, mais pas fanatiques. Seul parmi eux, je ne me sentais pas menacé.

L'arrivée au Mali des armes libyennes et de celles des katibas djihadistes venant d'Algérie a changé la donne.

Le président du Tchad Idriss Déby, qui sera tué dans des combats en 2021, s'en est inquiété en 2012. Ses rezzous légendaires, qui combattaient contre ces opposants à bord de 4 × 4 Toyota, bluffaient ses adversaires, les militaires français et même parfois la population, avec qui il avait pourtant la main lourde. Je le connaissais depuis une bonne vingtaine d'années, quand il était encore dans la rébellion. C'était un homme craint, mais déterminé et courageux. Il possédait une vision très claire de la situation au Sahel. Alors qu'il est de passage à Paris, je le rencontre dans une suite de l'hôtel Bristol, un palace situé à deux pas de l'Élysée. On ne s'est pas vus depuis plusieurs années. Je me souviens du jour où il a pris le maquis contre le président Hissène Habré au printemps 1990. J'avais reçu, en pleine nuit, vers 4 heures du matin, un coup de téléphone d'un ancien préfet d'Abéché que je connaissais et qui avait lui aussi fait défection. « Viens, tu ne seras pas déçu », me dit-il. Quand je parviens dans la chambre qu'il occupe dans un hôtel mitoyen de la tour Montparnasse, je tombe sur une demi-douzaine de Tchadiens. Parmi eux, Idriss Déby, jeune officier timide formé en France, devenu depuis quelques mois chef rebelle, soutenu par les services secrets français qui cherchent à se débarrasser d'Hissène

Habré, sanguinaire, et trop proche de la CIA. Cette fine équipe arrive de Libye. Elle est entrée en France avec un visa de transit à Roissy. Tous reprennent l'avion le soir même pour Lomé, au Togo. « Accompagne-nous. On file après au Soudan pour retrouver nos troupes à la frontière, au Tchad, et monter sur N'Djamena ! » En fait, Déby fait le tour des présidents africains pour obtenir leur appui politique et financier. Je les rejoins à Lomé, puis direction Ouagadougou, où Déby rencontre le président Blaise Compaoré, lui aussi à la manœuvre en coulisse. Il est même venu nous attendre au pied de l'avion qu'il nous a envoyé. Les jours passent et la perspective de rejoindre les maquisards rebelles s'éloignent un peu trop à mon goût. Je sais trop que ce genre de palabres peuvent être sans fin. Elles dureront sept mois de plus. Il faut, me dit l'ex-préfet, retourner rencontrer Kadhafi, indispensable dans l'opération qui se prépare. Le périple peut se poursuivre encore longtemps. À la fin mai, je suis « sauvé » par des émeutes à Port-Gentil, qui menacent les Français expatriés au Gabon. Une bonne excuse pour quitter mes amis tchadiens, car je dois rejoindre la capitale Libreville. À la fin décembre 1990, Idriss Déby arrive à ses fins : renverser Hissène Habré qui finira sa vie au Sénégal après avoir été jugé pour les tortures qu'il infligeait à ses opposants. Vingt-deux ans après notre première rencontre, je retrouve Idriss Déby dans un grand hôtel parisien. « Forestier ! » lance-t-il en riant, tout en me serrant dans ses bras, au grand étonnement de ses collaborateurs qui osent à peine regarder le « patron ». L'homme n'est pas, en effet, réputé pour ses familiarités. J'ai cependant l'impression qu'il est vraiment heureux de me revoir. Cela lui rappelle sa jeunesse, et les épreuves qu'il a traversées, et qu'il a fait traverser à ses adversaires. En fait, il a envie d'exprimer dans un grand journal son analyse sur les conséquences néfastes de l'intervention militaire en Libye. Pas à Paris, mais chez lui, au Tchad.

Cette fois-ci, en décembre 2012, je le rejoins à Arada, dans la province de Biltine. Il a décidé d'organiser un défilé militaire pour montrer sa force, face à la déliquescence du Mali et aux conséquences pour la région. Il n'est pas content de l'intervention française en Libye, à l'origine d'une situation qui menace son pays. Ses paroles sont prémonitoires. Il me rappelle, au cours d'une interview, qu'il a vu venir le chaos pendant la guerre de l'OTAN contre Kadhafi, dont on l'a accusé d'être proche.

« Le Mali, c'est l'Afghanistan de l'Afrique, me dit-il. On m'a reproché dans les années 1990 d'être un pion, un ami et un soutien de Kadhafi. Ce n'était pas le cas. S'il y a un pays qui a souffert des velléités de Mouammar Kadhafi, c'est bien le Tchad. Nous portons les cicatrices de l'occupation par la Libye du nord de notre pays. Pendant la guerre des alliés, et de la France, en Libye, nous avions dit qu'il fallait faire partir Kadhafi par la grande porte et laisser la Libye nouvelle s'organiser sur les bases démocratiques d'unité nationale et de renforcement des institutions politiques. C'était ma proposition. On ne m'a pas écouté. Et les conséquences que j'avais prédites se sont produites. J'avais raison de tirer la sonnette d'alarme. Je n'ai pas été compris, mais tout le monde se rend compte aujourd'hui que j'étais dans le vrai. » Je lui réponds : « Nicolas Sarkozy *était* fermement décidé à faire partir Kadhafi, mais celui-ci refusait toutes les portes de sortie par la négociation. » Ce à quoi Idriss Déby rétorque : « Oui, mais la chute du régime libyen, de cette manière, a engendré le désordre en Libye, et cet effondrement a eu pour conséquence l'occupation du nord du Mali. On n'a pas fini de voir un nombre croissant d'armes circuler dans la région. Il va toucher les pays de la zone, voire le reste de l'Afrique. Personne, pas même l'Europe, ne sera épargné par ces flux clandestins d'armes, prédit-il. Et je ne vois pas comment on peut négocier avec des groupes comme Al-Qaïda. » Idriss Déby prévient : « L'intervention militaire, en ce qui concerne ces groupes, me paraît incontournable. Je ne connais pas d'autre solution. » Je comprends que, même si ce n'est pas ce qu'il souhaite, le temps de la guerre a sonné pour se préserver des djihadistes.

Quelques semaines plus tard, des troupes tchadiennes rejoignent l'opération Serval, qui vient d'être déclenchée. Je suis dans la longue colonne militaire française qui monte vers le Nord occupé par les groupes islamistes.

CHAPITRE VIII
Sur la piste de Tombouctou

Le raid de 1000 kilomètres de l'armée française pour reprendre Tombouctou aux djihadistes, la ville aux trois cent trente-trois saints, est une opération militaire qui rappelle parfois le Paris-Dakar. Mais les véhicules sont blindés, kaki, et sans publicité. Les « pilotes », eux, portent tous des treillis et sont armés. Sinon, cette progression à la vitesse des moteurs diesels est une véritable course. Le convoi de l'opération Serval comprend cent soixante engins militaires qui s'échelonnent sur une demi-douzaine de kilomètres. Une armée en mouvement qui me rappelle la percée de la division Daguet en Irak, en 1991, pendant la guerre du Golfe. Avec mon 4 × 4 loué à Bamako, je suis la manœuvre en tête, près des camions de transmission et des officiers qui commandent l'opération – le meilleur moyen de ne pas se perdre et d'être au courant de ce qui se passe. Ils ont demandé à la poignée d'envoyés spéciaux répartis à l'arrière de taire notre position. En face, les djihadistes écoutent RFI sur leurs transistors à piles. Partout, même dans les petits villages les plus reculés, les Africains sont fidèles aux journaux de cette station de radio française. *Idem* pour les groupes islamistes armés, qui pourraient tendre une embuscade ou poser des mines sur notre chemin. Salif, mon chauffeur, né dans la capitale et plus habitué aux routes asphaltées qu'aux pistes de sable, n'en mène pas large. Plus on s'enfonce vers le nord, et plus il fait la tête. J'ai beau le rassurer en lui disant qu'on ne risque rien avec les militaires, il doute de mes paroles. Il craint de tomber sur des fanatiques qui nous observent peut-être de loin et attendent le bon moment. Quand des camions-citernes s'ensablent, par exemple…

La colonne avance à 15 kilomètres/heure mais, inexorablement, nous nous rapprochons du but. Dans chaque village, une foule misérable, en délire, est massée le long de la route. « Mali, Mali. Vive la France. Vive Hollande », est-il écrit sur une banderole. « C'est ici qu'ils jugeaient si, à leurs yeux, notre comportement était *haram* (péché), me dit un villageois devant la porte d'un ancien centre de la Croix-Rouge transformé jusqu'à notre arrivée en commissariat de la police islamique. Ils se croyaient en terrain conquis. C'étaient les maîtres. » Partout, tout ce qui rappelle l'État malien a été effacé. Les mots « mairie » ou « école » n'ornent plus les façades. La plupart des établissements sont fermés, car on y apprenait le français, la langue du mécréant. Même les panneaux de signalisation ont été peints en noir ! Seul reste le mot « AQMI », écrit en arabe sur les murs. La foule n'ose pas entrer dans un bâtiment qui abritait la police religieuse. Le gardien, non plus, ne s'y aventure pas : « On a tellement été conditionnés qu'aujourd'hui on a encore peur, comme s'ils étaient toujours là. »

Au bout de trois jours de piste pour contourner le bassin du fleuve Niger en longeant la Mauritanie, la ville sainte est enfin à portée de vue. Combien de djihadistes sont encore en ville ? Débarque d'un hélicoptère le général Barrera, le chef de la 3e brigade mécanisée de Clermont-Ferrand, qui commande le dispositif sur le terrain. Attendre, c'est prendre le risque de voir des massacres perpétrés dans la ville sainte. Mais accélérer les choses, c'est en prendre d'autres. Avancer vite : à Paris, François Hollande a tranché.

À 16 heures, Barrera ordonne de reprendre la route. L'objectif est l'aéroport de Tombouctou, fermé depuis dix mois. Des photos aériennes montrent que les djihadistes ont placé un vieil Antonov en travers de la piste. Dessus, ils ont érigé des merlons. « La pluie en janvier, c'est le bonheur », me disent les soldats maliens. Pas pour les chars et les transports de troupes, qui s'embourbent en approchant de l'aéroport. Dans la nuit, les pick-up maliens se perdent, et nous avec. Des hommes coupent à la pince le grillage qui ferme le périmètre. Nous débouchons sur la piste sans savoir où se trouvent les bâtiments. Personne ne pense aux mines qui pourraient avoir été posées par les djihadistes. Dans le ciel, des hélicoptères et des Rafale tournent au-dessus de nous, prêts à intervenir. Ils sont guidés par un Awacs bourré d'électronique et un drone qui retransmet des images infrarouges au poste de commandement. À 22 heures, nous finissons par entrer sur le taxiway, qui accueillait jadis les avions de touristes. Les Maliens se tapent dans la main. Arrivent les premiers blindés français qui sont passés, eux, par l'entrée principale. À 23 heures, le bruit sourd d'avions à hélice trouble le silence de la ville. À 300 mètres au sol, cinq Transall, qui ont décollé d'Abidjan, larguent 250 légionnaires du 2e régiment étranger de parachutistes, le fameux 2e REP, basé à Calvi. Chaque légionnaire, gilet pare-balles plaqué autour du sac, est chargé à 100 kilos. Chacun emporte un maximum de munitions et de grenades, de l'eau et un peu de nourriture. Les mitrailleuses 12,7 millimètres et cinq postes de missiles Milan, capables de détruire un pick-up à 2 000 mètres, ont été largués en premier.

Dans un des premiers sticks (terme qui désigne les parachutistes largués du même avion), le patron du 2e REP, le colonel Benoît Desmeulles, a aussi plongé dans le vide. Le chef se doit de sauter en même temps que ses légionnaires. Le danger, pour les parachutistes, est d'être découverts avant de toucher terre. Ou bien de tomber sur un acacia plein d'épines. Mais tous atterrissent en douceur, plient leur parachute en silence et, comme des félins, se glissent dans l'obscurité devant les quartiers nord. C'est de là que partent les pistes vers la frontière algérienne. Du ciel, le drone repère plusieurs véhicules qui s'enfuient dans les dunes. Faute d'identification précise, l'ordre de tir n'est pas donné. À minuit, le piège est bouclé. Le colonel Desmeulles a réussi son coup avec ses légionnaires. *Paris Match* titrera mon papier « La Légion saute sur Tombouctou », en référence au célèbre film de Raoul Coutard, *La légion saute sur Kolwezi*, qui relate l'opération du 2e régiment étranger de parachutistes en 1978 au Katanga, dans l'ex-Zaïre. En sautant sur cette ville minière, les bérets verts ont arrêté le massacre des Africains et des expatriés européens par les rebelles katangais.

À Tombouctou, la menace est plus diffuse. Le PC français mobile est arrivé dans la nuit et les démineurs inspectent déjà les bâtiments. Dans la tour de contrôle, ils désamorcent cinq bouteilles de gaz bourrées de 80 kilos d'explosif artisanal, comme on en trouve en Afghanistan. À côté, un cordon jaune de détonation. « Les charges étaient posées pour casser les murs et tuer du personnel », m'explique un lieutenant du 6e régiment du génie. Sur la porte de Tombouctou, chère à René Caillié, explorateur du XIXe siècle et premier Occidental à y pénétrer et à repartir vivant de la ville, les djihadistes ont écrit : « La porte de la charia. »

Les rues commencent à se peupler. En voyant les blindés français, les habitants, qui étaient restés terrés chez eux, croient enfin à leur libération. Les femmes, jusqu'alors cloîtrées à la maison, dansent et font des signes de bienvenue. C'est tout juste si elles n'adressent pas des baisers aux soldats ! Les hommes trépignent de joie. Les enfants courent après nous avec des drapeaux tricolores. Rien à voir avec les timides saluts que j'avais constatés lors de l'entrée des troupes américaines à Bagdad. Ici, la retenue en public, propre aux populations musulmanes, a disparu au profit d'une joie collective. On comprend pourquoi. Nous tombons sur le « centre de recommandation du convenable et d'interdiction du blâmable ». La réplique au Mali de ce que les talibans prônaient à Kaboul en luttant contre le vice et en promouvant la vertu.

Dans la bibliothèque de la ville, où sont entreposés de vieux manuscrits, les djihadistes ont voulu tout détruire. Le même nihilisme qu'en Afghanistan. Au lendemain du départ des talibans, j'avais visité le musée de Kaboul, ouvert aux quatre vents. Toutes les pièces anciennes avaient été détruites, mis à part celles cachées par un vieux fonctionnaire dans un sous-sol du ministère de la Culture. J'avais pris la route jusqu'au centre du pays pour voir ce qu'il restait des célèbres Bouddhas de Bâmiyân, hauts de 55 mètres pour l'un et de 38 mètres pour l'autre. Leur destruction à coups d'explosifs par les talibans au nom du puritanisme islamique, qui interdit toute représentation de l'homme parce qu'il a été créé par Dieu, avait scandalisé les défenseurs de ce patrimoine mondial. Les statues n'étaient plus qu'un tas de roche devant les falaises où étaient gravés ces chefs-d'œuvre.

Conscient du caractère sacré de la ville, l'état-major a dépêché à Tombouctou un imam de l'armée. Il s'agit de montrer que les forces françaises ne sont pas en croisade, mais seulement en guerre contre les terroristes. Il arrive accompagné du *padre*, le surnom de l'aumônier du 17e régiment du génie parachutiste. L'imam français, lui, est invité à conduire la prière du vendredi auprès de l'imam de la mosquée Djingareyber. Un message à l'opposé du rigorisme qu'appliquent les djihadistes exigeant de la population qu'elle suive le mode de vie en vigueur à l'époque de Mahomet.

L'opération Serval est une réussite. Dans la ville, les Français sont bien accueillis. Le temps n'est pas encore venu où ils seront vilipendés. « François Hollande, c'est le Messie qui est arrivé. Et notre patrie d'adoption, c'est la France », me dit un habitant. Des paroles à chaud, qui ne seront plus d'actualité quelques années plus tard, quand la France sera huée dans la capitale.

À ce moment-là, les convois djihadistes ont été stoppés avant qu'ils ne fondent sur Bamako, qu'ils voulaient probablement atteindre. Mais tous n'ont pas été détruits. D'autres ont fui Tombouctou et Gao, refusant le plus souvent le contact avec les soldats français. Ils se sont repliés dans leur sanctuaire de l'Adrar des Ifoghas, près de la frontière algérienne, où ils livrent de farouches combats face aux légionnaires, qui tiennent bon malgré une chaleur de plomb. Canons, Mirage et hélicoptères Tigre appuient les fantassins français dans la bataille finale de l'Ametettaï. Les soldats tchadiens sont de la partie aux côtés des alliés. Ils subissent de nombreuses pertes. Comptant près de neuf cents morts, les islamistes, eux, semblent décimés. En réalité, beaucoup se sont dispersés.

CHAPITRE IX

Opération Barkhane

Afin de mieux stabiliser la région, qui subit à nouveau des attaques de groupes islamistes, François Hollande et le ministre de la Défense, Jean-Yves Le Drian, très impliqué, avec son directeur de cabinet, « ministre bis » dans la conduite des opérations pourtant d'habitude réservée exclusivement aux militaires, estiment, en 2014, que le moment est venu d'élargir le périmètre de l'intervention française au Mali. Le nouveau dispositif porte le nom de « Barkhane », nom en français d'une dune en forme de croissant. Alors que Serval était une opération coup de poing menée dans un court laps de temps, Barkhane s'inscrit dans la durée.

À l'image de l'intervention américaine en Afghanistan, mais sans ses moyens, l'opération est lancée au cœur de l'été et engage 3 000 hommes répartis sur 5 pays pour conduire une guerre de contre-insurrection, sur un territoire immense et inhabité aussi grand que l'Europe. Même lors du pic atteignant 5 500 soldats, soutenus par des Mirage, des drones et des satellites d'observation américains, la mission s'avère très difficile. Non pas que les troupes françaises n'obtiennent pas de résultats. Le nombre de djihadistes armés « neutralisés » dans des combats ou dans des bombardements au cours des neuf années de présence est très important. Mais de nouvelles recrues islamistes remplacent celles qui sont tombées. Le Sahel, pauvre et traversé par de vieilles luttes ancestrales entre éleveurs nomades et cultivateurs sédentaires en manque d'eau, est une terre propice pour les imams, qui prêchent le djihad afin d'enrôler toujours plus de troupes contre une maigre solde, et l'assurance d'aller au paradis. Beaucoup des cibles à « forte valeur ajoutée » sont des chefs djihadistes, attaqués par surprise lors de raids nocturnes des commandos des forces spéciales.

La guerre s'étend et l'accord d'Alger, conclu au forceps, n'est pas appliqué. Pour les Maliens, c'est « Barkhane » et la mission onusienne qui rendent cet accord inapplicable, car les ex-rebelles touaregs tiennent toujours le nord du pays et sa « capitale », Kidal, sous l'œil bienveillant des Nations unies. Pour les plus ultras de Bamako, les troupes françaises gèleraient la situation au lieu de favoriser par la contrainte le retour de l'État de droit.

Le gouvernement malien estime que la France devrait s'engager contre les Touaregs à la place des autorités, qui ne souhaitent pas, en fait, laisser une autonomie aux régions du Nord. Le chef français de la Minusma, la mission de l'ONU, est même expulsé pour avoir qualifié le Mali de pays étranger par rapport à sa partie nord, laquelle constituerait un second pays. Une partition de fait, selon Bamako, sous le parapluie des forces des Nations unies qui, sans mandat offensif, feraient de la figuration.

La population considère, pour sa part, que les groupes terroristes provoquent une hécatombe dans l'armée malienne en raison de l'inefficacité du dispositif français.

Cette analyse alambiquée va faire son chemin en Afrique, qui ne veut pas entendre que les Français ne sont pas là pour faire la guerre à la place des armées nationales, mais pour les aider à reprendre du terrain, tout en réduisant la menace djihadiste. Mais à chaque reprise de zone, l'administration ne suit pas. Sous-préfets, maires, policiers, instituteurs, infirmiers ne reviennent pas s'installer car ils n'ont pas confiance dans la sécurité que sont censés leur apporter leurs propres soldats, eux-mêmes décimés par les djihadistes. En outre, les civils craignent leurs militaires, souvent accusés d'exactions quand ils investissent les villages. Afin de remonter le niveau tactique et appliquer de bonnes pratiques envers la population, les formations militaires s'enchaînent pourtant régulièrement.

La France n'est pas la seule à avoir déployé des instructeurs. Loin de là. Des pays de l'Union européenne ont aussi dépêché des formateurs militaires. Une tour de Babel où chaque pays entraîne des unités maliennes disparates. Lorsque les Tchèques prennent le commandement du programme européen de la formation au Mali, ils remplacent les Portugais, qui eux-mêmes ont succédé aux Autrichiens. Sans que les résultats soient au rendez-vous, comme on pourrait l'attendre.

Même observation pour le matériel livré par les divers pays que l'on peut qualifier de complémentaire, mais qui est en fait différent. La France livre, entre autres, du matériel de transmission et des pick-up bien adaptés au terrain. Le Qatar offre, lui, des blindés Storm Light APC et l'Allemagne vingt-neuf Casspir sud-africains d'occasion remis à neuf. Ce sont des véhicules blindés « hauts sur pattes » que l'armée sud-africaine déployait jadis à la frontière angolaise pour résister aux mines russes posées par les combattants marxistes. Conducteurs et mécaniciens maliens devront donc être formés pour faire fonctionner ces équipements et trouver des pièces détachées. Une « usine à gaz » sécuritaire, sans véritable chef, qui coûte toujours plus pour moins de résultats.

CHAPITRE X

L'amertume des voisins du Mali

François Hollande est venu au Mali savourer la victoire de l'opération Serval. « L'un des plus beaux jours de ma vie politique », a-t-il dit. Son ami, membre de l'Internationale socialiste, le président du Niger Mahamadou Issoufou, était, lui, plus amer. Comme son collègue Idriss Déby, le président du Tchad que j'avais rencontré juste avant le déclenchement de Serval, il n'a pas digéré l'opération contre Kadhafi lancée par Nicolas Sarkozy. Non pas que le colonel libyen, qui se prenait pour le roi d'Afrique et des Touaregs, dont il finançait les rébellions, fût le chef d'État qu'il préférait. Mais sa chute a permis aux combattants islamistes de s'armer en pillant les dépôts de munitions. Issoufou s'est exprimé avec franchise. L'homme est fin et cultivé. Il est l'un des rares chefs d'État africains qui quittera son fauteuil après des élections, sans avoir modifié la Constitution pour se représenter *ad vitam aeternam.*

« La Libye continue d'être une source d'instabilité pour la région. Le "service après-vente" aurait dû y être fait. On a gagné la guerre en Libye, mais on n'a pas gagné la paix », me dit-il au cours d'une interview pour *Paris Match* en mai 2013, dans son avion qui nous ramène à Niamey depuis la base de Gao au Mali, où il est allé visiter ses troupes. « L'intervention décrétée par François Hollande a été salutaire. Jamais intervention étrangère en Afrique n'a été aussi populaire, estime-t-il au cours de cet entretien. La France a réalisé au Mali un travail dont le résultat ne doit pas être compromis. Mais le mandat de la force des Nations unies devra être offensif. » Cela ne sera jamais le cas. Issoufou est inquiet pour l'avenir, qu'il voit bien sombre. Il ne partage pas l'optimisme qui prévaut dans les cabinets à Paris. « La présence des Français et des Américains au Niger est bonne pour la sécurité de la zone. Tant qu'il y aura des menaces, elle sera nécessaire. Sans leurs renseignements, nous sommes aveugles et sourds », ajoute-t-il. Mahamadou Issoufou porte cependant un jugement sans concession sur son voisin, le Mali, et ses coups d'État à répétition. « Nous sommes contre les putschs, pour la démocratie, pour que le peuple malien puisse s'exprimer librement. Nous sommes très clairs, me dit-il. Au Niger, on veut la paix, la démocratie dans tous les pays d'Afrique, un continent qui a été balkanisé. Quand on regarde la carte de l'Afrique, elle ressemble à un miroir brisé, conséquence de la colonisation après la conférence de Berlin au XIXe siècle. On a été incapables de faire face à la crise malienne à cause de cette balkanisation. Il a fallu que l'ancien colonisateur vienne nous sortir d'affaire. » Je lui demande s'il le regrette. « Non, ce n'est pas que je regrette. La France est une nation amie. Mais je constate que ce sont des pays étrangers qui viennent secourir notre peuple. Il y a eu des morts dans l'armée française pour cela. Je trouve scandaleux et inacceptable que nos pays, qui sont divisés, n'arrivent pas à mettre sur pied une défense commune. »

J'évoque le cas des Touaregs, qui se sont rebellés plusieurs fois dans son pays. « Chez nous, il n'y a pas d'exclusion. Il y en a eu, parce que les chefs et des jeunes Touaregs étaient enrôlés par Kadhafi, qui avait monté une armée dite "islamique". Les dirigeants viennent de Libye. Ils étaient dans les forces libyennes pendant vingt ou trente ans. En revenant, ils ont revendiqué un territoire. C'est ce qui se passe au Mali. »

Les prémonitions de Mahamadou Issoufou s'avéreront justes. Au Mali, la situation s'envenime déjà sérieusement. Mais à Paris, grisés par le succès, François Hollande, son ministre Le Drian et son cabinet ouvrent un nouveau front, cette fois-ci en République centrafricaine où milices chrétiennes et musulmanes s'affrontent à coups de machette. Le cauchemar du génocide des Tutsis au Rwanda hante les esprits. L'opération Sangaris est déclenchée en décembre 2013. Envoyé spécial de *Paris Match*, je rejoins Bangui, sans me douter que cette intervention précédera l'arrivée des Russes.

CHAPITRE XI

Opération Sangaris en Centrafrique

Au Kilomètre 5, un quartier de Bangui, la plupart des habitants sont musulmans, comme les rebelles du Nord qui ont conquis la capitale aux côtés des mercenaires tchadiens et soudanais, anciens rebelles, trafiquants ou coupeurs de routes qui rançonnaient les automobilistes. « Ils étaient 3 000 quand ils sont descendus du nord et le double quand ils sont arrivés ici, après avoir recruté de jeunes musulmans dans les villages de brousse, m'explique un Français. Quand ils ont fait irruption dans la petite ville de Bambari, ils ont cru qu'il s'agissait de Bangui à cause de la lumière électrique ! Plus tard, ils ont pillé la capitale pendant un mois. La nuit, ils pénétraient dans les maisons et abattaient les hommes pour voler les casseroles, les matelas et le poste de radio familial, qu'ils envoyaient chez eux, au nord. »

À côté de la Croix-Rouge se dresse la plus grande mosquée de Bangui. Émile Nakombo y a prévu une réunion entre chrétiens et musulmans. Pendant que nous attendons le curé de la paroisse voisine, le ton monte : « Égorger, tuer, violer, ce n'est pas notre culture. Ce sont des pratiques importées. Les

Seleka agissent en leur nom, pas au nom de l'islam », insiste un fonctionnaire. Les rebelles du Nord ont mis la capitale en coupe réglée depuis leur prise de pouvoir. Aujourd'hui, ils sont cantonnés dans leur caserne, conformément à l'accord passé avec Paris par leur chef, Michel Djotodia, *de facto* président par intérim, qui ne gouverne rien. Ne parlant, pour la plupart, que l'arabe, ils se sont appuyés sur les commerçants musulmans, qui n'avaient guère le choix. Certains ont donc collaboré. Les milices chrétiennes antibalaka (« antimachette ») ont bien tenté un coup de force en investissant la ville la veille de l'arrivée des soldats français. Un massacre. Quarante tués chez les Seleka, plus de trois cents chez les chrétiens.

Car c'est la minorité musulmane, à peine 20 % de la population, qui subit désormais la vengeance des chrétiens. Au Kilomètre 5, tous craignent d'être pris dans un règlement de comptes. « La nuit, il y a des guetteurs pour nous protéger des milices antibalaka. Pourtant, nous sommes tous des enfants de Dieu », crie un épicier lors de la réunion organisée par Émile Nakombo. « Ce n'est pas une affaire de religion, corrige son voisin. Les Seleka se disent musulmans, mais je les ai vus boire de la bière et courir après les filles. » Soudain, un type en boubou se met à gueuler : « Un musulman vient d'être tué près de l'aéroport ! Encore un ! On ne se laissera pas massacrer. » Des curieux accourent, grondant de dépit et de rage. « Il vaut mieux que vous partiez », me souffle un des organisateurs de la réunion en me reconduisant à ma voiture.

Pour les musulmans de Bangui, la France a choisi son camp en Centrafrique. Un adolescent, portant un pansement sur un œil, s'approche de moi : « Vous, les Français, vous êtes complices avec les chrétiens », me lance-t-il, l'air mauvais. Avenue des Martyrs, nous traversons le quartier Combattant. Au niveau du marché, une foule vociférante occupe la route, où gît un cadavre. L'homme vient d'être lynché à coups de pierre, de gourdin, de morceau de bois. Sa tête a éclaté, ses mains et son sexe ont été coupés. « C'est un Seleka, un colonel. Il s'appelait Mandara », me crient les plus surexcités. « On l'a reconnu quand il est venu acheter de quoi manger. Il a tué beaucoup de chrétiens. La nuit, lui et ses complices venaient nous attaquer. » « C'est un terroriste. Il a même ouvert le ventre d'une femme enceinte », assure un autre. Le supplicié était, en réalité, un bijoutier camerounais qui tenait une échoppe dans un autre quartier. Son fils, lui, mourra de ses blessures en arrivant à l'hôpital.

À 500 mètres, les soldats français qui contrôlent l'accès à l'aérogare n'ont rien vu. De toute manière, qu'auraient-ils pu faire, à une dizaine, pour empêcher un crime exécuté en quelques minutes par une foule déchaînée ? Après avoir arrêté les massacres, les troupes françaises ont essayé de dissuader les deux camps de s'entretuer par esprit de vengeance, mais la capitale reste une poudrière.

L'État n'existe plus depuis belle lurette et la corruption est partout, des gendarmes qui rackettent les motocyclistes sur les pistes en latérite aux ministres qui se font payer pour délivrer une autorisation. Le pays est une immense zone de non-droit, méconnue par les diplomates juniors et les jeunes membres des cabinets ministériels parisiens, qui se gardent bien aujourd'hui d'y mettre les pieds. Il a pourtant existé une époque, celle de la Françafrique, qui était un peu plus stable.

Après l'opération Barracuda déclenchée par Valéry Giscard d'Estaing pour destituer l'empereur Bokassa, la sécurité s'était, un peu, améliorée. Au moins les opposants ne risquaient-ils pas de finir jeter dans une fosse grouillante de crocodiles. Dans cette jungle qu'est Bangui où règne toujours la loi du plus fort, coups d'État et révolutions de palais se sont succédé entre deux élections plus ou moins truquées. Seul un grand échalas français est parvenu à maintenir un équilibre précaire dans cet État failli, convoité par des généraux toujours prêts à faire un mauvais coup. Le colonel Mantion, un parachutiste de l'infanterie de marine, pouvait aller à l'aéroport sans se faire caillasser par les *godobé*, les enfants des rues. Puissant patron de la garde présidentielle pendant des années, « Lucky Luke » – son surnom, à cause de sa maigreur et de sa silhouette un brin dégingandée – circulait en ville au volant de sa 4 L. Sans arme. En sortant des restaurants au bord du fleuve, il donnait la pièce aux gamins qui avaient gardé sa vieille bagnole. Sympathique et même avenant, le « proconsul » français réglait aussi des problèmes domestiques qui ne concernaient pas directement la sécurité du régime, garantie par les soldats centrafricains de la garde présidentielle qu'il commandait avec des éléments du 1er régiment de parachutistes d'infanterie de marine (RPIMA). Tous étaient censés répondre aux desiderata du chef de l'État, André Kolingba, qui aimait les animaux. Il voulait même créer une réserve pour attirer les touristes et diminuer par la même occasion le braconnage des éléphants, qui faisait des ravages.

À la fin des années 1980, Mantion m'avait ouvert l'entrepôt, dans l'enceinte de la présidence, où étaient stockées les défenses, soigneusement numérotées, récupérées en brousse chez les braconniers. Celles-ci étaient mises en vente, sous contrôle international, afin d'améliorer les conditions de vie de la garde présidentielle.

Les soldats centrafricains obtiennent des résultats mais n'y vont pas de main morte. Ils pénètrent par surprise dans les campements de braconniers venus du Soudan. Ceux-ci fabriquent des fusils « pou-pou » avec des cadres de vélo, ils possèdent aussi des kalachnikovs et des lances pourvues de lames souples et très larges. Plus l'éléphant se débat, plus la lame s'enfonce dans son flanc. S'ensuit une longue agonie pour l'animal. Les chasseurs coupent même ses défenses alors qu'il est encore vivant. Pour l'ivoire, ils sont capables de tout. Ils tuent aussi des girafes pour leur peau, les singes pour leur viande, les rhinocéros, rares et très prisés, pour la corne destinée à la fabrication de manches de couteau yéménite ou à la pharmacopée asiatique. Les commandos centrafricains ont beau brûler leurs huttes et prendre leurs armes, les braconniers rapportent au Soudan leur butin avec des caravanes de chameaux quand leur campagne s'achève à la fin du printemps, avant la saison des pluies où les pistes sont impraticables.

Autre problème : les braconniers amènent avec eux leur troupeau de vaches. Non vaccinées contre la peste bovine, elles contaminent les points d'eau. Résultat, les buffles sauvages, en grand nombre, attrapent la maladie. Au cours d'un reportage pour « Infovision » sur TF1, je tombe en fin d'après-midi sur un troupeau de vaches. Les braconniers se sont enfuis en nous voyant. Les commandos centrafricains veulent faire un exemple. Ils se mettent en ligne et tirent en rafales avec leur pistolet-mitrailleur MAT 49. Soudain, des rugissements de lions. Puissants, caverneux, ils portent à plusieurs kilomètres. Mais là, ils sont très près. Le bruit des détonations, le beuglement des bovins et le coucher du soleil qui approche, propice à la chasse pour les carnivores, ont attiré des félins, nombreux dans la zone à cause des carcasses abandonnées par les braconniers. L'odeur du sang les a rendus comme fous. On voit la tête d'un gros mâle dépasser des herbes sèches. Les soldats détalent jusqu'à l'hélicoptère qui nous a amenés. Je ne demande pas mon reste. La loi de la jungle est la plus forte.

Emmanuel Macron répète à juste titre que l'ambiance paternaliste de la Françafrique tant décriée est révolue, cela depuis longtemps, malgré la propagande des influenceurs africains soutenus par la Russie qui dénoncent sur la toile l'impérialisme français. Après les indépendances, la présence française reposait sur une coopération comprenant des professeurs, des agronomes, des médecins, des ingénieurs, des militaires. Ils restaient sur une longue durée et disposaient de moyens permettant de nouer des relations étroites avec les Africains en développant des projets. Peu à peu, la présence française civile s'est réduite comme peau de chagrin, faute de budget, et n'a pas pu ni su s'adapter aux rapides changements qu'ont connus les jeunes urbains à l'heure d'internet. Aujourd'hui, seuls restent encore visibles les militaires, qui remontent dans leur camp le drapeau tricolore chaque matin au son du clairon. Un geste sans ambiguïté envers les pays où ces soldats sont stationnés pour donner suite à des accords bilatéraux bien définis. Lorsqu'ils sont dénoncés par ces États, les soldats français plient bagage sans faire le coup de feu pour y rester, comme cela s'est produit au Mali, au Burkina Faso et au Niger.

La « politique de la canonnière » est terminée aussi depuis belle lurette. Notamment pour les jeunes officiers, qui ne confondent pas leur mission contre les groupes armés avec une expédition coloniale dont ils prendraient l'exemple dans des livres écrits au XIXe siècle. Ils n'ignorent pas l'histoire de leur régiment, souvent retracée dans le musée de leur unité. Pour se souvenir, en premier lieu, du sacrifice de leurs prédécesseurs. En France, il n'y a pas de censure historique ; à l'inverse, la Russie est soumise au révisionnisme de Poutine qui, lui, veut falsifier la mémoire du passé, par exemple en interdisant, en décembre 2021, l'ONG Mémorial, qui s'intéresse aux répressions et aux crimes de Staline, et en fermant, en août 2023, le Centre Sakharov, qui défendait les droits de l'homme en Russie.

En opération, les jeunes soldats français et leurs officiers sont bien trop occupés, et épuisés, pour avoir le temps de lire, encore moins des récits sur la conquête coloniale d'il y a bientôt deux siècles, qui ne correspondent pas à leur vécu d'aujourd'hui. J'ai pu le constater, de l'Afrique à l'Afghanistan. Le soir, ils préparent la mission du lendemain. Au moment du repas, certains améliorent leur ration, d'autres se racontent leur journée, les accrochages qu'ils ont affrontés, la mine artisanale à laquelle ils ont échappé. Sinon, ils jouent avec leur portable. La plupart sont de garde ou d'astreinte. Recoloniser l'Afrique est une idée qui leur passe au-dessus de la tête. Personne ne se prend pour le maréchal Lyautey. Ils se sentent concernés, d'abord, par l'embuscade qui les guette, par la riposte aux fanatiques, par leur mission de combat.

Mais sur les réseaux sociaux en Afrique, les implantations militaires françaises sont mal vues désormais. En attendant la réduction de ces effectifs, des sites pilotés par des nébuleuses de désinformateurs russes les présentent comme les acteurs d'une nouvelle colonisation. La présence militaire française est critiquée par une jeunesse africaine, certains l'appelleront « woke », à l'écoute des courants de pensée anglo-saxons qui prônent pêle-mêle l'antiracisme, la demande de repentance de la France, le déboulonnage de statues représentant des figures historiques controversées, une écriture biaisée de l'histoire, de l'esclavagisme, évidemment bien réel, perpétré par l'Europe et l'Amérique blanche, mais qui néglige l'importante traite interafricaine vers le monde arabo-musulman.

Ces coups de boutoir sociétaux aggravent le ressenti des jeunes Africains contre la France et sa présence militaire, qui a fini par être mal perçue par des étudiants sans travail, devenus adeptes des vieilles lunes de la colonisation, qui a heureusement disparu du continent. À moins de considérer, comme c'est parfois le cas chez les plus radicaux, que l'usage de la langue française est déjà une aliénation.

En février 2023, Emmanuel Macron a essayé de casser, une fois de plus, le vieux schéma des relations entre l'Afrique et la France, qui déciderait de tout sur le continent. Le but était de s'attirer les faveurs d'une opinion publique remontée contre l'ancienne puissance coloniale, qu'elle accuse de tous les maux d'hier et d'aujourd'hui. « Cet âge de la Françafrique est bien révolu [...] Je lis, j'entends, je vois qu'on prête encore à la France des intentions qu'elle n'a pas, qu'elle n'a plus », a-t-il expliqué à Libreville, au cours de son dix-huitième voyage sur le continent depuis son arrivée à l'Élysée en 2017. « Je préfère être très clair et explicite : au Gabon comme ailleurs, la France est un interlocuteur neutre, qui parle à tout le monde, et dont le rôle n'est pas d'interférer dans des échéances de politique intérieure », a-t-il martelé sans savoir, évidemment, si son message serait cru par la population, toujours figée sur les pratiques ayant longtemps prévalu après les indépendances. La France, en tout cas, n'est pas intervenue après la chute du président Ali Bongo en août 2023. Jusqu'à Jacques Chirac, les présidents étaient, en effet, surveillés de près par Jacques Foccart et la cellule africaine de l'Élysée. Résultat, la nouvelle politique hexagonale, qui ne prévoit « ni un retrait ni un désengagement » des troupes, selon Emmanuel Macron, se traduit plutôt par « une adaptation aux nouveaux besoins dont feront part les partenaires africains de la France, qui partagera désormais ses bases avec eux pour une plus grande coopération ».

CHAPITRE XII

La France fait entrer le loup russe dans la bergerie. Réminiscences de Blackwater

Au bout de trois ans, l'opération Sangaris prend fin. Les troupes françaises, qui ont compté jusqu'à 2 000 hommes, se retirent. Seul un reliquat de 350 soldats d'une force de réserve tactique reste au sein de la mission des Nations unies. Fin 2022, il n'y a plus personne. Mais en 2016, rien n'est vraiment réglé. Les soldats français ont mis un terme provisoire aux tueries entre les miliciens musulmans de la Seleka, au pouvoir, et les miliciens antibalaka (animistes et chrétiens) qui, après avoir été massacrés, se sont mis à leur tour à assassiner les musulmans. Dans les provinces, les tueries ne cesseront jamais.

En fait, cette mission difficile qui s'achève dans l'indifférence générale n'a pas pu restaurer, faute de moyens, la sécurité dans les quatorze préfectures du pays. Des régions entières demeurent sous la coupe de soudards qui tuent et violent, pillent les mines d'or et de diamant. Des territoires qui échappent toujours au contrôle du gouvernement et de la force des Nations unies, la Minusca, qui n'est pas non plus en capacité, malgré son important budget, de rétablir l'ordre.

Le pays est à l'abandon et l'administration est corrompue à tous les échelons. Vivant dans la misère, la population est harcelée, prise entre des pseudo-rebelles et une armée de soudards qui se paye sur la bête. Les troupes françaises ne peuvent pas être partout. Surtout depuis que Barkhane, au Mali, est montée en puissance.

Jean-Yves Le Drian, qui avait impulsé, en 2013, l'intervention française en Centrafrique à la suite d'une analyse un peu précipitée à Paris d'une situation considérée comme « prégénocidaire », en officialise la fin le 31 octobre 2016, non loin d'un camp, ou plutôt un cloaque, de réfugiés qui s'entassent à côté de l'aéroport pour fuir les tueries.

« Vous aviez trois missions : mettre fin au chaos, accompagner les forces internationales et permettre la tenue d'élections. Ces trois missions sont remplies. Personne ne peut le contester », soutient, ce jour-là, Le Drian à Bangui, lors d'une cérémonie officielle, alors que les violences continuent et que les institutions du pays sont des coquilles vides. Pour le président de l'Assemblée nationale et la plupart des hommes politiques centrafricains, le départ de Sangaris constitue une « source d'inquiétude ». Ils connaissent les travers de leur pays et les faiblesses de son administration. Pour eux, Sangaris se retire beaucoup trop tôt. « Nos forces de sécurité ne sont pas en mesure de prendre le relais. Les forces onusiennes sont de plus en plus débordées dans leur rôle de pompiers », disent les responsables centrafricains. Personne sur place ne fait confiance aux 12 500 hommes de la Minusca. Les miliciens ne craignent pas les Casques bleus. Ils ont peur seulement des soldats français, et repassent à l'action dès qu'ils sont partis. Des groupes rebelles contrôlent rapidement plusieurs régions et s'opposent au président Faustin-Archange Touadéra, qui réclame des munitions pour que ses militaires puissent lutter contre les seigneurs de la guerre. Mais son pays est sous embargo de l'ONU au sujet des armes depuis 2013. Une aubaine pour les Russes.

À Bangui, des émissaires du Kremlin travaillent au corps la présidence centrafricaine. Pour revenir officiellement en Afrique, la Russie « est passée » par New York en déposant au Conseil de sécurité de l'ONU une demande d'exemption afin de livrer des armes à la Centrafrique. En novembre 2017, la France s'y oppose. Quelques semaines plus tard, Paris ne dit plus non, mais s'abstient et ne brise plus, cette fois-ci, la « procédure de silence », selon le jargon onusien. Si personne au sein du Conseil de sécurité ne s'oppose à ces livraisons avant le 14 décembre 20 heures UTC, la dérogation russe est acceptée. C'est ce qui se produit. « Notre seule demande est que la délégation russe fournisse les numéros de série des armes données au comité chargé de l'embargo, comme cela, on pourra suivre les armes entrant en Centrafrique », déclare un diplomate américain, qui confond les rives de l'Hudson et celles, sans foi ni loi, de l'Oubangui. Comme Washington et Londres, Paris demande davantage d'éclaircissements sur l'utilisation des armes, mais n'a aucune envie de renvoyer en Centrafrique des troupes déployées au Mali, puis au Levant après les attentats terroristes de novembre 2015 et l'offensive de Daech en Syrie. *De facto*, le dossier centrafricain est délégué à la Russie. Grâce à une certaine naïveté occidentale, Moscou remet donc les pieds en Afrique.

À Paris, on essaye de réagir. Mais il est trop tard. La ministre française des Armées, Florence Parly, embarque pour un voyage de deux jours en République centrafricaine en décembre 2018. Sur place, elle promet de livrer 1400 kalachnikovs saisies en Somalie, 3 bateaux pneumatiques et elle annonce la future formation de 9000 soldats centrafricains. « La France se tient aux côtés de ses alliés centrafricains. Notre amitié et notre confiance sont un souffle nécessaire pour la paix », peut-on lire sur sa page Facebook, qui précise que la « France sera l'avocate infatigable » du processus de paix, pourtant en panne, de l'Union africaine, et le soutien de l'« action coordonnée de la communauté internationale ». Rien de vraiment nouveau dans cette position française, mais la déclaration de Florence Parly contient une pique bien sentie : « Quand on parle de paix et de vies à protéger, il n'y a pas de rivalités ou d'intérêts particuliers qui tiennent. »

À l'époque, Poutine n'est pas encore le pestiféré qu'il est devenu depuis sa guerre en Ukraine. Alors qu'il vient à peine d'être élu pour un premier mandat, Emmanuel Macron espère amener le maître du Kremlin à de meilleurs sentiments envers l'Union européenne en l'invitant en grande pompe à Versailles. Le nouveau « tsar » y visite une exposition sur le séjour de Pierre le Grand en France en 1717. Pourquoi pas. Après tout, Nicolas Sarkozy avait bien invité, en 2007, pour la seule réception officielle à Versailles de son quinquennat, Mouammar Kadhafi, accusé pourtant d'être à l'origine des attentats contre deux avions de ligne, ayant causé la mort de plusieurs centaines de passagers.

Emmanuel Macron a deviné l'intérêt de Poutine pour les tsars, mais n'imagine pas, malgré les interventions russes en Géorgie et en Crimée, à quel point celui-ci est déterminé à recouvrer les frontières de l'ex-URSS, sinon de la Grande Russie. L'exposition sur Pierre le Grand est un hommage à un souverain guerrier et moderne auquel le président russe doit aimer se comparer, pas par la taille, car Pierre Ier mesurait 2 mètres, mais à travers ses annexions des pays baltes et les surnoms qu'il affectionnait – « Père de la patrie » et « Imperator » –, qui ne sont pas pour déplaire au tsar Vladimir.

En l'invitant deux ans plus tard au fort de Brégançon, le président français poursuit son opération de séduction dans l'espoir de réarrimer la Russie à l'Europe. Macron mise sur les mots et sur les symboles pour convaincre son homologue russe. « Nous croyons à l'Europe qui va de Lisbonne à Vladivostok », lui dit-il. Une référence à de Gaulle qui, lui, voyait seulement la partie à l'ouest, l'Europe qui s'étend de l'Atlantique à l'Oural, le reste du pays étant davantage tourné vers l'Asie. Ces appels du pied resteront vains. Sur l'Ukraine, la Syrie, la Libye, Poutine ne lâche rien. Il bombarde ou envoie des mercenaires. En Afrique, il tisse sa toile à bas bruit, avec comme objectif l'expulsion de la France, qui ne mesure pas assez l'importance du phénomène.

Ces armes laissées par Françoise Parly vont équiper deux bataillons, récemment formés par l'Union européenne, des forces armées centrafricaines, les FACA, qui n'ont pas bonne presse en brousse. Pas ou mal payés, les 1 300 soldats de ces bataillons compensent leur maigre solde par le racket de la population. La Russie, elle, annonce céder 5 200 fusils d'assaut, 840 kalachnikovs, 140 fusils de précision, 900 pistolets Makarov, 270 lance-roquettes RPG-7 et 20 armes antiaériennes à tir rapide de 14,5 millimètres capables de pulvériser une voiture à 1 kilomètre. De quoi équiper une petite armée. Selon l'ambassade russe en Centrafrique, quatorze chargements vont être acheminés par des avions russes afin de former huit bataillons dans le camp de Berengo, qui abritait le palais de Bokassa à l'époque où il était empereur. Aujourd'hui, celui-ci est occupé par les mercenaires du groupe Wagner.

Ces livraisons d'armes, « bénies » par le Conseil de sécurité de l'ONU, marquent concrètement le retour de la Russie en Afrique subsaharienne, plus d'une trentaine d'années après en être partie.

À la fin de l'Union soviétique, les Russes ont plié bagage du jour au lendemain. La plupart des ambassades, des consulats et des centres culturels ont été fermés. Les échanges commerciaux se sont effondrés. La priorité de la Russie était de « rejoindre la communauté des États civilisés », selon les termes d'un ministre de Boris Eltsine. Un virage à 360 degrés après un siècle de présence ordonné par le Komintern, pour lequel l'Afrique était l'endroit où l'URSS pouvait s'attaquer au capitalisme honni.

Rien n'a changé depuis. Le match a repris sur le même terrain, toujours pour des marchés et des parts d'influence. En 2006, lors de son deuxième mandat, Vladimir Poutine s'était cantonné au Maghreb, en signant des contrats avec l'Algérie. Six milliards de dollars, dont cinq pour annuler sa dette. Avaient suivi des accords entre le géant russe Gazprom et la tentaculaire compagnie pétrolière algérienne Sonatrach. En 2013, ce fut le tour de l'Égypte, qui conclut d'énormes contrats d'armement avec la Russie et qui put, grâce à des prêts, construire la première centrale nucléaire du pays, près d'Alexandrie, pour un coût estimé à vingt-cinq milliards de dollars. Un début prometteur.

La véritable genèse de ce retour est toutefois le sommet Russie-Afrique de Sotchi, sur les bords de la mer Noire et où Poutine s'est fait construire un immense palais, qui s'est tenu en octobre 2019. Quarante-trois chefs d'État et de gouvernement assistent à la rencontre. Près de la moitié a le privilège de s'entretenir avec le tsar. Les autres ont droit à une entrevue avec son ministre des Affaires étrangères ou avec son adjoint. Tous les responsables africains sont séduits ou admirent ce chef puissant, qui a les moyens de s'opposer aux Occidentaux. Personne ne sait encore que son armée est nombreuse mais vétuste, et qu'elle s'appuiera sur le sacrifice de recrues peu motivées. Et surtout, personne ne sait que le Kremlin va bientôt envahir l'Ukraine.

Ce conflit n'intéresse pas la plupart des Africains. Ils ne se sentent pas concernés par cette guerre en Europe, entre nantis et Blancs. Un sentiment qui favorisera la stratégie russe. Ce rejet des Occidentaux colonialistes et pilleurs de richesses s'était toutefois implanté en Centrafrique avant le sommet de Sotchi, et bien entendu avant la guerre en Ukraine. À Paris, on s'était rendu compte qu'autoriser les

Russes à livrer des armes n'était pas une bonne idée. Il fallait réagir.

La Russie a, en effet, depuis un an, débarqué en force dans le pays en signant un accord de défense inédit, en livrant des armes et en dépêchant près de trois cents conseillers militaires, auxquels se sont ajoutés plusieurs centaines de mercenaires ayant servi en Syrie ou en Ukraine, dans la province séparatiste du Donbass : l'équivalent à la sauce russe des *contractors* américains, ces ex-militaires qui travaillent pour des sociétés privées comme Blackwater Worldwide, fondée par Erik Prince, un ancien commando marine des Navy Seals, qui a raflé les plus gros contrats en Irak. Ce ne sont pas à proprement parler des mercenaires qui se vendent au plus offrant. Les sociétés militaires privées sont des auxiliaires. Elles sont sous contrat avec l'État américain ou britannique, qui leur assigne des missions annexes pour engager plus de soldats au combat. Ils ne constituent pas une armée de substitution, ne disposent pas d'armes lourdes et ne montent pas en première ligne comme Wagner à Bakhmout, en Ukraine. Ils sont la cible des insurgés djihadistes, et ouvrent le feu sans discernement. Plusieurs *contractors* américains sont passés devant un tribunal après une fusillade à Bagdad en 2007, très dangereuse, qui a entraîné la mort de dix-sept civils pendant que leur convoi était attaqué.

En Irak et en Afghanistan, j'avais réalisé pour Canal+ un documentaire sur le quotidien de ces *contractors*, en majorité anglo-saxons. Sur une ancienne base anglaise désaffectée, j'avais suivi l'entraînement d'anciens du SAS britannique embauchés par Armor Group, que j'avais rejoint à Kaboul dans leur camp peuplé de Gurkhas, les robustes montagnards népalais traditionnellement enrôlés dans l'armée de Sa Majesté. Tim Spicer, un lieutenant-colonel vétéran des Falkland, de l'Irlande du Nord, de la Bosnie, et décoré de l'ordre de l'Empire britannique, m'avait reçu à Londres. Une fois dans le civil, il a été le précurseur des sociétés militaires privées. Spicer a créé Aegis Defence Services, qui intervient de la Papouasie-Nouvelle-Guinée à la Sierra Leone. Lors de cette rencontre dans son bureau aux murs nus, des gaillards étaient venus chercher des sacs à dos et des gilets pare-balles neufs avant d'aller à l'aéroport. « Ils partent à Bagdad », m'avais soufflé le boss taciturne, qui s'était prêté à l'entretien.

Mais c'est aux États-Unis que j'ai pu filmer l'immense camp d'entraînement, très discret, de Blackwater, en Caroline du Nord, une véritable petite armée privée installée après Norfolk, sur les terres de Moyock. Militaires et policiers s'entraînaient dans les nombreux champs de tir. À côté d'un petit lac, dans un cimetière où veillait la statue d'un jeune homme serrant dans ses bras le drapeau américain, étaient enterrés les *contractors* tombés au combat contre les djihadistes. « Leur dévouement et leur sacrifice ne seront jamais oubliés. Nous avons une fiche de paie bien sûr, mais l'important, c'est de participer à quelque chose de plus grand que vous », m'a dit Rick, un instructeur. Ex-inspecteur général du Pentagone sous George W. Bush, le chef des opérations de Blackwater, Joseph Schmitz, m'a reçu au siège de la société, installé près de Langley, en Virginie, où se trouve la CIA. Des photos de lui avec le président et le secrétaire à la Défense Donald Rumsfeld décoraient les murs, à côté de celles des différentes opérations menées par la société. Les hélicoptères de Blackwater avaient débarqué, avant la garde nationale, pour protéger les maisons des pillards après Katrina, l'ouragan qui a dévasté la Floride en 2005. Cette mission « patriotique », bénévole et populaire, était un juste retour des choses au regard des contrats faramineux que sa société avait signés avec l'État américain pour ses interventions militaires à l'étranger. « Pour nous, c'est important de soutenir la liberté et la démocratie partout dans le monde », m'a dit ce néoconservateur assumé. Étonné par les émeutes dans les banlieues françaises, devenues à ses yeux des zones de non-droit, il s'est même dit prêt, si le gouvernement français le permettait, à envoyer ses hommes y rétablir l'ordre !

Ces *contractors* ne sont pas des enfants de chœur, mais restent la plupart du temps dans un cadre, sous la surveillance de la justice américaine, qui les a accusés de bavures à plusieurs reprises, notamment à cause des dizaines de fusillades où ils ont tiré les premiers, selon un rapport de la Chambre des représentants. Cependant, ces cow-boys à la gâchette facile n'ont rien de comparable avec l'armée de soudards de Wagner, qui ont torturé, démembré et brûlé vif, sous l'œil d'une caméra, un Syrien ayant déserté ses rangs. Le mercenaire responsable de cet acte de barbarie aurait été décoré par Poutine. Le même décernera une médaille au commandant de l'unité qui a massacré les habitants de Boutcha, à côté de Kiev. Pour l'heure, le maître du Kremlin a confié à Wagner une nouvelle mission, après le Donbass et la Syrie : s'infiltrer en Centrafrique.

À Bangui, c'est Sewa Security Services, « filiale » de cette société russe, qui embauche des vétérans pour les déployer sur le continent dès 2017. Un déploiement qui vise à accaparer, suivant en cela l'exemple des Chinois, les matières premières tout en étendant l'influence russe sur le continent. Pour Moscou, la Centrafrique, pays en faillite miné par la guerre, les coups d'État et l'extrême pauvreté, est le maillon faible. Surtout depuis la fin de l'opération Sangaris en octobre 2016. Vladimir Poutine, qui souhaite redonner à son pays son aura d'antan sur le plan international, y voit une opportunité. Bangui a perdu confiance dans la France. Les responsables sont déçus par le départ des troupes tricolores. Le nouveau président centrafricain se tourne vers les Russes afin d'équiper et d'entraîner son armée, en sachant que ceux-ci ne cultivent aucun complexe quant à l'usage de la force. Si les droits de l'homme sont bafoués par des mercenaires russes à Bangui, cela ne soulève nulle polémique à Moscou. Pour le Kremlin et Wagner, il n'y a qu'à se servir pour un retour sur investissement, en faisant du business. C'est le deal russe contre des armes.

Le ministre des Affaires étrangères Sergueï Lavrov est à la manœuvre dès l'automne 2017. Sa cible est le président centrafricain Faustin-Archange Touadéra, élu depuis moins de deux ans, désormais bien seul depuis le départ des troupes françaises. Lavrov propose un « package » au chef d'État centrafricain : des mercenaires russes protégeront le régime, en contrepartie de quoi Wagner obtiendra la création d'une société minière russe, Lobaye Invest, et l'exploitation d'un aérodrome en province. Dès lors, la Russie se voit dérouler un tapis rouge pour pénétrer au cœur de l'Afrique.

Après l'idéologie socialiste de l'ex-URSS, c'est le pragmatisme qui anime désormais la Russie désinhibée de Poutine sur ce continent. L'Afrique n'est plus une terre de confrontations armées contre le capitalisme, mais un espace d'opportunités économiques qui permettent de compenser les sanctions après l'invasion de la Crimée et de bâtir un nouvel ordre mondial contre l'Occident, en menant au passage une guerre informationnelle qui ne dit pas son nom, chargée de déstabiliser les régimes proches de la France et de pousser les autres à l'expulser. Pour cela, la Russie signe des contrats militaires et des accords avec une dizaine de pays africains, incluant des échanges de renseignements et l'envoi de conseillers.

Vladimir Poutine a franchi un palier en Afrique du Sud en 2018, lors d'un sommet des BRICS, l'acronyme qui désigne un groupe de cinq pays : Brésil, Russie, Inde, Chine, Afrique du Sud. Soit 41 % de la population mondiale ou 3,24 milliards d'habitants. Tous sont des proches, sinon des alliés de la Russie, et n'ont pas voté les résolutions contre elle après l'invasion de l'Ukraine. Les officiels russes ont été accueillis à bras ouverts à Pretoria par l'ANC, le parti de Mandela, que Moscou soutenait durant l'apartheid, qui est alors au pouvoir.

L'attaque de Poutine en Ukraine est à inclure dans la stratégie globale qu'il a lancée d'abord en Afrique, gorgée de richesses peu exploitées. Une priorité pour le maître du Kremlin, qui vante à ses hôtes le principe du « pas de développement sans sécurité ». Premier fournisseur d'armes en

Afrique à travers Rosoboronexport, la Russie livre, à des conditions avantageuses, des hélicoptères et des avions de combat, ainsi que des pilotes et mécaniciens en attendant que des stagiaires africains soient formés. La Russie mise, en échange, sur l'exploitation de mines d'or et sur des contrats passés par Lukoil pour les hydrocarbures, Rosatom pour le nucléaire, Uralchem pour les engrais ou Alrosa pour les diamants.

L'invasion russe en Ukraine a cependant rebattu les cartes. Loin derrière les États-Unis – 40 % des exportations mondiales d'armement –, talonnés par la France grâce à ses Rafale, la Russie vend aujourd'hui moins d'armes aux pays étrangers. Elle privilégie d'abord son armée, qui doit être complétée après la destruction de milliers de blindés et sa guerre en Ukraine. Du jamais vu depuis la Seconde Guerre mondiale. À cause des sanctions, les usines d'armement ont du mal à suivre malgré les obus fournis probablement par la Corée du Nord. C'est un réel danger pour l'Europe, mais aussi pour la Russie qui, comme l'Union soviétique face à Reagan, risque de s'effondrer dans cette nouvelle course à l'armement à laquelle les États-Unis vont consacrer plus de 780 milliards d'euros en 2024. Soit treize fois plus que la Russie, pays qui affiche le même PIB que l'Espagne bien qu'il soit trois fois plus peuplé. Pourtant, la Russie tient le coup – surtout grâce à la faiblesse des stocks d'armes occidentaux, en particulier européens. Un constat terrifiant : en cas de guerre frontale, nous serions battus à coup sûr, faute de munitions !

Malgré cette conjoncture, et à cause de la concurrence de la Chine et de la Turquie, la France a perdu en Afrique près de la moitié de ses marchés en une vingtaine d'années. En 2021, selon l'École de guerre économique (EGE), la part de marché de la France en Afrique représente 7,35 %, loin derrière la Chine (27,45 %). Elle a, en fait, perdu beaucoup plus sur le plan politique : son influence, indispensable pour rester un des cinq membres permanents du Conseil de sécurité. La République centrafricaine, à la deuxième place des pays les plus pauvres, est désormais le laboratoire de Vladimir Poutine, qui lui permet de reprendre pied en Afrique et d'en chasser la France, et l'Occident.

CHAPITRE XIII

La tactique russe d'influence

Au lieu d'instructeurs de l'armée régulière pour former les Centrafricains, ce sont des mercenaires de la société militaire privée Wagner qui débarquent à Bangui. Des avions russes déchargent toujours plus d'armes légères et de munitions, mises à disposition des nouveaux « conseillers ». Au fil des mois, ils deviennent incontournables. Ils sont aux postes-clés, à la présidence et dans l'armée qu'ils encadrent et accompagnent au combat contre les groupes rebelles. Les fonctionnaires du ministère des Mines centrafricains signent des autorisations de prospection pour rechercher des gisements d'or et de diamant : le nerf de la guerre. La police ou l'armée a vite fait d'embastiller et de saisir les biens des investisseurs imprudents qui ne bénéficient pas de protection en haut lieu.

Avec les Russes, le rapport de force est inversé. Ils se soucient comme d'une guigne que des lois soient détournées pour favoriser la corruption. Le pouvoir est au bout de leurs fusils. Leur réputation les précède. Ils abattent ceux qui se mettent en travers de leur route. Sinon, ils les découpent en rondelles. En Syrie, ils ont mis en scène leur férocité contre des djihadistes en diffusant des images insoutenables sur les réseaux sociaux. Une manière de se faire respecter. Ce n'est pas nouveau.

J'étais à Beyrouth en 1985 quand quatre diplomates russes ont été kidnappés par des islamistes, côté ouest de la capitale libanaise, où vivent les musulmans. Du jamais vu. Mouvements de libération et partis arabes, chiites et sunnites, qui représentaient tout le camp progressiste et révolutionnaire soutenu par le grand frère soviétique, ont dépêché miliciens et blindés, en plus de l'armée, pour « protéger » l'ambassade de l'URSS, qui ne risquait rien. Se mettre à dos Moscou était risqué pour eux. Alors que les otages occidentaux restaient des années en détention, un mois après, surprise : les Russes ont recouvré leur liberté. Des tirs de soulagement ont crépité dans Beyrouth-Ouest. La crise avec le parrain soviétique est passée. Les services secrets russes ont appliqué leur politique traditionnelle : œil pour œil, dent pour dent. Quelque temps plus tard, des cadres du Hezbollah, le parti pro-iranien, ont été kidnappés à leur tour par les Russes et leurs sbires libanais. Parmi eux, Imad Mughniyeh, dont le nom a fuité, à l'origine, entre autres, de l'attentat contre l'ambassade américaine au Liban, des attentats contre un Boeing de la TWA, contre l'ambassade d'Israël en Argentine et celle de la France au Koweït, ainsi que de la capture des otages français au Liban, avant qu'il ne devienne le grand chef militaire du Hezbollah. Un curriculum long comme le bras.

Imad Mughniyeh sera éliminé en 2008 à Damas par une charge qui a explosé sous son SUV Pajero garé près des bâtiments des services de renseignement syriens, ses supérieurs qui lui transmettaient les ordres qui venaient d'Iran. L'explosif a vraisemblablement été posé par des agents du Mossad, bien qu'Israël ait démenti et que le gouvernement américain ait estimé que le monde se portait mieux sans cet horrible personnage, ce qui n'est pas faux. En faisant libérer les diplomates russes qu'il avait kidnappés, avant de l'être à son tour par des agents à la solde de Moscou selon la rumeur qui courait à l'époque à Beyrouth, Imad Mughniyeh a échappé à une mort qui aurait pu être très douloureuse. Car le KGB, rebaptisé FSB, et le GRU, les renseignements militaires russes, sont réputés pour leur cruauté. Ce sont de grands spécialistes de l'acide et du poison. À Bagdad, un prisonnier libéré à la chute de Saddam Hussein m'avait raconté comment les services secrets irakiens, formés par l'ex-KGB, dissolvaient les malheureux opposants politiques en les enfermant pieds nus dans une pièce bétonnée remplie peu à peu d'acide… En Grande-Bretagne, en 2006, les tueurs de Moscou ont empoisonné au polonium l'ex-agent du FSB devenu opposant, Alexandre Litvinenko, mort dans d'atroces souffrances. Il était passé à l'Ouest, comme Sergueï Skripal, un officier des renseignements militaires retrouvé empoisonné en même temps que sa fille par un agent neurotoxique, le Novitchok, dans un parc de la petite ville de Salisbury en 2018. Ils s'en sont sortis par miracle. Depuis, il y a eu l'opposant Navalny, envoyé dans un camp de prisonniers pour des années.

Des « exemples » connus en Afrique, qui ont précédé la venue, préparée par la propagande, des mercenaires russes à Bangui. Désormais, ceux-ci se baladent en armes et sont craints par la population qui, peu à peu, se range de leur côté, contre la France, pilonnée sur internet pendant des mois par les « usines à trolls » de Saint-Pétersbourg appartenant à Wagner et à ses filiales spécialisées dans la désinformation. Bien avant l'invasion de l'Ukraine, Moscou diffuse sur les réseaux sociaux le site Sputnik et la chaîne RT France. Elle a obtenu en 2017 l'autorisation d'émettre en France, au nom de la liberté d'expression et pour ne pas froisser le Kremlin que Paris cherche à l'époque à ramener dans le giron européen. Pourtant, Emmanuel Macron ne se dégonfle pas devant Vladimir Poutine durant leur conférence de presse commune pendant le sommet de Versailles, le 29 mai 2017. Le président français accuse RT France d'être un organe de désinformation, qui est intervenu durant sa campagne électorale en diffusant des *fake news*. Une accusation qui suit la polémique survenue pendant la campagne présidentielle de Donald Trump, où la Russie a été accusée de manipulation sur les réseaux sociaux dans le but d'influencer le vote en faveur du candidat républicain. Cela sera confirmé en 2022 par Evgueni Prigojine lui-même, le patron de ce réseau tentaculaire au service du Kremlin.

En Afrique francophone, la guerre hybride russe se répand comme une traînée de poudre. Au départ, grâce à RT France, société de statut français financée par Moscou, qui traiterait les informations qui ne sont pas diffusées par les grands médias. En Afrique et en Algérie, la chaîne est de plus en plus regardée. Tout ce qui marche mal en France, et ce ne sont pas les sujets qui manquent, est mis en avant, favorisant la diffusion du discours des déclinistes, qui voient souvent dans ces dysfonctionnements des machinations ourdies par le pouvoir.

Une entreprise de démolition à bas bruit destinée à saper les fondations démocratiques, en France et partout en Europe, car la chaîne a ouvert un bureau en Allemagne, en Grande-Bretagne et aux États-Unis. Margarita Simonian est la directrice depuis Moscou du réseau RT et de l'agence gouvernementale Rossia Segodnia. Pour elle, RT est une chaîne comme une autre, au même titre que France 24 ou la BBC en Grande-Bretagne, alors que ces pays sont des démocraties dont on peut sévèrement critiquer les dirigeants, ce qui n'est pas le cas de la Russie liberticide de Poutine.

Dénigrer l'« opération militaire spéciale », l'appeler guerre, manifester contre cette invasion peut valoir à un citoyen russe jusqu'à quinze ans de prison. Une pratique déjà peu ou prou mise en place par les tribunaux politiques sous Staline, où l'accusé devait confesser ses fautes envers le Parti avant d'être fusillé ou envoyé au goulag. Des tribunaux à la botte du pouvoir condamnent aujourd'hui des journalistes ou de simples citoyens qui ont osé dire ou écrire quelques mots ayant déplu. Le père d'une collégienne qui avait fait un dessin sur la guerre en Ukraine a même été emprisonné. La directrice de l'établissement a dénoncé l'élève à la police. Autre exemple remarqué par Éric Brunet sur LCI : un homme, qui jouait de la guitare dans un parc, vêtu d'un survêtement sombre avec une bande jaune, une des deux couleurs de l'Ukraine, a été interpellé. Son cas s'est aggravé quand, chez lui, la police politique a trouvé un livre de recettes de cuisine végane de tous les pays. L'une des recettes était ukrainienne. L'imprudent risque une grosse amende, et peut-être la prison.

Depuis le début de la guerre, Sputnik et RT ont été interdits de diffusion par l'Union européenne, mais les chaînes continuent à émettre de Moscou vers le monde francophone. « Nous ne laisserons pas les défenseurs du Kremlin déverser leurs mensonges toxiques pour justifier la guerre menée par Poutine, nous ne laisserons pas semer les graines de la division dans notre Union », déclare la présidente de la Commission européenne, Ursula von der Leyen.

Des médias « alternatifs » français ont pris le relais, prétendument au nom de la liberté d'expression. En fait, pour faire entendre la voix russe, indispensable, selon eux, au fameux équilibre journalistique. Ces nouveaux médias revendiquent une lutte contre le courant dominant, *mainstream* en anglais, théorisé par les services russes, dont l'objectif est de livrer la « vérité » en discréditant les démocraties, où l'information serait une pure propagande. C'est le monde à l'envers ou l'hôpital qui se moque de la charité, au choix. Leur *business plan* repose en partie sur une politique d'exclusivité, synonyme d'abonnements de la part des fanas du complot. Elle prend la forme de visas journalistiques que la Russie, en dehors des correspondants accrédités, délivre aux « reporters » de confiance, comme c'était le cas en Syrie pour rencontrer le dictateur Bachar el-Assad.

Comme beaucoup d'envoyés spéciaux, j'ai été privé de visa pour avoir raconté des faits qui ne plaisaient pas. À l'époque de l'occupation syrienne du Liban, mon passeport a été confisqué lorsque j'ai atterri à l'aéroport de Beyrouth, contrôlé par la milice du Hezbollah qui détenait les otages français. Après un interrogatoire dans un bureau, j'ai reçu l'ordre d'aller récupérer mon document de voyage à la direction générale de la Sûreté générale, le service de renseignement intérieur libanais, qui n'avait pas bonne réputation. Grâce à un ami à l'ambassade de France, un attaché de police a pris rendez-vous pour moi avec le directeur général. J'ai senti le chef de la Sûreté, plutôt amène avec la France, ennuyé à l'idée d'obéir aux ordres de l'occupant. Il avait, en fait, un message à me faire passer : « Vos articles déplaisent fortement aux autorités », m'a-t-il prévenu en sortant de ses tiroirs des photocopies de mes reportages, loin d'être favorables au régime de Damas. En me rendant mon passeport, il a ajouté : « Faites attention à vous. Soyez prudent. Vous devriez prendre vos distances avec le Liban. » Sous-entendu : il pourrait m'arriver un « accident » si je revenais. Je ne suis pas retourné à Beyrouth pendant longtemps. Les services secrets syriens sont des spécialistes des attentats à l'explosif : il y a eu l'assassinat du Premier ministre Rafic Hariri, qui s'était mis en travers d'El-Assad. Puis celui de l'opposant Gebran Tuéni, un ami, qui avait échappé de justesse à ses assassins une première fois en fuyant en France. Son exil a duré plusieurs années. Damas a fini par lui faire passer le message : il pouvait revenir à condition qu'il se tienne tranquille. Mais ce n'était pas la nature de Gebran, qui avait l'allure de Clark Gable et des convictions profondes. Il voulait que le régime syrien desserre son emprise sur le Liban. De retour à Beyrouth, il a été élu député, tout en restant directeur du titre familial, le journal de référence *An Nahar*. Lui et trois autres passagers ont été tués dans un attentat à la voiture piégée qui a projeté leur 4 × 4 blindé dans un ravin. Un grand journaliste du même journal, Emile Nasr, est mort lui aussi dans l'explosion de son véhicule. D'autres ont péri ou ont été blessés, comme la présentatrice May Chidiac, qui a été amputée du bras et de la jambe gauche, ou le leader Dany Chamoun et sa famille, ou encore le fils de l'ex-président Amine Gemayel, Pierre, jeune ministre maronite antisyrien, neveu de Béchir, le président charismatique assassiné en 1982. La liste d'opposants à El-Assad qui ont été tués par les services secrets syriens est longue. La grande majorité sont des chrétiens, oubliés par les thuriféraires français du régime de Damas et de Moscou, régimes qui se targuent pourtant de défendre les chrétiens au Moyen-Orient.

La Syrie et la Russie sont aujourd'hui, aux côtés de l'Iran et de la Chine, alliés contre l'« Occident collectif », comme l'appelle Vladimir Poutine ; des régimes accueillant des journalistes français prorusses qui s'autoproclament patriotes et donnent des leçons, avec un certain culot, alors que la France soutient l'Ukraine avec des canons et des obus. Un déni de réalité concernant leur propre pays que la Russie combat désormais en Afrique. Ces militants pro-Poutine refusent, comme jadis les pacifistes de l'extrême gauche, que la France s'engage pour se protéger, même de manière indirecte en armant l'Ukraine. Des schizophrènes des « partis de l'étranger », une expression utilisée dans le passé, dont Franz-Olivier Giesbert a souligné le grand retour dans *Le Point.* L'ennemi russe des Ukrainiens est, *de facto*, aussi celui de la France, tant que Poutine n'aura pas ordonné à ses troupes de rentrer chez elles.

Les admirateurs français du chef du Kremlin sont convaincus par ses grandes déclarations. Leur but est toujours le même : affaiblir l'Union européenne, la décorréler des États-Unis qui nous imposent, selon Moscou, leur économie et leurs soldats. Une réécriture de l'histoire contemporaine chère aux dictatures, en particulier marxistes, comme c'était le cas en URSS, comme je l'ai vu en Corée du Nord à l'époque de Kim Jong-il, le fondateur de la dynastie des Kim, ou en Albanie sous Enver Hodja. Les pays de l'ex-URSS et ceux du pacte de Varsovie se sont précipités, dès qu'ils ont pu, dans l'Union européenne et l'OTAN, sans qu'on les y oblige. Mais pour le révisionniste Poutine, c'est le contraire qui s'est produit : ces institutions les ont « absorbés », en profitant de la fin de l'URSS.

Résultat, les stratèges russes sont restés stupéfaits quand ils ont vu les Européens armer les Ukrainiens, alors que ceux-ci pensaient qu'ils seraient dans l'incapacité de réagir. Pour pallier sa fragilité sur le terrain, le régime russe compte sur la désinformation qu'elle propage sur les réseaux sociaux, où les attaques les plus virulentes proviennent de multiples sociétés qui appartiennent à un même homme, resté dans l'ombre jusqu'à l'invasion de l'Ukraine.

CHAPITRE XIV

Evgueni Prigojine : le bras armé de Poutine

Depuis l'offensive russe en Ukraine, Evgueni Prigojine n'est plus seulement un nom mystérieux et un visage sur quelques vieilles photos. Il s'affiche désormais sur sa chaîne Instagram et assume d'être le patron du groupe Wagner, une société militaire privée russe adossée à une kyrielle d'autres entreprises dont on ne connaît pas toutes les ramifications. De l'exploitation de mines de diamant en Centrafrique aux « usines à trolls » à Saint-Pétersbourg qui inondent les opinions publiques étrangères de fausses informations, toutes les activités de Prigojine concourent à assouvir l'ambition de Vladimir Poutine contre l'« hégémonie occidentale », et soutenir l'expansion de la Russie en Europe, avec la guerre en Ukraine, et celle, contre la France, en Afrique.

Alors qu'il laissait planer le doute sur son rôle, Prigojine apparaît sur sa chaîne Instagram, à l'automne 2022, en train de recruter des prisonniers dans les centres de détention pour qu'ils se battent au Donbass sous la bannière de sa société, Wagner, en échange de leur liberté au bout de six mois. Ce personnage secret que le Kremlin et l'état-major russe disaient ne pas connaître a été omniprésent sur les réseaux sociaux et sur le front, grâce à ses hommes. Il se fera plus discret après l'échec de son coup de force du 24 juin 2023 en Russie. Poutine finit par admettre, au printemps 2023, que le patron de Wagner, c'est lui, et que ses informaticiens sont intervenus pendant la campagne électorale de Donald Trump pour favoriser son élection aux dépens d'Hillary Clinton. Depuis, Trump ne tarit pas de louanges sur Poutine, un « homme très intelligent », selon lui, et se fait fort, s'il est réélu, d'arrêter la guerre en Ukraine d'un claquement de doigts. Comment ? Il ne le dit pas mais suggère qu'il diminuera les livraisons d'armes à Kiev, car le coût serait trop élevé pour le peuple américain… Il permettrait donc à terme une victoire de la Russie.

Pendant des mois, Prigojine raconte la progression de ses troupes, pourtant décimées sur le front. Faute de n'avoir pas bénéficié d'un vrai entraînement, 30 000 de ses hommes sont morts en montant à l'assaut pour conquérir Bakhmout, une ville défendue mètre par mètre par les Ukrainiens, qui déplorent aussi beaucoup de pertes. Depuis cette hécatombe, Prigojine commente sur les réseaux sociaux la situation militaire, ses difficultés sur le front pour obtenir des munitions de la part des « bâtards bureaucrates nationaux », affiche sa fierté de défendre la Russie, le courage de ses hommes par rapport aux « planqués » qui essayent d'éviter la mobilisation, tout en dénonçant les coups bas et l'inefficacité de l'armée régulière. Il est devenu une personnalité célèbre, surtout à l'extérieur de la Russie, un héros à grande gueule pour les uns, un salaud pour le camp occidental, un tortionnaire qui envoie ses hommes à la boucherie et n'hésite pas à montrer les milliers de tombes des nouveaux cimetières qu'il fait construire à coups de bulldozer pour enterrer ses morts. Il se moque de se mettre à dos les généraux et le ministre de la Défense Sergueï Choïgou. Il ne se soucie pas non plus des sanctions européennes prises contre lui et sa société pour sa guerre d'agression, ses violations des droits de l'homme et la déstabilisation de pays en Afrique. On a vu ses hommes fracasser la tête d'un déserteur à coups de masse, un outil devenu emblématique qu'il exhibe volontiers. Si Evgueni Prigojine peut se permettre ces incartades qui vaudraient à d'autres de graves ennuis, c'est qu'il bénéficie de la protection de Vladimir Poutine, qu'il connaissait bien avant qu'il soit président.

Incarcéré pendant neuf ans pour vols en bande organisée, ce caïd a ouvert, à sa libération, des kiosques à hot dogs dans sa ville, Saint-Pétersbourg. Puis une chaîne de petits supermarchés et des restaurants de luxe quand l'argent des trafics circulait partout. Dans la période qui a suivi l'effondrement de l'URSS, tout était permis dans la nouvelle Russie. Les mafieux se servaient. Ils menaçaient et jouaient sur la corruption pour obtenir des passe-droits de la part des hommes politiques. Dans ce contexte, le maire, Anatoli Sobtchak, s'est attaché les services d'un ancien lieutenant-colonel du KGB, Vladimir Poutine, devenu son homme à tout faire. L'ascension de Prigojine remonte à cette période. Les deux hommes sont liés par une amitié qui repose surtout sur la confiance. Prigojine était comme un poisson dans l'eau parmi la pègre locale. En passant par Poutine, il réglait pour la mairie, à sa manière, quantité de problèmes relatifs à la sécurité et à la corruption, qui n'a jamais cessé depuis. En échange, il récoltait les contrats des cantines scolaires et de celles des fonctionnaires municipaux, soit l'équivalent de plusieurs milliers de repas par jour. Ensuite, il a ouvert un restaurant pour les oligarques, sur une péniche où défilaient des VIP russes et étrangers. Plus tard, quand Poutine est devenu président, celui-ci a invité George W. Bush sur ce bateau, le *New Island*, amarré sur la Neva. Ils ont été photographiés avec leurs épouses, et Prigojine. En visite officielle, Jacques Chirac y a dîné aussi avec son hôte, qui fêtait son anniversaire. C'est Prigojine qui servait lui-même les grands de ce monde.

À Moscou, quand Poutine a été nommé Premier ministre par Boris Elstine, puis quand il lui a succédé au Kremlin après une ascension fulgurante, l'entrepeneur a suivi son mentor, et augmenté son chiffre d'affaires. Il est devenu le traiteur de luxe du chef de l'État qui, en bon autocrate, aime avoir confiance dans ce qu'il mange. Prigojine vérifiait la cuisine et goûtait les plats du président, qui craignait toujours d'être empoisonné. Les buffets des réceptions et les repas de gala étaient assurés par la société Concord, qui appartenait à celui qu'on surnommait désormais le « cuisinier » de Poutine. Le *Guardian* a retrouvé des photos ou il apparaît au début des années 2000 en train de servir le prince Charles, la présidente du Brésil Dilma Rousseff ou le Premier ministre indien Narendra Modi, lors des réceptions organisées par Prigojine au Kremlin ou au palais de l'Ermitage à Saint-Pétersbourg. Fort de sa proximité avec le tsar Poutine, il a agrandi peu à peu son empire. Il a approvisionné les cantines scolaires de Moscou, puis les mess de l'armée qui servaient dans les casernes une mauvaise tambouille à des dizaines de milliers de conscrits.

Ambitieux et entreprenant, Prigojine ne s'est pas arrêté là. Grâce à son parrain du Kremlin, il a diversifié ses activités, sous la férule du GRU, les services secrets militaires très actifs à l'étranger. Les assassinats d'opposants, les empoisonnements d'anciens agents passés à l'Ouest, ce sont eux. Ils sont dans le renseignement, mais surtout dans l'action. En 2014, la Crimée est tombée, sans coup férir, aux mains des Russes, qui avaient préparé leur opération dans l'ombre, grâce à la complicité d'hommes liges ukrainiens et à leurs services secrets. Des hommes habillés en vert, cagoulés et sans insigne, se sont répandus dans les lieux de pouvoir des villes de la péninsule afin de jeter le trouble au sein de la communauté internationale. Officiellement, ce n'étaient pas des éléments de l'armée russe qui s'emparaient de la Crimée.

Mais le plan de Poutine est plus large. Il espère récupérer l'Ukraine en ouvrant un front dans l'est du pays. Après la Crimée en février 2014, c'est au Donbass que des mouvements séparatistes créés de toutes pièces par le FSB se soulèvent, en avril de la même année, et proclament l'autonomie des républiques de Donetsk et de Lougansk. Pour une poignée de roubles, de la vodka et une kalachnikov, chômeurs et traîne-savates se retrouvent dans des milices encadrées par des agents russes et des ex-militaires d'une structure créée pour l'occasion : Wagner, dont un des fondateurs, Dmitri Outkine, est un ancien lieutenant-colonel des forces spéciales du GRU qui affiche un tatouage néonazi sur le corps. Il n'apparaît jamais au grand jour. Le militaire de la bande, c'est lui, et le patron, c'est Prigojine, et leurs hommes combattent déjà l'armée régulière ukrainienne. Ils sont sans uniforme, toujours pour dédouaner la Russie, qui, dans les coulisses, est à la manœuvre. Selon le Kremlin, l'armée russe n'est pas présente au Donbass. C'est pourtant un système antiaérien Buk d'une unité de l'armée régulière russe qui abat un avion civil de Malaysia Airlines parti d'Amsterdam. Aucun des deux cent quatre-vingt-dix-huit passagers et membres d'équipage ne survit. Deux officiers russes et un séparararatiste sont condamnés par contumace à perpétuité par un tribunal néerlandais. Moscou nie en dépit de preuves évidentes. L'Europe réagit peu face à ce scandale d'un cynisme assumé.

Depuis, la société Wagner a été envoyée, aux côtés des Iraniens et du Hezbollah, en Syrie, pour renforcer l'armée, proche de l'effondrement, du dictateur Bachar el-Assad, avant de débarquer en Libye et en Centrafrique pour se glisser dans la place, encore chaude, laissée vacante par les Français.

Aujourd'hui, dans la capitale centrafricaine, Bangui, ils sont chez eux. Les officiers russes bravent le couvre-feu et leur colonel, Vassili, parle en direct avec le président Faustin-Archange Touadéra sur son portable. Les mercenaires russes constituent le rempart du chef de l'État contre les rebelles qui tiennent le Nord. En juillet 2023, ils seront présents pour sécuriser le référendum qui doit permettre au président de se présenter une nouvelle fois. Ils assurent, en fait, une double et complémentaire mission. Sewa Security Services protège les mines du pays exploitées par Lobaye Invest, dont l'un des dirigeants, un ancien policier de Saint-Pétersbourg, la ville natale de Poutine et de Prigojine, conseille le président Touadéra, aux côtés d'un ancien du KGB. Mais comment exploiter des gisements aurifères qui sont sous la menace ou le contrôle de rebelles armés ? Pour eux, la solution est au Soudan, auprès de son président de l'époque, l'islamiste Omar el-Bechir, dans le collimateur des États-Unis. Là encore, la holding de Prigojine fait d'une pierre deux coups. *Via* plusieurs sociétés-écrans du groupe Concord-Wagner, la Russie soutient le régime soudanais. Elle envoie des avions et des mercenaires pour réprimer les manifestations, exploite des mines d'or et espère créer une base à Port-Soudan, qui possède une infrastructure stratégique sur les bords de la mer Rouge. Grâce à ses appuis au Kremlin, Prigojine demande à El-Bechir de parrainer une négociation entre le président et les rebelles centrafricains. Les redoutables services secrets soudanais ont des arguments pour les convaincre. Dans la salle de réunion à Khartoum, Prigojine est à côté de son homme de confiance, son bras droit : Mikhaïl Potepkin, visé par des sanctions internationales (britanniques et états-uniennes) pour actes de torture, exécutions extrajudiciaires et assassinats au Soudan et dans plusieurs autres pays. Sont aussi présents, lors de cette réunion, un conseiller du président centrafricain et Dmitri Sytyi, un polyglotte chargé des opérations de propagande à Bangui. En face, une demi-douzaine de chefs rebelles, amenés par les agents soudanais, écoutent Prigojine faire son numéro. Comme entrée en matière, ils ont reçu chacun plusieurs dizaines de milliers d'euros, des sommes variables selon leur importance. En résumé : pour les Russes, il n'y aura pas de vainqueur dans cette guerre de la brousse, donc, autant se partager les richesses, les mines d'or et de diamant. En février 2019, l'accord est scellé sous l'égide d'un représentant de l'Union africaine, au nez et à la barbe des Nations unies. Pour Prigojine, c'est le graal. Après ces accords, Wagner devient tout-puissant en Centrafrique.

Depuis, la multinationale russe y dégage des bénéfices de plusieurs millions d'euros, qui ont permis d'enrichir son patron et de mener ses guerres en Ukraine, et en Afrique. C'est la contrepartie pour obtenir des contrats avec l'État russe.

Fin décembre 2020, les groupes armés centrafricains annoncent cependant la création de la Coalition des patriotes pour le changement et menacent de marcher sur Bangui au moment des élections présidentielles. Pour les arrêter, les mercenaires les combattent, parfois aux côtés des Casques bleus. Une première. Un général russe, détaché par Moscou, est conseiller au ministère de la Défense, en liaison permanente avec l'état-major de Wagner au camp de Berengo qui, lui, commande plusieurs centaines de mercenaires, beaucoup d'Arabes, transportés par des Antonov de l'armée russe, de Syrie et de Libye, et envoyés ensuite sur les pistes de brousse par des hélicoptères. Ils seront accusés par Amnesty International d'avoir abattu une douzaine de civils dans les environs de Bambari.

Wagner est en effet déployé dans les deux pays arabes que sont la Syrie et la Libye. Aujourd'hui encore ses mercenaires russes sont aux côtés d'El-Assad en Syrie, bien qu'ils se soient fait décimer en 2018, quand ils ont voulu pénétrer dans les régions kurdes et s'approprier des puits de pétrole. Leurs véhicules ont été réduits en miettes par des bombardements américains. Bilan : une centaine de morts, au bas mot, auxquels s'ajoutent de nombreux blessés rapatriés en catimini en Russie, sans protestation de Moscou qui, officiellement, n'a pas de troupes sur le terrain à cet endroit. Tel est le revers de la médaille.

En Libye, Wagner a déployé des troupes auprès du vieux général Haftar autoproclamé maréchal, un ancien officier de Kadhafi, jadis fait prisonnier au Tchad au cours d'une offensive ratée puis retourné par la CIA pour monter une rébellion contre le régime du « Guide ». Son parcours est romanesque et célèbre : après une vingtaine d'années d'exil aux États-Unis, Haftar a débarqué à Benghazi, sans l'imprimatur américain, pour prendre la tête de la rébellion, au nom de la lutte contre l'islamisme, le même but de guerre poursuivi par la France depuis les attentats de 2015 sur son sol. À Paris, la crainte du terrorisme avait pris de l'ampleur depuis la chute de Kadhafi et le pillage de ses arsenaux par les djihadistes, qui attaquaient désormais les militaires français au Mali voisin. Avec la bénédiction du cabinet de Jean-Yves Le Drian, conseillers des services spéciaux et agents de liaison français ont rejoint l'état-major d'Haftar qui disposait de renseignements liés à l'espace aérien. Des informations acquises au péril de leur vie par des agents français : plusieurs sont morts dans le crash, au décollage, d'un avion de reconnaissance et dans celui d'un hélicoptère abattu. À Derna, victime d'une terrible inondation en septembre 2023, et dans plusieurs autres zones, les islamistes ont été éliminés ou ont abandonné leurs positions face à l'armée nationale autoproclamée du maréchal, désormais le « poulain » de la France, de l'Égypte et des Émirats arabes unis, deux gros clients de l'armement français. Ces deux pays ont livré une guerre par procuration à la Turquie, soutien du gouvernement de Tripoli, reconnu, lui, par les Nations unies.

Favorable aux Frères musulmans, le président turc Recep Tayyip Erdogan est accusé par les royaumes arabes, et le président égyptien Al-Sissi, de vouloir prendre le contrôle du monde sunnite, comme à l'époque du calife de Constantinople. Sous François Hollande, la France a eu beau nier, elle a été accusée, y compris en Europe, de jouer double jeu en soutenant avec peu d'enthousiasme le gouvernement de Tripoli tout en appuyant le maréchal rebelle, qui entretenait des relations étroites avec Jean-Yves Le Drian. Elles seront poursuivies au début du premier mandat d'Emmanuel Macron. Son ministre des Affaires étrangères sera à la manœuvre pour organiser à Paris deux visites, censées donner une stature à Haftar, autre que celle d'un janissaire anti-islamiste, afin que celui-ci accepte de faire la paix avec les autorités officielles de Tripoli. Ce fut un échec. Car Haftar était un vieux renard, qui poursuivait un seul but qu'il cachait à peine : prendre le pouvoir. La France était seulement un des moyens d'y parvenir.

Pire : il a lancé une offensive contre Tripoli dans la foulée d'une visite, à son QG de Benghazi, du ministre français, qui a maintenu que ce caudillo moustachu à la retraite était « incontournable, faisant partie de la solution politique au conflit ». Une solution guerrière. Dans ce pays sans consensus composé de tribus, l'offensive éclair de Haftar s'est enlisée, comme c'était à prévoir. Et elle a provoqué l'arrivée de forces turques, à la demande des autorités de Tripoli qui cherchaient des armes et un soutien. Désormais, Erdogan avait des troupes en Libye. Il a signé, en contrepartie de son aide, un accord sur les immenses réserves libyennes de pétrole et de gaz offshore, contestées par la Grèce. Tripoli a eu beau jeu de s'insurger quand des missiles antichars français ont été trouvés par des forces gouvernementales dans un poste de commandement de l'armée de Haftar. Des armes, précisait-on à Paris, « destinées à l'autoprotection d'un détachement français déployé à des fins de renseignement en matière de terrorisme ».

En fait, les forces de Haftar ont reculé. Par conséquent, le maréchal a cherché des renforts auprès de la Russie, *via* la société Wagner, qui, à son tour, est entrée dans le jeu libyen. Après la Centrafrique, c'est en Libye qu'ont débarqué des mercenaires russes, mais aussi soudanais et tchadiens. Là aussi, il y a eu des conséquences. Plus tard, ces Tchadiens ont tenté des rezzous mécanisés, la première bande armée a été anéantie par des avions français dans le désert; la seconde a essayé de renverser le régime du président Idriss Déby, le premier allié de la France au Sahel, qui est mort dans les combats.

Autre paradoxe : le maréchal Haftar a bénéficié à la fois du soutien français et d'une aide russe à travers Wagner. Il est vrai que, à l'époque, l'invasion de l'Ukraine n'a pas commencé, mais les mercenaires de Wagner sont déjà largement à la manœuvre en Centrafrique pour se substituer à la présence française grâce à une guerre informationnelle qui surprend les spécialistes de l'Afrique.

Pire, cette relation contre-nature avec un maréchal félon et ambitieux à la retraite, soutenu par des mercenaires russes, débouchera sur un fiasco. Les islamistes sont toujours présents en Libye et les stocks d'armes libyennes continuent de circuler au Sahel, aux mains des djihadistes. Autre conséquence néfaste, la conquête ratée de Tripoli par le maréchal Haftar a eu pour répercussion de permettre à la Turquie d'entrer en Libye, à la demande du gouvernement « officiel ». Ankara y dépêche depuis des troupes et des mercenaires, alors que la France pèse moins dans le pays, même si elle a envoyé, après les fortes inondations de septembre 2023, des médecins de la sécurité civile et un hôpital de campagne à Derna, une région de l'Est – ceci sous l'influence du maréchal, depuis qu'à coups de canon il a chassé de la ville les islamistes, qui se sont dispersés et installés ailleurs.

Présents en Libye, arrière-cour du Sahel où ils font atterrir leurs avions, les mercenaires russes restent également bien implantés en République centrafricaine.

CHAPITRE XV

L'offensive contre la France en Centrafrique

C'est une véritable petite armée russe qui s'est déployée en Centrafrique, sans le drapeau à bandes horizontales blanc, bleu et rouge de la fédération de Russie. Malgré les rapports du groupe d'experts des Nations unies, Moscou a nié toutes les exactions et tous les assassinats visant des civils commis par ses mercenaires, comme Wagner dément son implication dans la mort en 2018 de trois journalistes russes venus enquêter sur ses activités en République centrafricaine. Pourtant, les noms des commanditaires et les circonstances de ce massacre ont été dévoilés grâce à Dossier Center, une ONG financée par le milliardaire Mikhaïl Khodorkovski, opposant de Poutine réfugié à Londres après avoir purgé dix ans de prison en Russie. L'organisation a obtenu des témoignages et s'est procuré les appels téléphoniques des protagonistes russes et africains qui ont tendu un piège mortel aux journalistes. Depuis, les enquêtes officielles à Moscou et Bangui sont tombées aux oubliettes. Mais le message est passé : voilà ce qu'on risque si on met le nez dans les affaires de Wagner.

La Centrafrique, pays d'une grande pauvreté, est devenue le point d'ancrage de la Russie au cœur du Sahel. Ce point est en passe de devenir une grosse base militaire. Fin mai 2023, l'ambassadeur centrafricain à Moscou a déclaré, dans un entretien au journal *Izvestia*, que son pays était prêt à accueillir entre 5 000 et 10 000 soldats russes. « Si nécessaire, ce contingent pourrait être utilisé dans d'autres pays » d'Afrique centrale. Cette hypothétique emprise militaire russe abriterait aussi 1 500 mercenaires de Wagner. Un tel projet finaliserait la mainmise de la Russie sur l'Afrique subsaharienne, au détriment de la France en tout premier lieu.

Car c'est elle qui est d'abord dans le collimateur de Wagner, chargé par le Kremlin de mettre en place un travail de sape contre son influence en Afrique francophone. Sa présence politique, militaire, économique et culturelle est contestée par des moyens de propagande qu'une démocratie n'emploierait pas. Les services de contre-ingérence français ne restent plus inactifs. Ils sont passés discrètement à l'action. Emmanuel Macron a fini par s'y résoudre.

En juillet 2022, au cours de son premier voyage en Afrique depuis sa réélection, le président n'a pas mâché ses mots : « La Russie est l'une des dernières puissances impériales coloniales » qui a choisi d'« envahir un pays voisin pour y défendre ses intérêts ». Il a mis en garde les capitales africaines contre Moscou, qui « a décidé que l'information, l'énergie et l'alimentation étaient des instruments militaires mis au service » de la guerre en Ukraine. Remonté par l'offensive russe contre la France, il a dénoncé l'« hypocrisie » de certains pays, « en particulier sur le continent africain », consistant à ne pas reconnaître clairement que la « Russie menait une agression unilatérale » en Ukraine en raison de « pressions diplomatiques ». Il désignait les pays qui se sont abstenus lors du vote, à l'ONU, contre l'invasion de l'Ukraine. Seize pays africains sur cinquante-cinq ont refusé de condamner l'intervention russe en Ukraine par crainte de représailles de Moscou et de ses activistes en Afrique. Macron n'a pas non plus épargné le groupe paramilitaire Wagner, qui soutient, a-t-il dit, « soit des pouvoirs politiques affaiblis qui ont du mal à s'assumer, soit des juntes illégitimes ».

En novembre 2022 à Djerba, en Tunisie, Emmanuel Macron a récidivé. En marge du Sommet de la francophonie, il a accusé la Russie d'alimenter une propagande antifrançaise pour « servir un projet de prédation » sur des pays africains en difficulté. Il a réfuté les critiques selon lesquelles la France exploiterait ses liens économiques et historiques avec ses anciennes colonies pour servir ses propres intérêts. « C'est un projet politique. Je ne suis pas dupe, a-t-il dit sur la chaîne TV5 Monde. Beaucoup d'influenceurs, y compris parfois des gens sur vos plateaux, sont payés par les Russes. On les connaît. Plusieurs puissances, qui veulent bâtir une influence en Afrique, développent cela pour abîmer la France, abîmer sa langue, faire douter, mais surtout aller chercher des intérêts. » Le président français se réfère à l'exploitation des richesses africaines par les mercenaires russes en contrepartie de la protection qu'ils « offrent » aux présidents menacés par des rébellions. Depuis, l'Assemblée nationale a adopté en mai 2023, à l'unanimité, une résolution demandant à la

France et à l'Union européenne d'inscrire le groupe militaire privé russe Wagner sur la liste des organisations terroristes. Qualifiée d'organisation criminelle transnationale aux États-Unis, Wagner était sous sanctions américaines dès 2017. Evgueni Prigojine n'a pas apprécié d'être qualifié de terroriste par les députés français. Il a riposté par des messages vidéo traduits en français sur sa chaîne Telegram. Fou de rage, il y affirmait que, lorsque ses mercenaires sont arrivés en Centrafrique, les soldats français violaient des fillettes de 12 ans, étripaient les gens sur la place publique et se livraient à des dons d'organes ! Wagner « sauve des gens en les sortant des mains des Français et des Américains », proclamait-il, alors que des experts de l'ONU ont documenté des « actes de torture et des enlèvements à des fins de racket » commis par ses mercenaires.

Car en Centrafrique, la machine à propagande russe fonctionne à plein régime. Les mensonges peuvent paraître grossiers, mais ils sont écoutés dans la région, par une population naïve, versatile et peu informée, qui considère ces attaques contre les Français comme un amusant jeu de massacre. Des vieux blindés russes datant de l'Antéchrist débarqués d'avions Iliouchine avaient déjà commencé à traverser Bangui sous les applaudissements. Ils étaient ornés des drapeaux russes et centrafricains, comme s'ils avaient déjà libéré le pays de ses « occupants ».

L'offensive de charme qui a permis pareil accueil a commencé, fin 2018, avec le concours de Miss Centrafrique, sponsorisé par la Russie. Douze candidates habillées de robes rouges et satinées ont défilé devant leurs familles, des officiels centrafricains et russes. Certes, le stade de 20 000 places n'était pas plein, mais sur les murs d'enceinte flottaient des bannières aux couleurs de la Russie. Le *soft power* imaginé à Moscou était en marche, à mille lieues de celui, plus traditionnel, exercé par nos diplomates. « À nos chers amis de la Russie : nous voulons vous remercier du fond du cœur pour les appuis que vous apportez à toutes les couches de notre société », a lancé au micro l'organisatrice du concours. À ses côtés, tout sourire, Miss Russie 2013, qui avait effectué le voyage. C'est elle qui a remis sur la scène un chèque de cinq millions de francs CFA (7 620 euros) à un centre de santé, avant de vanter la réussite du processus de paix, que critiquait la France. Le discours, inhabituel sur un podium de Miss, était retransmis en direct, dans la langue vernaculaire, par Radio Lengo Songo, financée par Lobaye Invest, la firme qui exploite des mines de diamant dans le pays. Le journal gratuit *La Feuille volante du président* était distribué au stade et dans les rues. On y saluait la formation par les Russes de militaires centrafricains et l'organisation par Moscou du tournoi de football de la Coupe de l'espoir. Mieux, les lauréats d'un concours de dessins et de poèmes d'enfants remporteraient un séjour, en Russie, dans un ancien camp des Jeunesses communistes. Une musique a annoncé la fin du concours de Miss : la gagnante était une étudiante en gestion de 23 ans, couronnée sous les applaudissements des fonctionnaires russes.

Pour conquérir les cœurs et les esprits des Centrafricains, tous les vecteurs de propagande sont utilisés. Wagner produit des films et les diffuse en Afrique sur des plateformes russes.

Il l'a fait savoir en projetant gratuitement son premier long-métrage à Bangui. À mi-chemin entre fiction et réalité, *Touriste* présente les mercenaires russes comme des héros, non comme des soudards commettant des exactions dans les villages. En ouverture, une voix off donne le ton : « Depuis l'indépendance de la Centrafrique en 1960, les guerres et les conflits sanglants, alimentés par des groupes armés, n'ont pratiquement pas cessé. Pour la première fois, en 2021, on a réussi à y mettre fin. Ce film est dédié aux héros libérateurs de l'Afrique centrale, défenseurs centrafricains et soldats russes. » Ce film a été visionné des millions de fois sur les plateformes.

Dans *Touriste*, des instructeurs envoyés par Moscou pour protéger la veuve et l'orphelin barrent le chemin à des rebelles sanguinaires fonçant vers la capitale. Le tournage a bénéficié de gros moyens et les acteurs, des mercenaires en armes, sont plus vrais que nature. À l'écran, un petit groupe d'entre eux met en déroute plusieurs dizaines de rebelles et de mercenaires du Tchad, premier soutien de la France au Sahel. Les Français n'ont pas le beau rôle dans le film. « Les Russes savent combattre, et ils le font bien », lâche, dépité, un « consultant » français qui soutient les rebelles. Il s'inquiète de la présence de ces « Rambo russes » aux côtés de l'armée régulière. Pour les soldats de Wagner, les Casques bleus des Nations unies sont des « brebis » et les rebelles sanguinaires des « crevards ». En vidant son chargeur, un mercenaire russe s'écrie : « Prenez ça pour Sébastopol ! », lieu d'une défaite des troupes tsaristes devant les armées anglaise et française qui ont assiégé la ville en 1854, une référence historique que ne connaissent pourtant pas les Centrafricains. Dans le film, aucun mort n'est à déplorer du côté des instructeurs. Seul un gars est blessé, un novice appelé « touriste » en russe. D'où le titre du film. Un de ses camarades venus à son chevet lui dit, comme pour le réconforter : « Les Américains se battent pour la démocratie, nous pour la justice. » Une fois rentré à Moscou, le « novice-touriste » regarde, à la télévision, un reportage consacré à la RCA (République centrafricaine). Devant une foule de Centrafricains qui clament des slogans prorusses apparaît le président Touadéra. « Dans la capitale, désormais, règne la paix, merci à la Russie ! » conclut le reporter russe.

En janvier 2022, une dizaine de milliers d'habitants de Bangui ont été invités à rejoindre le stade omnisports pour la projection d'un nouveau film : *Granit*, le nom de guerre du héros. Le long-métrage met en scène l'intervention de courageux « instructeurs russes » chargés d'aider l'armée du Mozambique à repousser les djihadistes de l'État islamique dans la région de Cabo Delgado, au nord du pays, qui est riche en gaz naturel. Le public, lui, croit que l'intrigue se déroule en Centrafrique, où Wagner mène le même genre d'opérations contre des rebelles. « J'aimerais tant que nos soldats soient aussi forts que les Russes pour défendre notre pays », disent des spectateurs à la fin du film produit par une des sociétés de Prigojine. Tous l'ont apprécié, en premier lieu les huiles du gouvernement et Valery Zakharov, le conseiller sécurité russe de la présidence centrafricaine, qui veille au grain. En raison des exactions dont il est accusé, Wagner souhaite consolider son image en montrant des « héros » russes prêts à se sacrifier pour sauver les peuples africains de la barbarie. Le même narratif que pour l'Ukraine, où Poutine affirme intervenir pour sauver les russophones d'un prétendu génocide perpétré par le pouvoir « nazi » de Kiev.

Dans la réalité, l'intervention de Wagner au Mozambique a tourné au fiasco. Les Russes ont dû décamper face à des illuminés djihadistes. Ils espéraient mettre la main sur la région et les immenses champs de gaz de Total, qui sont désormais sous la protection de l'armée mozambicaine, de sociétés paramilitaires sud-africaines et surtout d'un contingent militaire du Rwanda, un pays réputé pour la qualité de ses soldats et désormais proche de la France depuis qu'il n'y a plus de poursuites judiciaires contre son président, Paul Kagame. Dans le film projeté à Bangui, Wagner réécrit l'histoire, décidément une manie chez Poutine et ses amis : une victoire a remplacé la défaite.

Dans un pays où règne l'analphabétisme, où les connexions internet et l'accès à l'électricité sont difficiles, la projection de films d'action et de propagande est la meilleure approche pour toucher la population, qui vit sous le seuil de pauvreté.

Ce n'est pas la première fois que Wagner réalise des longs-métrages à grand spectacle et les diffuse en Afrique. *Shugaley,* qui a été également projeté à Madagascar, autre terrain de conquête des troupes de Prigojine, a pour cadre la Libye. Il raconte le calvaire de Maksim Shugaley, un communicant de Wagner qui a purgé quatorze mois de prison en tenant bon, à l'image de tous les mercenaires russes. L'affiche est d'ailleurs explicite : « Les Russes ne peuvent pas être brisés », peut-on y lire. Shugaley, le vrai, aurait désormais rejoint ses camarades russes en RCA, toujours à la recherche de *punchlines* efficaces. Après qu'Emmanuel Macron a qualifié les mercenaires de prédateurs au « sommet de l'État avec un président Touadéra otage du groupe Wagner », c'est lui qui aurait écrit le message : « La Russie est un grand pays avec un grand cœur, Macron est un petit homme avec un petit cœur. » Un slogan de bas étage, censé toucher les âmes africaines. Toujours plus inventive, et agressive, la machine à propagande monte encore en puissance sur des terrains où on ne l'attendait pas.

Au nom de la coopération entre la RCA et la Russie, des dessins animés au graphisme simple et aux couleurs vives apparaissent sur les réseaux sociaux. Ils sont financés par Lobaye Invest, la société minière de Wagner, dont le nom figure au générique. Il y a d'abord eu, en juillet 2019, *Le Lion et l'Ours*, l'histoire d'un éléphant – le peuple – attaqué par des hyènes – les rebelles – venues lui voler sa récolte. Il est sauvé par un ours originaire d'« un pays lointain du Nord qui s'appelle la Russie ». Une voix conclut que l'ours, fort et juste, instaure la paix entre les animaux de la savane.

En décembre 2022, le ton n'est plus bon enfant. Le message s'est durci. Sur la page Facebook du Burkinabé prorusse Burkina Kibaya, comme sur bien d'autres comptes, un autre dessin animé met en scène un rat entrant dans une maison pendant qu'une voix fourbe affirme à la radio : « C'est le rat Emmanuel, il est votre ami, il est venu vous aider, vous ne pouvez rien faire sans lui, vous avez besoin de lui. » À chaque phrase, le rat grossit et devient plus agressif, effrayant le propriétaire qui voit le mot « Wagner » dans son journal.

Il appelle à son secours le groupe paramilitaire. Débarque aussitôt un mercenaire casqué, en treillis et pourvu d'un gilet pare-balles. Il tue le rat d'un coup de masse, l'arme préférée de Prigojine pour exécuter les déserteurs.

Début 2023, un pas est franchi par les propagandistes russes contre la présence française au Sahel. Cette fois, les soldats français sont représentés en squelettes agressifs, casqués aux couleurs bleu, blanc et rouge. Ceux-ci disent avec une voix d'outre-tombe : « Nous sommes les démons de Macron. Maintenant, c'est notre pays. » À leurs côtés, un gros serpent tricolore lance à un soldat africain : « Tu ne pourras jamais vaincre. Macron conquerra toute l'Afrique. » En manque de munitions, le militaire africain est sauvé par des mercenaires russes de Wagner qui déciment les zombies français à coups de mitrailleuse. Le clip de deux minutes se conclut par « Merci » côté africain, et « Heureux d'aider, mon ami » côté russe.

Plusieurs mois après, en mai 2023, un dessin animé, calqué sur ceux des Russes, apparaît sur les réseaux sociaux. La contre-ingérence française n'y est peut-être pas pour rien. Même graphisme, mêmes couleurs, mais ce film d'animation est contre Wagner. Les mercenaires volent les habitants que les soldats centrafricains défendent en tirant à coups de mitrailleuse. L'un des Russes parvient à s'enfuir en s'agrippant d'une main à une corde qui pend d'un hélicoptère de fabrication russe. Dans l'autre main, le mercenaire tient un sac en forme de bourse, d'où s'échappe son butin : des pépites d'or jaune. Le message, qui rétablit la vérité, est censé faire réfléchir les Africains.

Même la presse écrite, pourtant confidentielle, est sous la coupe des propagandistes de Wagner. Sans moyens, à la merci de donateurs russes qui payent pour diffuser leur propagande, toujours menacés de fermeture, les sites internet des journaux centrafricains encensent la présence des mercenaires. Au plus fort de l'offensive informationnelle russe, *Le Potentiel* vante, par exemple, la coopération « gagnant-gagnant » avec la Russie et fustige la France, qui « était restée de marbre lorsque la Centrafrique était sur la braise », c'est-à-dire quand les rebelles affluaient aux portes de la capitale. « Ce qui tient à cœur la France, c'est d'obtenir le départ des Russes de la République centrafricaine », ajoute le journal, qui défend les « militaires russes contre les attaques des médias français, qui se sont appesantis à dessein pour les accuser de violation des droits de l'homme. Une cabale éhontée visant à clouer au pilori ces Russes qui sont adulés par les Centrafricains ».

Face à cette campagne antifrançaise de désinformation massive contre laquelle il est difficile de riposter sans faire monter la pression et entrer dans le jeu des Russes, Paris a fini en 2021 par se désengager et par mettre fin à sa coopération militaire, devenue marginale. La suspension de l'aide budgétaire versée par la France a signifié, pour le président Touadéra, un manque à gagner annuel de l'ordre de dix millions d'euros, soit la somme qui servait à payer le salaire des fonctionnaires. Pour les Russes, hors de question de mettre la main à la poche afin de combler le déficit. L'or, le diamant – et bientôt le bois, exporté en contrebande – compensent pourtant largement le coût des mercenaires de Wagner. À la peine contre les rebelles au nord, ceux-ci sont accusés, dans un rapport de l'ONU, de violations et d'abus des droits de l'homme, seuls ou aux côtés des soldats centrafricains, qui concernent 1 121 victimes, soit près de la moitié des cas répertoriés. Les seigneurs de guerre, repartis à l'offensive, sont à l'origine des autres exactions : exécutions sommaires, tortures, mauvais traitements, viols, violations graves des droits des enfants recrutés pour devenir des tueurs sans états d'âme ni remords.

Paris est, par ailleurs, accusé de pousser les institutions internationales à suspendre, à leur tour, leurs aides, et à créer une pénurie de carburant, grâce à Total, et de bière, grâce à la fameuse Mocaf du groupe français Castel, présent en Afrique depuis des lustres et plus gros employeur de Centrafrique. La firme est ciblée par Wagner, qui a déclenché une autre guerre, celle de la bière. Une première opération a échoué en janvier 2023, lorsque trois hommes blancs se sont garés à côté du site de Castel après qu'un drone l'a survolé. Ils se sont ensuite approchés de la clôture une échelle à la main avant de déguerpir face aux vigiles qui les avaient repérés.

Deux mois plus tard, l'affaire a pris une tournure plus sérieuse. Les caméras de surveillance ont filmé quatre hommes masqués, des grands costauds armés de kalachnikovs en bandoulière et vêtus de treillis militaires semblables à ceux que portent les mercenaires de Wagner, en train de lancer une trentaine de cocktails Molotov sur les bâtiments de la brasserie. Pour les Africains et les Européens, le doute n'était pas permis : c'était bien un coup des Wagner. Dès le lendemain, la contre-attaque a commencé sur les sites et les médias prorusses, lesquels ont désigné comme coupables des Centrafricains ou des « mercenaires » déguisés. Ceux-ci auraient voulu faire porter le chapeau à Wagner. Ont suivi des photos de l'arrestation des auteurs présumés, en « mission commandée [...] afin de faire porter la responsabilité à un bouc émissaire ». Un site prorusse a même affirmé que ce seraient des Peuls. Là, la ficelle était grosse. Un responsable des services de sécurité centrafricains a démenti aussitôt cette « fausse information » qu'ont pourtant relayée les alliés des Russes. Mais le feuilleton a continué. Le 9 mars, des policiers ont interpellé, dans le cadre de cette affaire, huit étrangers, dont quatre Français, à l'hôtel Relais des Chasses, où descendent des hommes d'affaires, surtout européens. Ils ont cherché dans leurs chambres des liquides inflammables servant à fabriquer des cocktails Molotov, sans rien trouver. Tous ont été relâchés quelques jours tard. Mais le message était clair : plus d'Occidentaux à Bangui.

Cette « drôle » de guerre contre la bière française s'est déplacée sur la toile et dans la rue. « Castel, c'est la mort », « Si vous achetez Castel, vous payez votre meurtre », « Castel terroriste »; autant de phrases figurant sur les pancartes qu'une vingtaine de manifestants payés en sous-main ont brandies devant la brasserie. En plus de la vodka Wa Na Wa, une bière concurrente, Africa Ti l'Or, « encore plus fort » en sango (la langue du pays), venait de voir le jour, une bière « fabriquée en Centrafrique avec la technologie russe ». La France a riposté avec des panneaux publicitaires exempts d'insultes et de menaces. « *La France ti-be Africa* », « la France est du côté de la Centrafrique », lisait-on dessus, à côté d'une tour Eiffel aux couleurs bleu, blanc et rouge.

Les caisses de bières Africa Ti l'Or et de vodka Wa Na Wa sont livrées par des mercenaires russes et commercialisées par la First Industrial Company, dirigée par Dmitri Sytyi, connu comme le loup blanc à Bangui. Âgé de 33 ans, il est arrivé juste après le départ des derniers soldats français. Ancien étudiant à Londres et à Lille où il a suivi les cours de la Skema Business School, faux nez de la propagande russe dans le pays, il dirige la Maison russe, un centre culturel à Bangui. Il est en même temps actionnaire de la société minière Lobaye Invest, qui finance les mercenaires.

Francophone, Dmitri Sytyi sert d'interprète et joue un rôle pivot entre ses camarades de Wagner et la présidence centrafricaine où officie, comme conseiller à la sécurité, un ancien des services de renseignement russes. En décembre 2022, il a été blessé lorsqu'il a ouvert un colis anonyme piégé. Tous ses « supporters » centrafricains se sont manifestés « spontanément » pour lui témoigner leur soutien. La plateforme Azimut, proche de Wagner, a rassemblée des sympathisants, en général payés une poignée de francs CFA, devant le centre culturel, avant que le blessé ne soit évacué vers Moscou. Pour Evgueni Prigojine, la France est derrière cet attentat. Il a affirmé s'être adressé au ministère russe des Affaires étrangères pour qu'« il lance une procédure afin de déclarer la France comme État soutien du terrorisme ». Le colis, selon lui, était accompagné d'un message : « C'est pour toi, de la part de tous les Français, les Russes ficheront le camp d'Afrique. » Cette revendication a été fermement démentie par Catherine Colonna, la ministre française des Affaires étrangères. Depuis, Dmitri Sytyi est retourné à Bangui et il a repris ses activités, un business où il n'a pas, apparemment, que des amis. Entre-temps, il a été placé sous sanction par le Trésor américain.

Après avoir retiré leur aide à un gouvernement sous emprise russe qui les dénigre depuis des années, les autorités françaises désignent désormais clairement l'adversaire : « Wagner, donc la Russie, a fait de la France son ennemie en Afrique », a déclaré sur LCI, le 3 janvier 2023, sans détour, le ministre des Armées, Sébastien Lecornu, qui n'hésite pas à monter au créneau en désignant l'agresseur et le vrai pilleur de richesses.

Wagner convoite en premier lieu l'or, et exploite la mine de Ndassima. Sur la piste qui y mène, chaque véhicule est fouillé par des FACA, des soldats des forces armées centrafricaines, détachés auprès des Russes. Le périmètre est clôturé pour empêcher un éventuel coup de main d'une bande de brigands ou de rebelles. Depuis longtemps, Ndassima est considérée comme l'une des mines d'or les plus riches du pays. Des géologues russes sont venus vérifier si la réalité correspondait à la légende. Les exploitants traditionnels, des Canadiens d'Axmin, l'avaient abandonnée face aux rebelles de l'UPC, l'Unité pour la paix en Centrafrique, qui voulaient l'accaparer. Avec les Russes, c'est sous l'influence d'antalgiques comme le Tradamol et d'analgésiques que des mineurs payés une misère extraient du minerai à la pioche. La société canadienne a eu beau crier au scandale quand le ministère des Mines lui a retiré ses droits d'exploitation et réclamé le remboursement de son investissement, une fortune de plusieurs centaines de millions d'euros, rien n'y a fait. Les comptes ont été remis à zéro quand ont débarqué les mercenaires de Wagner avec leurs kalachnikovs et la protection fournie par le sommet de l'État. Une des sociétés du groupe Wagner, Midas Ressources, a obtenu une concession de vingt-cinq ans grâce à des méthodes « commerciales » très différentes de celles d'une compagnie ayant pignon sur rue, même habituée à travailler dans des zones difficiles. Le « Far West » centrafricain offre d'immenses opportunités, compliquées cependant à saisir sans parrains politiques.

Pour ne pas être embêtés, les mercenaires ont proposé un arrangement – validé par la présidence à Bangui – au chef rebelle Ali Darassa. Celui-ci est devenu une sorte de gouverneur dans son fief. Il a accepté l'exploitation de la mine par les Russes moyennant une rente pour lui et ses hommes qui assurent la sécurité du site et recrutent la main-d'œuvre. Ce donnant-donnant a conduit le chef de bande réhabilité à signer, en 2018, les accords de paix de Khartoum, une déclaration d'entente entre les principaux groupes armés centrafricains qui disposent de l'appui de la Russie et du Soudan. Ali Darassa a même été promu conseiller spécial du Premier ministre.

De lourds équipements d'extraction sont transportés sur le site par camions depuis le port de Douala, au Cameroun. Le gravier aurifère passe dans des machines de lavage afin d'être purifié au maximum. Les ouvriers dorment sur place, dans les baraquements d'un camp désormais gardé à l'entrée par des mercenaires russes. Des lingots chargés d'impuretés sont coulés sur place avant d'être charriés jusqu'à Bangui sous haute escorte, puis évacués discrètement vers la Russie sans que des taxes soient payées grâce au pavillon de réception de la présidence, qui bénéficie d'une entrée séparée. Si l'on ajoute d'autres mines, plus petites, qu'elle exploite, la société d'Evgueni Prigojine parviendrait à exporter clandestinement plusieurs dizaines de tonnes d'or, évaluées à environ deux milliards d'euros par an.

Reste le diamant, qui a fait la réputation de la RCA. Le gouvernement a octroyé à une première société russe un permis de recherche minière et à une seconde une licence d'achat de diamants pour l'import-export. Une enquête du réseau European Investigative Collaborations a conclu que le « groupe Wagner obtient l'accès aux matières brutes précieuses en échange d'un soutien militaire au gouvernement de la RCA ». Les investigations ont notamment mené à Svetlana, une experte en gemmologie qui a enseigné à l'université d'État pour la prospection géologique, à Moscou. L'organisation indépendante Crisis Group a, pour sa part, détaillé le *modus operandi* utilisé par des mercenaires pour se procurer des diamants : ils arrivent en hélicoptère, tuent les mineurs et s'en vont avec les pierres précieuses. « Parfois ils reviennent un mois ou deux plus tard et recommencent. Cela n'a rien à voir avec la sécurisation d'un site minier », souligne le rapport de Crisis Group.

L'organisme All Eyes On Wagner a retracé la filière russe du diamant en RCA, où s'enchevêtrent plusieurs sociétés dirigées par les mêmes personnes, sous couvert d'hommes de paille africains. Le chauffeur d'un cadre important de Wagner à Bangui est ainsi, sur le papier, à la tête d'une de ces compagnies occultes qui exportent les « diamants du sang », pourtant interdits par le processus de Kimberley des Nations unies.

Ces diamants alimentent la guerre de Wagner en Ukraine et celle des groupes militaires rebelles africains qui, par ailleurs, enrôlent des enfants. Lobaye Invest a obtenu l'autorisation d'exploiter le diamant et l'or dans cinq sous-préfectures, dont quatre se trouvent dans des zones non autorisées par le processus de Kimberley. En fait, les mercenaires augmentent le bénéfice de leurs exploitations par le vol et le meurtre. Armés et couverts par les autorités, ils ont tous les droits. Ils sont accusés de tuer des villageois en fouillant les cases de ces hameaux isolés où l'État de droit n'existe pas. Une armée de collecteurs, en réalité un cartel qu'ils financent, leur ramène des pierres précieuses d'un peu partout. Selon les chiffres officiels, la société d'export russe Lobaye Invest a vendu l'équivalent de 1 000 carats sur vingt mois, en majorité à Dubaï, plaque tournante du commerce des pierres précieuses. Une goutte d'eau comparée aux sommes rapportées par les diamants de contrebande qui inondent le marché grâce aux sociétés d'Evgueni Prigojine, placées sous sanctions par le Trésor américain. En juin 2022, quatre mois après le début de l'invasion de l'Ukraine, près de quatre cents millions d'euros en diamants ont été exportés par la Russie vers la Belgique, qui abrite à Anvers le plus gros marché de la planète. Beaucoup étaient sortis clandestinement de Centrafrique.

La razzia russe sur les matières premières africaines ne se borne ni à l'or, ni aux diamants, ni au café. Le bois est désormais exporté, toujours par l'axe vital entre Bangui et Douala, débouché naturel vers l'océan entre la République centrafricaine et le Cameroun. Toujours selon le réseau European Investigative Collaborations, la société Bois Rouge exploite, aux côtés de Lobaye Invest, les forêts du pays. Les grumes sont d'abord acheminées à Bangui avant d'être transportées jusqu'au Cameroun par de longs convois comptant parfois deux cents camions. Un tiers d'entre eux est chargé de grumes « russes ». Ils prennent la route, escortés par les mercenaires de Wagner, qui se font rémunérer pour cette protection contre de possibles attaques perpétrées par des bandes de soudards ou de rebelles. Une pierre deux coups pour Wagner, qui sécurise ses propres chargements tout en engrangeant des bénéfices. Seules les autres sociétés payent. Les transporteurs sont incités par leur organisation professionnelle, chapeautée par un conseiller prorusse du président, à choisir la protection russe, sous prétexte que les convois accompagnés par les forces des Nations unies sont certes moins chers mais plus lents.

Au poste-frontière, les formalités sont quasi inexistantes et les papiers pour le retour sont distribués par la douane. Les Russes ont supprimé les pots-de-vin et les taxes, du moins ceux qui les concernaient. Ils ont fluidifié le trafic pour arriver plus vite au port de Douala. Les affaires tournent à plein régime. Wagner peut accomplir la deuxième partie du plan concocté à Moscou : investir le Mali et faire partir les Français sur ordre d'un nouveau régime que la Russie soutient dès le départ.

CHAPITRE XVI

Les massacres de Wagner au Mali

Dans la capitale, Bamako, les manifestations contre la France ont redoublé de plus belle dès 2021, depuis que les autorités de transition et leur président, le colonel putschiste Assimi Goïta, ont commencé à organiser des attroupements protestant contre l'« ingérence extérieure », c'est-à-dire la présence française. Un premier, puis un deuxième coup d'État, perpétré par de jeunes colonels maliens, ont sonné la charge finale avec l'appui du Kremlin en coulisse. Des drapeaux russes ont été brandis dans les rues tandis que des mouvements maliens affirmaient que la « France et la communauté internationale ont fait neuf ans sans résultats, sans sécurité, sans protection des personnes et des biens. Cela ne peut pas continuer ». Comme à Bangui, des Maliens sont payés pour réclamer la venue des Russes. Dans une vidéo, le célèbre chanteur Salif Keïta accuse même la France de soutenir le terrorisme ! En remerciement de son soutien à la junte, cette star de l'afropop est nommée en août 2023, à 73 ans, conseiller spécial du président, le colonel Assimi Goïta.

Le scénario centrafricain s'est reproduit au Mali. La présidente du Groupe des patriotes du Mali a assuré qu'une pétition impulsée par son mouvement, en 2016, pour « demander à la Russie d'intervenir au Mali », avait recueilli près de huit millions de signatures, sur dix-neuf millions d'habitants. Paris n'a pas apprécié le dernier coup d'État et a souhaité la tenue rapide d'élections, que les putschistes ont toujours reportées. Pour eux, il y a deux poids, deux mesures : la France est contre le gouvernement de transition au Mali mais accepte au Tchad que le fils d'Idriss Déby, tué au combat le 20 avril 2021, remplace son père dès le lendemain. La France accepte aussi cela en Guinée où un colonel des forces spéciales a renversé le président Alpha Condé, qui ne voulait pas quitter le pouvoir. Le Tchad est depuis des décennies un soutien militaire efficace de la France, et le nouveau chef de l'État guinéen est un ancien sous-officier de la Légion étrangère, qui semble toutefois accepter un processus électoral.

Au Mali, les colonels désormais au pouvoir recrutent en catimini des mercenaires russes pour former leurs soldats, et surtout assurer leur protection. Ils arguent qu'il leur appartient de « décider quels partenaires ils peuvent solliciter ou pas ». En fait, Moscou a commencé à bas bruit au Mali une nouvelle guerre informationnelle contre la France en se servant des réseaux sociaux. Déjà, fin 2019, des photographies de débris d'aéronefs remplissaient des pages Facebook maliennes. Elles prétendaient montrer le crash de deux hélicoptères tombés en opération à cause d'une collision ayant entraîné la mort de treize militaires français. Ces images ont été partagées des milliers de fois partout au Sahel. Le but était de faire passer un message négatif contre la force Barkhane, touchée en plein cœur. En réalité, il s'agissait de montages faits à partir de clichés pris en Argentine lors du tournage d'un jeu télévisé, en Irak et en Azerbaïdjan, ou d'images extraites d'un jeu vidéo. Aucun de ces clichés ne documentait l'accident. D'autres photographies, devenues virales, montraient des dizaines de motos déchargées d'un avion militaire français et prétendument livrées aux groupes djihadistes. L'état-major français a dû transmettre à l'Agence France-Presse (AFP) un cliché de l'avion de transport, portant la même immatriculation que celui de la première image, mais contenant soixante motocyclettes destinées à l'armée malienne. La guerre sur la toile était déclarée. D'autres *fake news* ont bientôt suivi pour discréditer l'action de la France en Afrique.

Depuis qu'au début de l'été 2021 Emmanuel Macron a annoncé un redéploiement au Sahel des forces françaises, qui allaient quitter leurs positions dans le nord du Mali, le ton est monté à Bamako. « Il y a des partenaires qui ont décidé de quitter le Mali pour se replier sur d'autres pays, il y a des zones qui sont abandonnées. Est-ce qu'il ne faut pas avoir des plans B ? » s'est interrogé le Premier ministre par intérim Choguel Kokalla Maïga. L'un de ses ministres a accusé le gouvernement français de chercher à diviser les Maliens et de conserver ses « réflexes coloniaux », après que la ministre des Armées, Florence Parly, a dit que la junte « multipliait les provocations ».

Le colonel Abdoulaye Maïga, ministre et porte-parole du gouvernement de transition, a invité la ministre à montrer « plus de retenue » et à respecter le « principe élémentaire de non-ingérence dans les affaires intérieures d'un État ». Avant de lui donner une leçon littéraire de savoir-vivre : « Nous l'invitons également, c'est un conseil, à faire sienne cette phrase d'Alfred de Vigny sur la grandeur du silence », faisant référence au poème « La Mort du loup » dans lequel l'auteur écrit que « seul le silence est grand ; tout le reste est faiblesse ».

Discrètement, Wagner entre désormais dans la place pour accompagner l'armée dans sa chasse aux groupes djihadistes en échange d'autorisations pour exploiter les mines d'or. Des Iliouchine (des avions de transport) de l'armée russe débarquent du matériel et des hommes à l'aéroport de Bamako. Ils sont présentés comme de simples conseillers techniques au service du gouvernement malien qui, comme la RCA, ne traiterait qu'avec des États, et non pas avec des sociétés privées.

Le matraquage sur les réseaux sociaux contre la présence française a commencé des mois auparavant, à l'initiative de l'officine russe Patriot et de la Fondation pour la défense des valeurs nationales. Elles diffusent les discours anticoloniaux de l'ultranationaliste Alexandre Douguine, favorable à l'invasion de l'Ukraine. Sa fille, Daria, très engagée comme son père pour retrouver la grande Russie d'antan, a été tuée en 2022 près de Moscou dans un attentat à la voiture piégée non revendiqué. Les théories de Douguine, proches de celles des milieux néonazis, sont destinées à augmenter en Afrique le sentiment antifrançais, relayé ensuite par des associations et des personnalités financées par des groupes prorusses. Ils sont en relation avec les cadres de Wagner qui ont débarqué à Bamako.

Dès 2021, le ministre de la Défense, Sadio Camara, effectue plusieurs voyages à Moscou, qu'il connaît bien pour y avoir jadis étudié. Colonel de la puissante garde nationale chargé de la protection du régime, il a été, en effet, formé en Russie. Un général, le chef d'état-major de l'armée de l'air, un pilote qui a obtenu sa qualification en France, est à ses côtés pour accueillir les mercenaires de Wagner. Nationaliste ombrageux humilié par les défaites de son armée face aux djihadistes, cet officier espère que l'aide de la Russie permettra de stopper la déliquescence de l'institution militaire malienne.

À Moscou, le ministre des Affaires étrangères Diop rencontre le vice-ministre de la Défense pour formaliser une commande de matériel comprenant quatre hélicoptères de transport, armés de missiles.

Entre Paris et Bamako, rien ne va plus. Les aéronefs français doivent désormais communiquer leur plan de vol. Impossible, dans ce cas, d'apporter en urgence un appui aérien aux véhicules français pris à partie. En février 2021, le divorce est consommé. Emmanuel Macron annonce que les troupes françaises quittent, en partie, le Mali, sous la pression de ses anciens alliés africains qui ont retourné leur veste, assurés qu'ils sont d'être désormais soutenus par la Russie et ses janissaires de Wagner.

À la tribune des Nations unies, le Premier ministre malien de l'époque, Choguel Kokalla Maïga, prononce, en septembre 2021, un discours déclenchant la colère de Paris. La réorganisation de Barkhane serait pour le Mali une « espèce d'abandon en plein vol ». Choguel Kokalla Maïga justifie les discussions avec Wagner par la nécessité de « combler le vide ». Des propos dont Emmanuel Macron dit qu'ils sont une « honte ». Florence Parly, pour sa part, accuse la junte de « s'essuyer les pieds sur le sang des soldats français, c'est inacceptable ». L'ambassadeur de France est expulsé, alors qu'un millier de mercenaires sont déployés pour « protéger la junte », selon le chiffrage de Jean-Yves Le Drian. Les conditions ne sont « plus réunies » pour la poursuite de l'opération Barkhane dans le pays.

Le 15 août 2022, les soldats français sont tous partis. Le régime n'a plus à dissimuler son imbrication avec la Russie. Le ministre des Affaires étrangères malien, Abdoulaye Diop, rencontre à Moscou son homologue, Sergueï Lavrov. La France est sa première cible en Afrique. Elle serait, selon Lavrov, mécontente parce que des autorités africaines demandent de l'aide à d'autres forces étrangères, une « récidive de mentalité coloniale dont les Européens devraient s'être débarrassés depuis longtemps », enchérit le ministre Diop. Totalement décomplexé, son collègue russe en rajoute et fustige un pays membre permanent du Conseil de sécurité des Nations unies, c'est-à-dire la France, qui, contrairement à la Russie, ne serait pas un parangon de vertu. Il juge « inadmissible » que l'État, présidé par Emmanuel Macron, cherche à « dicter sa conduite » à Bamako et à décider « avec qui » les Maliens « peuvent communiquer et avec qui ils ne sont pas autorisés à le faire ». Dans la foulée, Lavrov promet du blé, de l'engrais, des produits pétroliers et une formation militaire délivrée par des conseillers russes. « Rien à voir avec des combattants du groupe militaire privé Wagner », précise-t-il sans plaisanter.

Pour Vladimir Poutine, le Mali est une prise de choix. Il compte sur lui pour être son porte-voix et qu'il vote à l'ONU en faveur de la Russie, comme jadis les « pays frères africains » à la botte de l'URSS. Les éléments de langage sont à peine différents de ceux de l'époque. On parle toujours de lutte anticoloniale, du pillage des richesses, de la France et de l'Occident qui se comportent en maîtres. Poutine agit en coucou en se mettant dans le nid français, sans rien dépenser pour la coopération civile avec les populations, mis à part des armes et des mercenaires qui se payent sur la bête en pillant les matières premières. Le discours de Poutine se pare d'une idéologie à laquelle adhèrent les décideurs africains. Ainsi, il accroît l'influence de la Russie en Afrique et permet d'éliminer au Mali toute présence militaire française, désormais repliée au Niger voisin. Moscou contrôle *de facto* le régime, qui apprécie ces « alliés » qui ne font pas de leçons de morale et ne mettent pas le nez dans ses affaires. La non-tenue d'élections, une opposition muselée, la combine, la corruption… Poutine comme son spadassin Prigojine souhaitent que rien ne change. Au contraire. Cette gouvernance dévoyée, identique à celle de la Russie, est idéale pour eux. Elle offre aux Russes la possibilité de s'enrichir à moindres frais pour financer d'autres conquêtes, en premier lieu celle de l'Ukraine.

Avec les mercenaires ont débarqué des géologues – comme en RCA – pour évaluer le potentiel des mines d'or.

Négociations opaques sur les permis d'exploitation, contrats avantageux passés par des prête-noms se multiplient entre les collaborateurs de Prigojine et les ministres concernés en vertu d'un schéma établi pour le « bien de tous », selon les Russes. Ceux-ci dupliquent au Mali le système de « troc économique » qu'ils ont instauré en Centrafrique. Selon des sources américaines, Bamako doit s'acquitter de dix millions de dollars en échange de leurs services. Une telle facture, salée, doit être justifiée par la participation des Russes aux combats contre les groupes djihadistes, encore actifs depuis le départ des Français.

Craignant sans doute une offensive d'Al-Qaïda ou de l'État islamique, l'armée malienne poursuit l'opération Kélétigui, aux côtés d'une centaine de mercenaires russes. Pour satisfaire l'opinion publique, qui s'interroge sur l'avenir après la fin de Barkhane, l'état-major malien annonce des bilans qui sont surestimés ou totalement faux. Car les djihadistes sont toujours aussi pugnaces, et les Russes, qui ne font pas dans le détail, sont à la peine. Au moindre soupçon, ils éliminent les suspects de terrorisme.

En mars 2022, un rapport de la division des droits de l'homme de la mission de l'ONU sur place évoque la responsabilité de l'armée malienne et des mercenaires de Wagner dans la mort de trente personnes. Un charnier de corps calcinés, dont ceux d'enfants, a été retrouvé dans le cercle de Niono, où ils patrouillaient. Les victimes sont peules, une ethnie d'éleveurs accusée de fournir des hommes aux rebelles. Elles ont les mains liées dans le dos, et les yeux ouverts. Un jerrycan qui sentait l'essence a été découvert à côté du charnier, laissant penser, indique le rapport, que « les victimes ont été aspergées d'essence et brûlées vives ». D'autres « graves violations » ont été commises dans les villages de la zone, où près d'une soixantaine de personnes ont été arrêtées. L'état-major malien dément toute implication, malgré les témoignages.

Trois semaines plus tard, un autre massacre a lieu, cette fois-ci à Moura, un gros village peuplé d'environ 6 500 habitants dans la région de Mopti, qui attirait jadis les touristes. La zone est contrôlée par le groupe Katiba Macina du prédicateur Amadou Koufa, populaire chez les Peuls. Comme chaque dimanche, des djihadistes viennent s'approvisionner sur le marché aux bestiaux. Ils en profitent pour rabâcher leurs consignes islamistes : les femmes doivent être voilées, il faut suivre le Coran, ne pas commettre de péchés, sinon… À l'extérieur, soldats maliens et mercenaires russes encerclent l'agglomération. Ils espèrent que le chef rebelle est dans le périmètre. Le siège durera du 27 au 31 mars 2022. Les habitants sont, à leurs yeux, soit des terroristes, soit leurs collaborateurs. Cinq hélicoptères survolent la cité, l'un d'eux ouvre le feu sur le marché, tirant sur ceux qui fuient. Les djihadistes cachent leurs armes pour se faire passer pour des civils. À la mi-journée, des appareils atterrissent au centre du village. Selon des témoins survivants, des soldats blancs et maliens mitraillent sans savoir sur qui ils tirent et emmènent les hommes devant leur maison. Plusieurs sont incendiées, à l'intérieur desquelles se trouve les personnes qui s'y étaient réfugiées. Les soldats maliens et des hommes armés blancs interpellent au moins 3 000 personnes, qui sont divisées en quatre groupes suivant qu'elles sont qualifiées de djihadistes ou de collaborateurs. Ces Blancs qui parlent une langue que les témoins affirment « n'avoir jamais entendue auparavant » trient les coupables présumés, selon qu'ils portent ou non la « barbe, un pantalon court au-dessus de la cheville ou une marque sur l'épaule », peut-être la trace de la sangle de leur fusil. Beaucoup sont tués d'une balle dans le dos près de la rivière, puis jetés dans des ruisseaux. Certains portent la barbe parce qu'ils ont été menacés par les djihadistes s'ils ne le faisaient pas. Selon Human Rights Watch, des prisonniers sont allongés des heures sous le soleil, pendant que les militaires fouillent la ville. Ils confisquent des armes à feu, volent des bijoux et de l'argent, brûlent des dizaines de motos, le moyen de locomotion des djihadistes, mais aussi de la population. Conduits à l'extérieur par des Russes et des Maliens jusqu'au camp de Sévaré, un nombre important d'hommes sont torturés. À la fin de l'opération, cinquante-huit femmes sont emmenées dans le campement malien, et sont violées. Avant de se retirer, les soldats maliens ordonnent aux habitants de brûler les corps avec de l'essence, puis de les couvrir de terre après les avoir déposés dans deux fosses communes.

Malgré ces précautions, les fuites s'accumulent. Des rescapés témoignent. Sans pouvoir donner de chiffres. Les mercenaires russes risquent gros. Ils pourraient être dénoncés et jugés par contumace par une juridiction internationale.

Pour y échapper, ils montent une opération qui doit les innocenter, et déstabiliser la France et son armée, grâce à de terribles accusations.

Ils ne savent pas que les services de renseignement français restent très actifs pendant la période où les troupes françaises sont en cours de retrait. Même si les convois sont protégés, un mauvais coup des djihadistes, des Maliens ou des Russes sous faux drapeau, qui feraient croire que ce n'est pas eux, est toujours à craindre. Depuis que les trois cents Français restants ont quitté leur camp de Gossi, des drones tricolores se succèdent sur la zone. Dans l'objectif de leur caméra apparaît soudain un attroupement suspect, à côté du camp que les Français ont laissé à l'armée malienne. Sur les images, on voit des soldats de type caucasien jeter du sable sur des cadavres africains. Une mise en scène macabre que l'état-major français qualifie d'« attaque informationnelle ». En fait, ce sont des mercenaires russes qui ont transporté des corps de Maliens pour les enterrer sommairement à côté de l'ex-camp des soldats français afin que ceux-ci soient accusés de les avoir enterrés à la va-vite après les avoir assassinés. Une manière de semer également le doute sur les auteurs du massacre de Moura. Surtout, un mensonge éhonté pour monter l'opinion africaine contre la France. Au même moment, un dénommé Dia Diarra, qui se présente comme un patriote et un ancien militaire malien, diffuse sur son compte Twitter des vidéos et des photos floutées de ce faux charnier avec ce commentaire : « C'est ce que les Français ont laissé derrière eux quand ils ont quitté la base de Gossi [...] On ne peut pas garder le silence sur ça. »

À Paris, la contre-attaque ne tarde pas. Emmanuel Macron et le général Burkhard, le chef de l'armée française, qui n'a pas la réputation de laisser faire les choses sans réagir, donnent l'ordre de riposter. Son état-major communique publiquement l'enquête, en nommant les auteurs de cette mascarade : « Le compte de Diarra est très probablement un faux compte créé par Wagner. Cette manœuvre de décrédibilisation de la force [...] Barkhane semble coordonnée. Elle est représentative des multiples attaques informationnelles dont les militaires français font l'objet depuis de nombreux mois. La comparaison des photos publiées sur Twitter et des images recueillies par le capteur spécialisé permet de faire un lien direct entre ce que font les mercenaires de Wagner et ce qui est faussement attribué aux militaires français. » Les Russes ne répliquent pas. Leur désinformation leur est revenue, comme un boomerang, en pleine figure.

L'ampleur du massacre de Moura n'est pas, toutefois, connue tout de suite. En particulier, le nombre de morts. Les Nations unies diligentent une enquête détaillée, que les putschistes maliens et leurs mercenaires cherchent à empêcher. Moscou use, pour ce faire, de son droit de veto au Conseil de sécurité. Et en février 2023, Guillaume Ngefa, le directeur de la division des droits de l'homme de la Minusma, la mission de l'ONU au Mali, est déclaré *persona non grata*. Il doit quitter le pays. Au siège de l'ONU à New York, on craint que la sécurité des agents de la mission au Mali soit mise à mal. Ou que le régime les expulse, afin de pouvoir massacrer sans témoins. Ce qui finit par arriver à la mi-juin 2023, où le Mali demande le « retrait sans délai » de la mission de l'ONU.

La raison en est simple ; le 12 mai 2023, soit quatorze mois après le drame, le rapport est enfin publié : « Les troupes maliennes et le personnel militaire étranger ont tué plus de 500 personnes lors de l'opération militaire à Moura en mars 2023 », peut-on lire. Les faits étaient à peu près connus. Désormais, ils sont officiels et peuvent constituer des crimes contre l'humanité.

Pour la junte, il s'agit d'« un rapport biaisé reposant sur un récit fictif ». Pour le ministre des Affaires étrangères malien, c'est la Minusma le problème, et non sa propre armée à laquelle, selon lui, sont faussement imputés les massacres. Affichant une certaine naïveté, le gouvernement malien affirme découvrir « avec stupeur » l'utilisation de satellites pour l'enquête afin de repérer les fosses communes. Les militaires se plaignent d'être victimes d'« espionnage, d'une atteinte à la sûreté extérieure de l'État et d'un complot militaire ». Paradoxalement, les putschistes craignent d'être la cible à leur tour d'un coup d'État, après en avoir commis deux pour garder le pouvoir. Leurs dénégations sont vaines : des enquêtes américaines identifient les auteurs du plus gros massacre depuis 2012. Fin mai 2023, le département d'État désigne un colonel malien, commandant du 33e régiment de commandos parachutistes, et un major, patron du bataillon autonome des forces spéciales, proche lui aussi des officiers putschistes. Le colonel Goïta, désormais président, a jadis commandé lesdites forces spéciales. Considérées au sein de l'institution comme une unité d'élite, elles conduisent les opérations avec les mercenaires russes sans succès majeur. Avec très peu d'aéronefs, pas de satellites ni de drones, elles ne parviennent pas à repérer les groupes djihadistes dans les vastes étendues désertiques. Depuis le départ des soldats de l'opération Barkhane et la fin de la menace des missiles français, les groupes armés rebelles effectuent des parades motorisées qu'ils diffusent sur les réseaux sociaux.

À Washington, le massacre de Moura ne passe pas. Les deux officiers, dont un a été entraîné par des commandos américains, sont, pour le département d'État, « responsables des éléments des forces armées maliennes qui ont mené l'opération à Moura ». Ce n'est pas tout. Le Trésor américain bloque et saisit en parallèle les actifs d'Ivan Aleksandrovitch Maslov aux États-Unis, désigné comme le chef de Wagner au Mali. Toujours selon le département du Trésor, c'est lui qui a « travaillé en étroite collaboration avec les responsables du gouvernement malien pour exécuter le déploiement du groupe Wagner au Mali ». L'étau semble se resserrer sur cette force militaire déployée par Poutine en Afrique, qui y a ouvert un deuxième front après celui de l'Ukraine, où les militaires maliens sont envoyés en première ligne.

Avant la publication du rapport de l'ONU, la tension était déjà à son comble entre le Mali et l'Hexagone. Désormais « allié », sinon dépendant de Moscou, le régime malien critique les autorités françaises sans aucune retenue. Du pain bénit pour le Kremlin qui, en coulisse, est à la manœuvre afin de mener une guerre hybride contre la France par Maliens interposés.

En septembre 2022, soit un mois alors après le départ du dernier soldat français du Mali, son Premier ministre par intérim, Abdoulaye Maïga, passe de nouveau à l'attaque à la tribune des Nations unies. Selon lui, son pays « a été poignardé dans le dos par les autorités françaises ». Le politique se mue en historien et dispense des leçons avec grandiloquence. Pour lui, les autorités à la tête de l'État français seraient « profondément antifrançaises pour avoir renié les valeurs morales universelles et trahi le lourd héritage humaniste des philosophes des Lumières, et elles se sont transformées en une junte au service de l'obscurantisme ».

D'un côté, il accuse la France de « pratique néocoloniale, condescendante, paternaliste et revancharde » ; de l'autre, il salue les « relations de coopération exemplaire et fructueuse entre le Mali et la Russie ». Appliquant les méthodes russes basées sur le mensonge, le colonel Maïga affirme détenir des « éléments qui indiqueraient que la France a collecté des renseignements au Mali afin de les fournir à certains groupes terroristes ». Le Conseil de sécurité les attend toujours.

En France, on ne répond pas. Peut-être à tort. L'invasion de l'Ukraine a eu lieu et les putschistes maliens roulent désormais clairement pour la Russie.

CHAPITRE XVII

La contagion au Burkina Faso

Alors qu'Evgueni Prigojine retire à la fin du mois de mai 2023 ses troupes d'Ukraine, sa société, Wagner, prospère toujours en Afrique. Ses mercenaires en Ukraine doivent désormais se déclarer au ministère de la Défense russe, sans que l'on sache si ceux qui officient en Afrique sont soumis au même règlement, qui peut toujours être contourné. Car, en Afrique, Prigojine a beaucoup d'ambitions. Après le Mali, il estime que le Burkina Faso, autre maillon faible au Sahel, est à sa portée. Ce pays est désormais contrôlé à 50 % par des groupes armés djihadistes, qui pullulent dans la région dite des « trois frontières », qui s'étend entre le Mali, le Niger et le Burkina Faso, où les villageois sont régulièrement massacrés. L'armée et la gendarmerie tombent dans des embuscades sur les routes. Leurs postes sont attaqués et les pertes révoltent l'armée et la population, qui accusent le gouvernement burkinabé d'être impuissant face aux intégristes. Cette guerre a déjà fait, au bas mot, 12 000 morts – civils et militaires – dans le pays. Comme au Mali, les éleveurs peuls sont accusés par les autres ethnies de former une cinquième colonne. Ils collaboreraient avec les djihadistes ou rejoindraient les rangs de l'État islamique, le groupe le plus actif, et le plus cruel, qui frappe « les trois frontières ».

Au fur et à mesure que les djihadistes gagnent du terrain en perpétrant d'effroyables massacres, naît un ressentiment contre la présence militaire française, pourtant discrète, d'environ quatre cents commandos de la force Sabre. Elle est déployée depuis la prise d'otage d'Areva en septembre 2010 au Niger, qui a conduit la France à ouvrir une base du commandement des opérations spéciales à Ouagadougou. La situation de la capitale du Burkina Faso, du point de vue géographique, permet d'acheminer très vite, grâce à des hélicoptères, des commandos pour protéger les ressortissants et les emprises françaises dans les pays du Sahel.

Les commandos de la force Sabre sont intervenus maintes fois, en prenant de gros risques et en déplorant des pertes au combat. Deux otages capturés dans un restaurant de Niamey sont toutefois décédés en 2011 dans une bataille acharnée entre les djihadistes qui les détenaient et les forces françaises et nigériennes déployées pour stopper le convoi de ravisseurs fanatisés qui avait réussi à traverser la frontière du Mali. Au premier jour de l'opération Serval en janvier 2013, ce furent quelques membres des forces spéciales et une petite poignée d'hélicoptères dépêchés en urgence qui arrêtèrent, avant Sévaré, l'avancée d'une colonne djihadiste progressant vers le sud. Pilote au 4e régiment d'hélicoptères des forces spéciales de Pau, le lieutenant Damien Boiteux fut le premier à périr dans l'opération. Touché par un tir nourri d'armes légères, il a réussi à poser son appareil hors de la zone de combat, mais il a malheureusement succombé à ses blessures.

Durant les années qui ont suivi, les commandos de Sabre ont été engagés partout. Parachutés de nuit ou débarqués de leurs hélicoptères par surprise, ils ont capturé ou éliminé des chefs djihadistes. Des cibles à haute valeur ajoutée, repérées par des drones après avoir obtenu des renseignements humains ou des informations provenant d'écoutes et de photos prises par des satellites français et américains.

Quand, en 2020, les groupes djihadistes maliens ont traversé la frontière pour perpétrer des coups de main au Burkina Faso, le président burkinabé de l'époque, Roch Marc Christian Kaboré, a accepté l'aide ponctuelle de l'aviation française basée à Niamey, la capitale du Niger.

Bien que des opérations militaires communes aient été menées, l'armée burkinabée a perdu pied face aux fanatiques de l'État islamique. L'ancien président a eu beau procéder à des changements dans la hiérarchie sécuritaire et son ministre de la Défense effectuer des visites éclairs dans les régions martyrisées pour assurer que la situation était en voie d'amélioration, les massacres de civils se sont poursuivis. Dans la nuit du 4 au 5 juin 2021, cent trente-huit personnes, dont une vingtaine d'enfants, ont été assassinées dans le village de Solhan. Dans les communes voisines, on a déploré d'autres victimes. En tout, les survivants ont enterré, dans trois fosses communes, cent soixante morts, attribués à l'État islamique au Grand Sahara. Ces enragés sont même en conflit avec un mouvement qui a pourtant prêté allégeance à Al-Qaïda : le Groupe de soutien à l'islam et aux musulmans

(GSIM) du Malien Iyad Ag-Ghaly, un Touareg allié aux Peuls de l'unité combattante Katiba Macina, commandée par l'imam Amadou Koufa. En bon politique, Ag-Ghaly a nié être l'instigateur de ce massacre, qualifiant ces tueries de villageois d'actes odieux, pour ne pas se mettre à dos la population.

Comme au Mali, le conflit importé de Libye par les Touaregs et d'Algérie par les groupes islamiques a viré ici à la guerre civile. Le gouvernement a formé, après un entraînement de quatorze jours, les volontaires pour la défense de la patrie afin qu'ils combattent les groupes armés, en principe sans faire eux-mêmes justice comme le font par exemple les *koglweogo*, milices composées en majorité de Mossis, qui s'en prenaient aux éleveurs peuls qu'elles accusaient d'être dans le camp djihadiste. Les représailles ont succédé aux massacres dans une spirale mortifère que rien ni personne ne semblait pouvoir arrêter. Les journées de deuil national se sont enchaînées. Et à chaque enterrement de soldats tués en province, la capitale a grondé. La France, accusée de ne pas venir à bout des terroristes, est devenue le bouc émissaire de ceux qui demandaient son départ. Le sentiment antifrançais exacerbé par la propagande, qui prévaut au Mali, s'est répandu au Burkina Faso comme une tache d'huile. Les rumeurs les plus folles ont circulé sur la toile : la France recruterait des djihadistes ; de « faux » soldats français seraient morts au Sahel ; il existerait onze accords secrets entre la France et le Burkina Faso, en défaveur de celui-ci. Cette campagne complotiste et délirante a pénétré les esprits. Elle a réveillé des rancœurs qui remontent à la Haute-Volta de l'Afrique-Occidentale française : si l'armée burkinabée ne parvenait pas à juguler la vague islamiste, c'était parce que la France aidait en sous-main les groupes djihadistes ! Le travail de sape russe commençait à porter ses fruits.

En novembre 2021, le gouvernement a coupé l'internet mobile pendant huit jours en vertu du « respect des obligations de défense nationale ». Selon les autorités, l'heure n'était pas à la contestation, car le pays était frappé par le terrorisme. En coupant le réseau, la police espérait que les manifestants ne sauraient plus où ni à quelle heure se rassembler. Le Balai citoyen – un mouvement civil – a qualifié, sur sa page Facebook, le pouvoir burkinabé de « prédateur des libertés individuelles et collectives ». Dans la rue, c'est la France qui était visée : « Vous coupez nos communications, alors que nos grands-parents ont combattu pour vous dans vos guerres », s'insurgeaient les citadins burkinabés. Aujourd'hui, les mêmes considèrent que la guerre en Ukraine ne les concerne pas, et que Poutine a raison d'attaquer les impérialistes occidentaux.

Cette coupure de l'internet mobile était aussi destinée à calmer les milliers de manifestants qui bloquaient un convoi logistique de l'armée française venant du port d'Abidjan, en Côte d'Ivoire. Ils étaient survoltés à cause des messages antifrançais qu'ils lisaient sur leur téléphone portable à propos de ce convoi de ravitaillement pour la base française de Gao, au nord du Mali. Une centaine de camions et de véhicules sous escorte, à destination du Niger et ensuite du Mali, étaient à l'arrêt à Kaya, dans la région Centre-Nord. Ils avaient déjà été stoppés par des manifestants dans l'Ouest, à

Bobo-Dioulasso, puis dans la capitale, Ouagadougou, où les forces de sécurité burkinabées avaient dû faire usage du gaz lacrymogène pour disperser les manifestants. Des associations étaient à la manœuvre pour envenimer la situation et discréditer la présence française. « Malgré les accords signés avec la France, nous continuons à enregistrer des morts et nos pays demeurent sous-armés », déplorait, par exemple, un responsable de la Coalition des patriotes africains du Burkina Faso (COPA-BF). Quelques jours auparavant, une attaque djihadiste avait endeuillé la population. Le bilan était très lourd : cinquante-sept morts, dont cinquante-trois gendarmes qui avaient été tués à Inata, dans le Nord. Dans plusieurs villes, des manifestants avaient réclamé la démission du président Kaboré pour son « incapacité à mettre fin aux attaques terroristes ».

Mais à Kaya, à une centaine de kilomètres de la capitale, d'autres révoltés bloquaient avec véhémence le convoi français. Ce piège ressemblait à une manipulation ourdie par des professionnels, installés probablement à Moscou ou Saint-Pétersbourg. « Armée française dégage. Libérez le Sahel », « Plus de convoi militaire d'invasion et de recolonisation français », pouvait-on lire sur les banderoles, pendant que des énergumènes jetaient des pierres sur la troupe. Le mot d'ordre était simple : le « convoi militaire ne doit pas passer », disaient les manifestants, qui avaient organisé des tours de garde la nuit pour maintenir les blocages en chantant l'hymne national.

Afin de pouvoir se réfugier sur un terrain appartenant au gouvernement, soldats français et burkinabés ont dû effectuer des tirs de sommation. Quatre personnes ont été blessées par balles. Le ministre des Affaires étrangères, Alpha Barry, a tenté de venir à la rescousse. Il a déclaré que le convoi destiné aux forces françaises à Gao, au Mali, n'était pas dirigé contre le Burkina Faso et n'allait pas armer les terroristes, comme l'assuraient de mystérieuses informations sur les réseaux sociaux. Et à Paris, Jean-Yves Le Drian a dénoncé des « manipulateurs, par des fausses nouvelles, par l'instrumentalisation d'une partie de la presse, qui jouent contre la France, certains parfois même inspirés par des réseaux européens, je pense à la Russie ».

Cette opération a lancé, *de facto*, le compte à rebours du départ des soldats français du Burkina Faso. Ce départ est devenu effectif l'année suivante, après une nouvelle campagne d'influence et une guerre d'usure informationnelle sur internet. Elle a été relayée sur place par la COPA-BF, nouvellement créée, qui s'était fait connaître par des manifestations contre le colonialisme français.

Un ministre burkinabé a réagi cependant avec du bon sens face à cette ingérence qui déstabilisait le régime, déjà fragilisé : « Le convoi est escorté par la gendarmerie nationale. On ne peut pas imaginer que notre armée escorte un convoi pour aller livrer des armes aux terroristes », explique-t-il. Et d'ajouter : « Il ne faut pas se tromper d'ennemi, car la France est toujours intervenue à nos côtés lorsque nous lui en avons fait la demande. »

Après des négociations laborieuses, le convoi a enfin quitté le Burkina Faso pour le Niger, où il a été à nouveau bloqué dans la ville de Téra. Au moment où il s'apprêtait à repartir pour Niamey, la capitale distante de 200 kilomètres, un millier de manifestants lui ont barré la route. Un groupe violent a tenté de s'emparer des camions. Les militaires nigériens ont réussi à les repousser avec des bombes lacrymogènes. Pas longtemps. L'assaut suivant n'a pas tardé. Soldats français et gendarmes nigériens ont effectué des tirs de sommation pour se dégager. S'ils étaient débordés, ils risquaient d'être lynchés par la foule, très agressive. Le bilan, qui aurait pu être beaucoup plus lourd, a été de trois morts, selon l'enquête nigérienne, qui n'a pas déterminé formellement l'origine des tirs mortels. « Nous avions engagé des forces pour maintenir l'ordre et elles n'ont pas été efficaces, a reconnu le président nigérien Mohamed Bazoum. Les Français ont dû se dégager eux-mêmes, ils ont dû utiliser des moyens létaux qui ont pu provoquer la mort. » Le Niger et la France ont annoncé qu'ils dédommageraient les familles des victimes.

En poussant des civils, déjà remontés contre la France, à manifester contre ce convoi pris dans une sorte d'embuscade, les meneurs ont cherché l'incident. Dès les premières échauffourées, des récits catastrophistes, où la France apparaissait en fâcheuse posture, se sont multipliés sur internet. À Paris, le porte-parole de l'état-major a dû démentir les « fausses informations » circulant sur les réseaux sociaux, selon lesquelles l'armée française aurait tué des dizaines de civils nigériens à Téra. Au-delà des attaques subies par ce convoi logistique, cet épisode a illustré la nouvelle tactique russe en Afrique, prête à provoquer des morts des deux côtés. Un risque assumé par le Kremlin.

Le mois de janvier 2022 n'annonçait rien de bon pour le Burkina Faso, en proie à des massacres récurrents où les militaires n'étaient pas épargnés. Mal équipés, ils n'étaient guère mieux armés que les fanatiques de l'État islamique qui parcourent la brousse, juchés sur des motocyclettes de petite cylindrée. C'est grâce aux drones que les aviateurs de la force Barkhane repéraient des rassemblements de djihadistes. Ils faisaient décoller deux Mirage de Niamey pour les bombarder si une garnison était assiégée. Militaires français et burkinabés menaient des opérations conjointes d'une durée de plusieurs jours. Elles étaient couronnées de succès mais, dès que les éléments de Barkhane retournaient dans leur camp au Mali, les islamistes repassaient à l'attaque. Ces tueries ont fragilisé le chef de l'État burkinabé, qui venait de se faire réélire au premier tour.

Au sein de l'armée, le mécontentement régnait depuis que les djihadistes avaient tué à Inata plus de cinquante gendarmes, qui avaient vainement appelé à l'aide et ne disposaient même pas de nourriture en quantité suffisante pour tenir le siège que leur imposaient les islamistes. Plus de cinq cents militaires avaient déjà péri depuis le début de l'offensive des groupes terroristes en 2015. Faute de matériel, d'armes, de blindés, de moyens de communication… Les engins explosifs et les embuscades récurrentes rendaient les déplacements extrêmement dangereux. Beaucoup de soldats ont démissionné plutôt que d'être « envoyés à l'abattoir ». Le président Kaboré a eu beau reconnaître des « dysfonctionnements inacceptables » et promettre de prendre « toutes les conséquences disciplinaires » après ce drame, rien n'y a fait. Le 22 janvier 2022, une mutinerie a éclaté dans plusieurs casernes de la capitale. Les soldats demandaient le limogeage du chef d'état-major et davantage de moyens pour lutter contre le terrorisme. Le lendemain, un putsch renversait le président Kaboré. Le lieutenant-colonel Paul-Henri Sandaogo Damiba, qui avait auparavant demandé le renfort du groupe Wagner, ce que Kaboré avait refusé, devenait le nouveau président du Burkina Faso. Emmanuel Macron condamna le coup d'État, mais le peuple semblait suivre les militaires. Evgueni Prigojine, lui, approuva sans réserve ce coup de force, comme il l'avait déjà fait pour des révoltes similaires au Mali et en Guinée. Il salua le putsch au Burkina Faso, y voyant le signe d'une « nouvelle ère de décolonisation » en Afrique : « Tous ces soi-disant coups d'État sont dus au fait que l'Occident essaye de gouverner les États et de supprimer leurs priorités nationales et d'imposer des valeurs étrangères aux Africains, parfois en se moquant clairement d'eux », déclara le chef de Wagner sur un réseau social russe. C'est le comble du cynisme : le chef criminel se transformait en révolutionnaire défendant ses « frères africains ». Il eut ce commentaire : « Il n'est pas surprenant que de nombreux États africains cherchent à se libérer. Cela se produit parce que l'Occident essaye de maintenir la population de ces pays dans un état semi-animal. » Ses subordonnés enfoncèrent le clou, fidèles en cela à la stratégie africaine du Kremlin. Louant sur Twitter les putschistes de Ouagadougou, Alexandre Ivanov, responsable de Wagner à Bangui, estima que la France n'avait obtenu « aucun succès » dans la lutte régionale contre les terroristes. Il s'est dit prêt à « partager l'expérience des instructeurs russes en Centrafrique pour former l'armée du Burkina Faso, si les autorités en faisaient la demande ». Une offre formulée sous le couvert de la Communauté des officiers pour la sécurité internationale, une organisation proche de Wagner inconnue jusqu'alors. C'était une proposition identique à celle faite à la Centrafrique par Wagner pour remplacer la France coloniale, désormais dans la ligne de mire de Poutine. C'était une occasion de mettre un pied au Burkina, le « pays des hommes intègres », selon l'expression forgée par l'ancien président Thomas Sankara, un jeune capitaine assassiné en 1987 par ses proches.

La France a été soupçonnée par la population d'être complice, voire responsable, de la disparition de ce révolutionnaire aimé chez lui, qui s'était rapproché de Kadhafi, adversaire de la France déjà à l'époque, mais qui téléphonait à Jacques Foccart, le patron gaulliste historique de la Françafrique. La seule fois où je me suis rendu dans son petit bureau en face de Matignon, j'ai assisté à une courte conversation, anodine mais plutôt chaleureuse, entre Sankara et lui. Son successeur, Blaise Campaoré, longtemps soupçonné d'être l'instigateur de l'assassinat de son camarade Sankara, restera vingt-sept ans au pouvoir. Ancien parachutiste formé en France, il avait mis sur pied une armée professionnelle plutôt efficace, très intégrée au régime, qui vacilla à l'automne 2014.

La tentative de Campaoré de modifier la Constitution pour se présenter à un cinquième mandat a provoqué un soulèvement populaire qui l'a obligé à fuir. Il a été exfiltré par des éléments français vers le pays voisin, la Côte d'Ivoire.

Les présidents qui lui ont succédé se sont méfiés de l'armée, qui avait perdu en efficacité, surtout les unités d'élite, qui disposaient de moins de moyens et de nouveaux chefs au moment où le pays plongeait, malgré lui, dans une guerre importée du Mali par les groupes djihadistes.

Malgré leur position de faiblesse sur le terrain, des officiers rechignaient à demander l'aide militaire de Barkhane, sous prétexte que la France était l'ancienne puissance coloniale. Pareille fierté avait pris sa source à l'époque révolutionnaire et anticolonialiste du capitaine Sankara qui, une fois président, conduisait pourtant toujours sa vieille Renault 5 plutôt que la BMW blindée que lui avait offerte Kadhafi. Il refusait de rouler dans un véhicule valant une fortune, disait-il, pendant que son peuple avait faim. Cette attitude ambiguë vis-à-vis de la France a permis à Wagner de mettre un pied dans la porte.

D'autant que, huit mois après le coup d'État, un deuxième putsch destituait le lieutenant-colonel au pouvoir. Lui non plus n'avait pas réussi à reconquérir du terrain : plus de 40 % du pays était désormais aux mains des djihadistes. Cette fois-ci, ce furent les officiers subalternes qui prirent tous les risques, les capitaines renversèrent leurs supérieurs. Commandant les « Cobra », les forces spéciales, le chef des putschistes, Ibrahim Traoré, surnommé « IB », est devenu, fin septembre 2022, président à l'âge de 34 ans. Il affirmait qu'il allait rétablir la sécurité, alors que son pays comptait 3 800 morts violentes cette année-là, et avait déplacé deux millions de personnes, sur une population de vingt-deux millions. Dans la capitale se succédaient des manifestations contre la présence des forces françaises. Parmi elles, les « marcheurs », qui appelaient à rompre la coopération avec la France pour se tourner vers Moscou dans la lutte contre les djihadistes. Quitte à retomber sous la férule de la Russie, un État colonial qui s'était immiscé au cœur du nouveau pouvoir.

En plein putsch, plusieurs Iliouchine avaient débarqué, à l'aéroport de Ouagadougou, de mystérieuses caisses, probablement remplies de kalachnikovs et de munitions. L'un de ces gros-porteurs aurait livré un hélicoptère de combat en vertu d'un contrat signé en catimini par l'ancien président et maintenu par son successeur, le capitaine Traoré. Les relations avec la Russie allaient pouvoir se développer.

Preuve en fut donnée le 2 octobre, quand le capitaine-président Traoré se rendit à Bamako pour sa première visite officielle à l'étranger depuis son coup d'État. À l'aéroport, il fut accueilli par un autre président putschiste, le colonel malien Assimi Goïta. Cette visite visait à « renforcer l'axe Ouagadougou-Bamako », selon la présidence burkinabée. « La mutualisation des moyens de combat » contre les djihadistes fut officiellement abordée, et, plus discrètement, le soutien russe et donc l'expulsion des Français.

Pour suivre ce dossier sensible, le capitaine Traoré a désigné un avocat novice en politique mais réputé pour son franc-parler, Apollinaire Joachim Kyélem de Tambèla, qu'il a nommé Premier ministre. Moins de deux mois après sa prise de fonction, *Jeune Afrique* a révélé qu'il s'était envolé secrètement pour Moscou, *via* Bamako, accompagné d'une délégation d'une dizaine de personnes. Il y a rencontré pendant une semaine des ministres russes et probablement le groupe Wagner, avec qui il aurait passé des contrats pour acheter du matériel militaire. C'est un avion de l'armée de l'air malienne qui est venu le chercher à Ouagadougou. Les putschistes de Bamako, qui sont désormais dans le camp russe, ont joué les intermédiaires entre leurs camarades burkinabés et le Kremlin pour les convaincre de se rapprocher de la Russie, comme ils l'avaient fait avant eux.

Cette visite est intervenue juste après que le gouvernement du Premier ministre de Tembéla a octroyé l'exploitation d'un nouveau gisement d'or à un groupe russe, Nordgold, qui en possédait déjà trois. Ce gisement devrait produire, en quatre ans, 2,5 tonnes de métal précieux.

À mesure que l'influence russe grandissait, des manifestants opposés à la coopération militaire avec l'ancien colon se mirent à défiler en ville. Brandissant des drapeaux russes, ils se rassemblaient à l'appel de la coalition Faso Lagam Taaba Zaka, en français la « maison du vivre-ensemble au Faso ». Quelques centaines de protestataires criaient « La France tue au Faso », quand les plus excités en appelaient à l'avènement d'un Messie russe ! Cette vindicte téléguidée par les communicants russes de Wagner s'est étendue au terrain économique. Comme elles l'avaient fait en Centrafrique, les troupes de Prigojine, déjà en embuscade au Mali, ont cherché à accaparer le marché sécuritaire et les sociétés importantes. Un consortium inconnu, Burkina 2050, a d'ailleurs exigé l'annulation du contrat de gestion du rail passé avec le groupe français Bolloré.

Début 2023, le point de non-retour entre Paris et Ouagadougou a été atteint. Des manifestations violentes se sont succédé devant l'ambassade de France et l'Institut français dans la capitale burkinabée, accompagnées de petits drapeaux russes. L'ambassadeur de France Luc Hallade était dans le collimateur du pouvoir pour avoir exposé la réalité devant le Sénat français, affirmant que « ce conflit endogène » était « en réalité une guerre civile ». Résultat, le ministre burkinabé des Affaires étrangères a demandé à « changer d'interlocuteur ».

En recrutant surtout chez les Peuls et les Touaregs, les djihadistes ont fractionné la société et plongé le pays dans une guerre fratricide tout en se battant contre le pouvoir central, qu'ils voulaient faire tomber. Finalement, Luc Hallade a été rappelé à Paris pour consultation.

La rupture a été consommée à l'arrivée d'un courrier du 18 janvier 2023. Le gouvernement burkinabé y dénonçait l'accord conclu avec les forces françaises et leur laissait un mois pour quitter le pays, après quinze ans passés en première ligne dans la lutte contre les djihadistes, au péril de leur vie. Une page se tournait pour la France en Afrique subsaharienne, qui lui était devenue peu à peu interdite.

Au-delà du retrait exigé des meilleurs éléments de l'armée française, qui a valeur de symbole, c'est un pan entier de l'histoire de France qui s'est arrêté net. En dix ans, depuis l'intervention en Libye, la France a perdu, sous mes yeux, ce qu'elle avait construit en cent ans. J'en ai été le témoin durant quatre décennies. Un retrait imposé par les nouveaux dirigeants militaires d'une grande partie de l'Afrique francophone, dont la France est aussi responsable. Ce désamour africain ne repose pas seulement sur un prétendu néocolonialisme gaulois, mais aussi sur un manque d'intérêt profond de nos élites pour un continent, brutal parfois, mais toujours chaleureux. Un décalage grandissant s'est instauré entre la France et la jeunesse africaine urbanisée férue de réseaux sociaux, qui étudie et s'est ouverte au monde. L'Afrique n'intéresse plus les jeunes hauts fonctionnaires, ni franchement les diplomates, ni les cadres des grandes entreprises, qui préfèrent travailler à Singapour ou à Los Angeles plutôt qu'à Cotonou. Même les lieutenants et les capitaines français n'ont plus vraiment le temps d'appréhender la richesse et la diversité humaine qui caractérisent cet immense continent. La majorité y effectue des séjours de quatre mois. Ce ne sont toutefois pas les militaires qui décident, en démocratie, de la politique étrangère de leur pays. Ce sont les présidents, et, un peu, leurs ministres.

Délaissée, la mariée a fini par aller voir ailleurs, chez les bonimenteurs russes et chinois, qui raflent la mise en endettant ces régimes avec des projets qu'ils ne peuvent pas rembourser. Par conséquent, les métaux rares filent à Pékin et les chefs d'État à Saint-Pétersbourg pour écouter le baratin de Poutine au dernier sommet Russie-Afrique. Il faudra voir s'ils iront plus fréquemment à Moscou qu'à Paris, où souvent réside leur famille.

Le 18 février 2023, une cérémonie solennelle de descente de drapeaux a marqué la fin de la force Sabre, soit le départ de quatre cents commandos des forces spéciales, qui se sont redéployés dans la foulée, en partie au Niger, à la frontière du Mali, désormais dernier point d'ancrage français dans la zone face aux groupes armés islamistes. Prétextant « diversifier ses partenaires » dans la lutte antidjihadiste, le gouvernement burkinabé affirme : « Ce que nous dénonçons, c'est l'accord qui permet aux forces françaises d'être présentes au Burkina Faso. Il ne s'agit pas de la fin des relations diplomatiques entre le Burkina Faso et la France », même si cela y ressemble. Désormais, comme au Mali, le pouvoir peut mener la guerre comme il l'entend, sans témoins.

Alors que, en Centrafrique, les mercenaires de Wagner ont débarqué en force en se faisant passer pour des coopérants militaires, ils arrivent au compte-gouttes au Burkina Faso, toujours très sensible à toute présence étrangère. Même si on les voit sur des vidéos diffusées sur les réseaux sociaux, le capitaine Traoré dément leur présence, tandis que le vice-ministre russe des Affaires étrangères Mikhaïl Bogdanov juge « sans fondement » ces « rumeurs », tout en se disant « déterminé » à renforcer sa coopération avec le Burkina Faso, en proie à des violences djihadistes. Selon ce dernier, le départ des commandos français « ne risque pas d'affecter sérieusement la situation sécuritaire » dans le pays. Sans la puissance de feu des drones, des Mirage et des hélicoptères Tigre dont le Burkina Faso se prive désormais, c'est pourtant bien le cas.

À peine au pouvoir, le capitaine Traoré a connu, en effet, ses premiers échecs sur le terrain. Fin avril 2023, trente-trois soldats ont ainsi péri lors d'une attaque contre leur poste. Il y en aura d'autres. Si, au départ, les mercenaires russes ne sont pas très nombreux, c'est que la solde qu'ils demandaient est trop élevée : près de 10 000 euros par mois, alors que les soldats burkinabés ont du mal à se nourrir et n'ont pas assez de munitions. De quoi engendrer un troisième coup d'État. Toutefois, le contingent russe augmente au fil des semaines, d'abord pour assurer la maintenance et le pilotage des nouveaux hélicoptères et des avions achetés, malgré un budget restreint, par le capitaine Traoré.

Assumant une stratégie d'isolement, le jeune pouvoir a, en décembre 2022, expulsé deux Français employés par une société locale. Ils étaient accusés d'être des espions. Puis a été déclarée *persona non grata* la coordonnatrice de l'ONU, l'Italienne Barbara Manzi. Motif : elle avait retiré le personnel non essentiel des Nations unies pour raison de sécurité. « C'est jeter le discrédit, ternir l'image du pays et décourager les potentiels investisseurs », s'est justifiée la ministre des Affaires étrangères burkinabée, qui voulait faire croire que la situation était sous contrôle. Le pouvoir s'est ensuite attaqué à la presse. Des journalistes ont été menacés de mort par des groupes instrumentalisés. Une vieille technique soviétique reprise par le Kremlin et les sbires de Wagner. Le régime a coupé le signal FM de Radio France internationale, très écoutée dans le pays, y compris dans les villages sans électricité, où personne ne ratait les journaux d'information de RFI, diffusés par transistor. Puis la chaîne France 24 a été fermée à son tour, et les correspondants du *Monde* et de *Libération*, très au fait de ce qui se passait dans le pays profond, ont été expulsés.

Pour gagner la guerre contre les groupes djihadistes, le capitaine Traoré a annoncé le recrutement de 50 000 personnes au sein des volontaires pour la défense de la patrie, qui doivent renforcer l'armée. Ce dispositif, instauré en 2020, n'a pas inversé le rapport de force avec les insurgés. Une grande partie des volontaires sont des supplétifs communaux armés d'une kalachnikov pour protéger les villages. En réalité, ils aggravent l'insécurité, en faisant parfois du zèle. Recrutés chez les Mossis, ils s'en prennent aux Peuls, qui alimentent les rangs des djihadistes. D'où les exactions et les assassinats qui nourrissent un cycle de représailles sans fin.

Décidé à réussir son offensive antiterroriste, le jeune chef d'État a choisi de frapper un grand coup. En avril 2023, il a décrété la mobilisation générale : « Les jeunes gens de 18 ans ou plus, non membres des forces armées nationales, physiquement aptes » ont été appelés à s'enrôler. Les quatorze articles du décret précisent que les libertés peuvent être restreintes ou limitées mais qu'« il ne peut être dérogé aux droits fondamentaux, notamment le droit à la vie, le droit à ne pas être soumis à la torture, ni à des peines ou traitements cruels, inhumains ou dégradants ». Des précisions qui se veulent rassurantes. Sur le papier.

Quelques jours plus tard, l'armée a été mise en cause dans le massacre de Karma, un village du Nord, où au moins cent quarante-sept personnes, dont quarante-cinq enfants, ont été tuées. Les témoignages recueillis par Amnesty International incriminent le 3e bataillon de la brigade d'intervention rapide (BIR), dont le nom était inscrit sur les tee-shirts des assaillants. Les villageois, pensant que c'était une patrouille de routine, ont été rassemblés au petit matin par les soldats, qui leur ont demandé leur carte d'identité. Ils les ont accusés de n'avoir pas dénoncé les djihadistes qui auraient traversé leur village pour attaquer des militaires et des volontaires dans une localité voisine : « Pourquoi vous êtes restés chez vous alors que les habitants alentour ont fui leur village ? » Un survivant a raconté qu'ils ont abattu devant lui, sur le seuil de leur porte, son frère sourd-muet, de même qu'ils ont tué l'imam de la mosquée, resté dans sa cour. Des villageois ont été conduits à l'écart et fusillés par les militaires qui, pour certains, portaient sur leur treillis un écusson avec un crâne humain. « Quand ils ont cru avoir tué tout le monde, ils sont partis, a rapporté un autre rescapé. Mais deux sont revenus pour achever ceux qui n'étaient pas morts. Moi, j'ai eu la vie sauve parce que je me suis recouvert du sang des corps qui étaient juste à côté de moi. Ce sont des militaires du Burkina qui ont commis ce massacre », a précisé ce miraculé.

En fait, cette opération ressemblait à une expédition punitive contre des paysans susceptibles, aux yeux des soldats, d'être de mèche avec les djihadistes. Des tueries pour des raisons similaires avaient déjà eu lieu les mois précédents. À chaque fois, des militaires burkinabés ont été mis en cause au sujet de représailles ayant suivi des embuscades meurtrières de djihadistes, comme sur l'axe Déou-Oursi où au moins soixante-dix soldats ont été tués. Auparavant, trente-trois autres avaient été abattus dans la localité voisine d'Ougarou.

À la télévision, IB, Ibrahim Traoré, a nié que l'armée se soit rendue coupable d'exactions. Il s'agissait d'une manipulation. Des djihadistes avaient pu mettre des treillis et récupérer des véhicules des soldats. « N'est-ce pas ce qui souvent se produit après chaque attaque ? » a-t-il asséné, en dépit des témoignages imparables des survivants.

Dans la foulée, de nouvelles manifestations « spontanées » ont soutenu contre ces « ennemis de l'intérieur et de l'extérieur » le régime de transition, qui serait face à une « coalition internationale », selon le ministre de la Défense, le colonel-major Kassoum Coulibaly. Sans citer la France, mais en la désignant à demi-mot, il a dénoncé des « violations » de l'espace aérien qui seraient liées au rapprochement de son pays avec la Russie. « Beaucoup de personnes pensent que ce sont les Russes qui nous guident », mais les « Burkinabés ne sont pas des enfants [...] La Russie ne nous dicte aucune loi », a-t-il dit, ajoutant qu'elle « ne nous donne rien, nous luttons avec les contributions des Burkinabés à l'effort de guerre ». Il n'a pas mentionné l'arrivée de moyens aériens russes et des pilotes qui vont avec, ni rappeler la coopération pour l'acquisition d'équipements militaires auprès de la Corée du Nord, la pire dictature de la planète, soupçonnée de fournir des armes et des munitions à la Russie, malgré les sanctions.

CHAPITRE XVIII

La mort de Prigojine

En juin 2023, la nouvelle a tenu le monde en haleine pendant une journée. Vingt-quatre heures qui ont ébranlé le pouvoir de Vladimir Poutine, tétanisé face à la colonne de mercenaires de Wagner qui, depuis la frontière ukrainienne, fonçaient sur Moscou pour « libérer le peuple russe ». Un raid de 1 200 kilomètres lancé par Evgueni Prigojine, excédé, selon lui, par les coups bas du ministre de la Défense, Sergueï Choïgou, et du chef d'état-major, le général Valeri Guerassimov, qui auraient privé ses hommes de munitions pendant sa laborieuse offensive pour prendre Bakhmout, provoquant une hécatombe chez les ex-taulards de Wagner qui avaient signé contre leur liberté un contrat pour six mois de combat. S'ils en sortaient vivants. La plupart, environ 30 000, sont morts dans la boue en montant à l'assaut sans préparation militaire ni blindés. De la chair à canon qui a rempli les nouveaux cimetières creusés au bulldozer que Prigojine aimait montrer sur sa chaîne Instagram afin que les Russes découvrent l'ampleur des combats. Chaque semaine, le patron de Wagner insultait le ministre de la Défense, un vieil ami de Poutine, en prenant soin d'épargner ce dernier. Les officiers de l'armée régulière étaient également attaqués. Dans une vidéo, un lieutenant-colonel apparaît, le visage tuméfié : visiblement il a été passé à tabac par des mercenaires qui l'accusaient d'avoir fait tirer l'artillerie sur leurs positions. Début juin 2023, c'est un camp de Wagner qui a été bombardé, d'après Prigojine. Vérité ou prétexte pour son coup de force ? Ses hommes foncent en tout cas sur l'autoroute M4 qui mène à Moscou, dans un convoi hétéroclite composé de véhicules civils, de blindés et de porte-chars. *Mad Max*, version russe. À Rostov-sur-le-Don, la veille, sans tirer un coup de feu, ils ont pris le quartier général de l'armée (russe) qui commande les opérations en Ukraine. « Nous détruirons tout ce qui sera mis sur notre route », annonce Prigojine. À la moitié du chemin, une demi-douzaine d'hélicoptères et d'avions militaires s'approchent du convoi. Plusieurs sont abattus avant d'avoir engagé le combat. Les mercenaires ne rencontrent, en fait, aucune résistance. Ni de la part de la population – surtout en province, où elle considère Prigojine comme un Robin des Bois, un homme courageux et proche du peuple –, ni de la part de l'armée, constituée de conscrits qui détestent leurs officiers corrompus, et qui restent dans leurs casernes. À Moscou, la panique gagne le cercle des apparatchiks, les ministères ainsi que les présentateurs des télévisions d'État, qui ne savent plus quoi dire et disparaissent parfois des écrans. Les familles des plus exposés, celles des propagandistes les plus zélés ou de ceux qui sont dans les premiers cercle du pouvoir, ont fui ou ont préparé leurs bagages pour quitter une capitale qui se barricade. Des pelleteuses creusent des tranchées en travers des voies rapides et des camions-bennes déversent des tas de sable sur des avenues pour protéger les postes de tir. Du jamais vu. Une colonne d'environ 2 000 hommes plutôt mal équipés menace un régime qui se veut fort et implacable, mais qui ne tient en réalité sa population que par sa propagande et sa police politique. Face à une rébellion armée qui fonce sur le Kremlin, les anciennes recettes ne fonctionnent plus. Le roi Poutine est nu. Il apparaît, blême, à la télévision, évoquant une « menace mortelle » pour la Russie et dénonçant un « coup de poignard dans le dos », sans nommer Prigojine. Il prend soin de tendre la main aux mercenaires, qu'il qualifie de « héros de la libération du Donbass » et qui seraient manipulés. Ils se sont, toujours selon lui, laissés « entraîner dans une entreprise criminelle » par leur chef, qui fait désormais l'objet d'une enquête du FSB.

Derrière cette action, Poutine voit l'« Occident collectif », qui serait à la manœuvre pour déstabiliser son pays – alors que le « vrai » instigateur est Prigojine, qui veut conserver le contrôle de son groupe. En creux, c'est une affaire de pouvoir et de gros sous. Poutine détaillera d'ailleurs le montant des marchés publics et les millions de roubles que l'État a affectés à Wagner, dont l'immeuble du siège social, situé à Saint-Pétersbourg, est perquisitionné. La crise est à son paroxysme, jusqu'à ce qu'une volte-face surprenante change tout à coup la donne.

Alors que le convoi est à moins de 300 kilomètres de Moscou, Prigojine ordonne à ses hommes d'opérer un demi-tour. Pour « éviter que le sang coule entre Russes ». C'est le président de la Biélorussie, Alexandre Loukachenko, totalement inféodé à Poutine, qui a servi d'intermédiaire. La nature de l'accord est inconnue, mais Prigojine semble s'être rendu compte qu'il ne peut plus compter sur les soutiens qu'il espérait avoir dans l'armée. Comme dans beaucoup de coups d'État, les complotistes hésitent au dernier moment, préférant attendre de savoir de quel côté le vent va tourner. Prigojine sait aussi que, dans la banlieue de Moscou, il risque de tomber sur la garde nationale et le FSO, le Service de fédéral de protection, composé d'une vingtaine de milliers d'hommes qui accompagnent Poutine partout où il va. Comment cette garde prétorienne réputée fidèle réagirait-elle si le combat s'engageait contre les mercenaires de Wagner ? On ne le saura jamais, mais le demi-tour de Prigojine lui permet, à ce moment en tout cas, de sauver sa peau. Les poursuites du FSB contre lui sont arrêtées et ses mercenaires ont le choix entre signer un contrat pour intégrer l'armée, rentrer chez eux et suivre Prigojine, officiellement exilé en Biélorussie. En fait, il ne s'y rendra pas, estimant être toujours protégé par Poutine. Il assure à plusieurs reprises qu'il n'a jamais voulu le destituer : son coup de force était un coup de tête, il n'était pas dirigé contre lui.

Puisqu'il est à l'abri de toute sanction, il reste à Moscou pour récupérer ses biens. Ce retournement de situation n'a évidemment pas pu se produire sans l'autorisation de Poutine qui décide de préserver la force militaire de Wagner et semble, dans un premier temps, sauver la tête de son « cuisinier », pour reprendre le surnom donné à Prigojine quand il concoctait les repas du maître du Kremlin. Magnanimité – à laquelle Poutine ne nous a pas habitués – ou signe de faiblesse d'un dirigeant russe fragilisé par la guerre qu'il a déclenchée en Ukraine ? L'avenir le dira. Car Prigojine peut mourir un jour prochain d'un empoisonnement, avoir un accident de voiture ou tomber d'un balcon, comme cela est déjà arrivé à plusieurs hauts fonctionnaires ou oligarques qui avaient critiqué Poutine et son « opération militaire spéciale ».

Avant de rendre ses avoirs à Prigojine, qui renaît tel un phénix russe, le FSB a laissé fuiter les photos des perquisitions de son manoir érigé au milieu d'un parc, près de Saint-Pétersbourg. L'intérieur est décoré avec un mauvais goût clinquant. Des liasses de dollars et de roubles ainsi que des lingots d'or sont rangés dans des cartons. Selon des médias russes, dix milliards de roubles, soit environ cent millions d'euros, saisis lors de ces perquisitions, lui ont été restitués. Des placards abritent des perruques, de fausses barbes et différents passeports où il apparaît, déguisé avec des postiches grossiers et ridicules, sous plusieurs identités. À côté d'une immense salle de bains avec jacuzzi se trouve une chambre équipée pour des soins médicaux, preuve qu'il ne doit pas, en cas de blessure, se sentir en sécurité à l'extérieur, même dans une clinique privée. Au cours de ce déballage soigneusement orchestré, on apprend qu'il aurait souffert d'un cancer des intestins ou de l'estomac, et qu'il aurait subi des traitements intensifs. Sur un meuble, des photos, dont celle d'une tête coupée. Dans une autre pièce est exposée, au niveau du sol, une énorme masse. « À utiliser en cas de négociation importante », est-il écrit sur cet outil devenu le symbole de Wagner depuis que, en 2017, en Syrie, un de ses mercenaires l'a utilisée pour torturer à mort un déserteur syrien de l'armée régulière, sous l'œil des caméras de trois autres combattants. Ces vidéos d'une sauvagerie inouïe diffusées sur internet montrent les bourreaux, qui plaisantent en russe en essayant de couper la tête du supplicié avec un couteau et ses membres inférieurs avec une pelle. « Laisse, on va le pendre par les jambes », conseille l'un d'eux. Les dernières images sont insoutenables : le corps du malheureux pendu, amputé de la tête et des bras, est aspergé d'essence et brûlé pendant qu'autour de lui les criminels continuent de plaisanter sur ce « barbecue ».

En novembre 2022, Evgueni Prigojine salue cette fois-ci l'exécution d'un de ses mercenaires qui avait déserté du côté ukrainien avant d'être repris par les Russes. Sur des comptes Telegram proches de Wagner apparaît un inconnu, le crâne scotché à un rocher, qui est frappé avec une masse. Pour Prigojine, cité par son service de presse : « Dans ce spectacle, on voit que [cet homme] n'a pas trouvé son bonheur en Ukraine, mais qu'il a rencontré des personnes peu aimables, mais justes. » « C'est un magnifique travail de réalisation, cela se regarde d'une seule traite. J'espère qu'aucun animal n'a été blessé lors du tournage », ajoute Prigojine, qui ne semble pas traumatisé.

La tentative de putsch, en revanche, a ébranlé Vladimir Poutine, qui toutefois ne semble pas vouloir abandonner le terrain conquis en Afrique par les mercenaires de Wagner, désormais placés directement sous sa coupe. Il prend cependant quelques précautions. Des médias panarabes signalent l'arrestation de plusieurs responsables de Wagner par des militaires russes et syriens sur la base de Hmeimim, qui abrite le quartier général du corps expéditionnaire russe en Syrie. D'autres interpellations sont effectuées à Damas, dans des camps des régions de Hama et de Deir ez-Zor. De simples « mesures de précaution », selon des chaînes officielles russes.

En Libye, la riposte contre Wagner – qui soutient les troupes rebelles du maréchal Haftar dans l'est du pays – ressemble plutôt à une attaque opportuniste de la part du gouvernement officiel de Tripoli. Cette attaque est soutenue par le président turc Erdogan : la base d'Al-Khadim est bombardée par des drones fabriqués en Turquie, des aéronefs peu chers mais efficaces que beaucoup d'armées africaines cherchent à acquérir. Cette base abrite des mercenaires de Wagner qui perçoivent des dividendes sur l'exploitation des puits de pétrole contrôlés par le chef rebelle de Benghazi. Ce dernier a demandé au Kremlin l'aide de Wagner et a bénéficié, lors du premier quinquennat d'Emmanuel Macron, du soutien français et des visites de Jean-Yves Le Drian, effectuées au nom de la lutte antiterroriste.

En République centrafricaine, plateforme historique de Wagner, une réorganisation, sinon un départ dissimulé, semble en cours. Début juillet 2023, cinq cents hommes ont été rapatriés en Russie et les hommes liges de Prigojine sur place pourraient être remplacés par d'autres, installés cette fois-ci par le ministère russe de la Défense. Une certaine nervosité règne aussi au sein de la junte qui dirige le Mali.

Ses militaires comptent sur les mercenaires et l'appui politique de Moscou. Tous craignent que, en cas de départ des Russes, ce soit la débandade dans les garnisons alors attaquées par les djihadistes, qui attendent leur heure. À la tribune de l'ONU, le Premier ministre malien avait accusé la France d'« une espèce d'abandon en plein vol », il pourrait faire le même reproche à la Russie, deux ans après que les putschistes ont demandé le départ des troupes françaises. Sergueï Lavrov est à la manœuvre pour calmer ces inquiétudes. Depuis Moscou, il proclame l'amitié indéfectible qui lie la Russie et le Mali.

En fait, le déploiement permanent des mercenaires russes au Sahel dépend des décisions qui seront prises à Moscou au sujet des « musiciens de l'orchestre », comme aiment se nommer les combattants de Wagner, puisque le nom illustre de ce groupe militaire fut choisi par son fondateur néonazi en souvenir du célèbre compositeur allemand admiré par Hitler pour sa musique et ses références aux légendes germaniques.

L'entité semble toutefois en voie de dissolution, en tout cas sous sa forme initiale. Alors que, il y a encore quelques mois, Poutine niait que Wagner, entreprise privée selon lui, puisse être rattaché au Kremlin ou au ministère de la Défense, le porte-parole de l'armée a annoncé que plus de 2 000 pièces d'artillerie, 2 500 tonnes de munitions et 20 000 armes légères ont été reçues par les forces régulières en vertu d'un accord entre les deux parties après la rébellion avortée. Les images officielles s'attardent sur les blindés et les chars qui vont être reconditionnés à l'arrière.

Tout aussi important que Wagner, l'empire médiatique de Prigojine est lui aussi démantelé. Roskomnadzor, l'organisme régulateur qui conduit la censure, bloque l'accès aux multiples réseaux sociaux du « cuisinier » de Poutine, tombé en disgrâce. Internet Research Agency, son « usine à trolls » de Saint-Pétersbourg, est fermée. Elle est célèbre depuis qu'elle a été mêlée aux ingérences russes pendant les élections américaines de 2016. Dans un clip vidéo publié le 1er juillet 2023, Evgueni Zoubarev, le directeur de l'agence de presse Ria Fan, une filiale de Patriot Media Group, également propriété d'Evgueni Prigojine, annonce la « décision de fermer et de quitter l'espace d'information du pays ». Il a beau mettre en avant son soutien à Vladimir Poutine contre l'opposant, emprisonné, « Alexeï Navalny et d'autres représentants de l'opposition qui ont littéralement tenté de détruire notre pays », rien n'y fait. Aux yeux de Poutine, ces organismes de propagande abritent des traîtres.

De facto, Wagner est dissous, et Prigojine, si prolixe jusque-là sur les réseaux sociaux, disparaît de l'espace public alors que Dmitri Peskov, le porte-parole du Kremlin, annonce que le 29 juin, soit cinq jours après la rébellion, Poutine l'a rencontré, lui et trente-cinq de ses commandants : « Ceux-ci lui ont donné leur version de ce qui s'était passé. Ils ont souligné qu'ils étaient des soutiens convaincus des soldats, du chef de l'État et du commandant en chef, et qu'ils étaient prêts à continuer à combattre pour la patrie. » « Ils ont été convaincus par le président », ajoute Peskov. Un *happy end* qui contient beaucoup de mystères. Plus tard apparaît une nouvelle version de ce mauvais feuilleton. Poutine en dit un peu plus au journal russe *Kommersant.* Il précise qu'il a proposé aux ex-mutins de les intégrer à l'armée russe pendant seize mois, ce qu'ils auraient accepté d'un mouvement de tête que Prigojine n'aurait pas vu parce qu'il était assis devant eux, disant que « non, les garçons n'[allaient] pas accepter une telle décision ». C'est le contraire qui semble s'être produit.

Dans la foulée, Poutine demande un cadre légal pour les armées privées, ajoutant qu'il est impossible que Wagner perdure en l'état. « Wagner n'existe pas. Il n'y a pas de loi sur les organisations militaires privées », dit-il alors que c'est lui qui est à l'origine de sa création comme de celle de la GRU, les renseignements de l'armée, une institution déstabilisée par le coup de force des mercenaires de Prigojine. Commencent alors les purges parmi les officiers supérieurs de l'armée régulière, comme à l'époque de Staline. Les officiers sont obligés de s'expliquer au sujet de leur refus de mater la mutinerie avortée du mois de juin, ou du moins leur peu d'empressement à le faire. Basé aux Pays-Bas et d'ordinaire bien renseigné, le *Moscow Times* a rapidement annoncé l'arrestation du général Sergueï Sourovikine, surnommé « général Armageddon », qui avait procédé à des bombardements intensifs en Syrie sans se préoccuper des victimes civiles. C'est là qu'il a fait la connaissance de Prigojine. Il ne donnerait plus signe de vie, ne répondrait pas au téléphone et n'aurait pas contacté sa fille pour son anniversaire. Il n'est pas emprisonné mais officiellement au « repos », après avoir été chargé de l'offensive en Ukraine d'octobre 2022 à janvier 2023. Il aurait, comme d'autres généraux, su et tu ce que tramait Prigojine, sans pour autant l'aider directement. La nuit de la mutinerie, il apparaît dans une vidéo, appelant les mercenaires à cesser leur rébellion. Il est vêtu d'un uniforme, mais ne porte pas de grade, ce qui ne présage rien de bon pour lui. Les services secrets de Poutine l'auraient dégradé. On n'entend plus parler de lui jusqu'au 23 août 2023, deux mois pile après la rébellion de son ami Prigojine. L'agence de presse Ria Fan rapporte que l'« ex-chef des forces aériennes et spatiales russes, Sergueï Sourovikine, a été relevé de ses fonctions ». Il disparut du jour au lendemain… Pour réapparaître en septembre à la télévision, au cours d'une visite en Algérie ! Il serait chargé de créer une nouvelle milice avec des anciens de Wagner, qui dépendraient du ministère de la Défense russe. L'avenir le dira. À moins qu'il ne disparaisse pour toujours.

À la mi-juillet, un autre général, Yvan Popov, qui dirige la 58e armée russe dans la région de Zaporijia, affirme, dans un message audio, avoir été suspendu de ses fonctions pour avoir alerté le haut commandement de ses lourdes pertes humaines et de son manque de matériel de pointe, notamment de radars permettant de détecter la trajectoire des obus ennemis et de procéder à des tirs de contrebatterie. « Les forces ukrainiennes n'ont pas pu percer face notre armée, et nous avons été frappés par-derrière par notre chef principal qui a lâchement décapité nos forces au moment le plus difficile », dit-il, visant probablement le chef d'état-major, le général Guerassimov, qui, en retour, aurait accusé Popov de « désinformation et d'alarmisme ». Des messages divulgués par un député russe, un ancien officier qui voulait rendre publics les problèmes qui existent au sein des unités qui combattent en Ukraine. Ce lavage de linge sale sur la place publique n'a pas été apprécié par le parti Russie unie de Poutine. Un de ses responsables a réprimandé le député, l'accusant de transformer ces différences d'appréciation en « spectacle politique ».

Un général des troupes aéroportées serait même sur la sellette pour avoir dénoncé le manque de moyens et d'initiatives sur le terrain. Et un de ses parachutistes a soutenu, dans un message audio, que lui et ses camarades étaient fiers de servir cet officier, économe de ses hommes, et qu'ils ne resteraient pas les bras croisés s'il était démis de ses fonctions. D'autres généraux auraient été limogés pour avoir soutenu le coup de force de Wagner ou critiqué leur hiérarchie sur internet. Il reste cependant difficile de mesurer l'importance de la purge dans un corps de 300 000 hommes, réparti sur un front de 1 000 kilomètres. Trop confiant, Prigojine, lui, estime que l'orage est passé. Il s'est expliqué avec Poutine. Il sait pourtant que celui-ci ne pardonne jamais aux traîtres, il l'a même dit à la télévision, où il a qualifié la rébellion de Prigojine de « coup de poignard dans le dos ». Son sort est scellé, mais il ne s'en aperçoit pas, alors que ses sociétés sont une à une dissoutes, ou récupérées par le GRU, les services de renseignements militaires. Wagner rentre peu à peu dans le rang. Le 22 août, Prigojine poste sur Instagram une vidéo apparemment tournée dans le désert malien quelques jours plus tôt. « Nous faisons une mission de reconnaissance », dit-il, arme à la main, estimant que son travail « rend la Russie encore plus grande sur tous les continents et l'Afrique encore plus libre ». Il affirme même être le cauchemar des djihadistes du groupe État islamique et d'Al-Qaïda ! Le lendemain, le 23 août, il monte dans un avion d'une compagnie privée qui lui appartient, à l'aéroport de Moscou. À son bord, trois membres d'équipage et sept passagers. Tous sont des membres de Wagner. Parmi eux, Dmitri Outkine, l'homme de l'ombre, admirateur du Troisième Reich, ancien officier des forces spéciales du GRU. Il a créé une milice, Corps slave, avant de fonder Wagner avec Prigojine. Il a été décoré par Poutine de la médaille de l'ordre du Courage pour ses actions en Syrie. Mais, pour l'Union européenne, il est « responsable de graves atteintes aux droits de l'homme [...], dont des actes de torture ainsi que des exécutions et des assassinats extrajudiciaires, sommaires ou arbitraires ».

Selon l'ONG Dossier Center, le logisticien en chef de Wagner, Valeri Tchekalov, est aussi dans l'avion, aux côtés d'un ancien officier de police, Evgueni Makarian, de Sergueï Propoustine et de Nicolaï Matousseïev, tous trois membres d'un groupe d'assaut de la société militaire privée. Alexandre Totmine, le septième passager, est également un mercenaire de Wagner. Vers 18 heures, l'avion décolle : direction Saint-Pétersbourg. Une demi-heure après, l'appareil part en vrille. De la fumée sort de la carlingue. Une bombe a explosé à bord ou il a été abattu par un missile. La thèse de l'accident n'est pas crédible ; à Washington comme à Paris, on n'y croit pas. L'aéronef s'écrase dans la région de Tver, au nord-ouest de Moscou, à 50 kilomètres de la résidence secondaire de Vladimir Poutine. Le président russe, à ce moment-là, est à Koursk, pas loin de l'Ukraine, à

500 kilomètres de la capitale, en train de décorer des soldats lors du 80e anniversaire de la plus grande bataille de chars de l'histoire, qui les opposait aux nazis. Il écoute ensuite les premières notes d'un concert, comme si de rien n'était. La nouvelle du crash s'est répandue partout dans le monde. Les officiers qui l'accompagnent l'ont mis au courant, mais il se tait. Une scène digne du *Parrain*, qui rappelle le moment où Don Corleone fait assassiner les traîtres de Cosa Nostra pendant qu'il assiste à une cérémonie de baptême. Le lendemain, il présente à la télévision ses « sincères condoléances à toutes les familles des personnes qui étaient à bord et qui sont mortes ». Avant de saluer la mémoire du chef de la milice privée, un « homme talentueux au destin compliqué, qui a commis de graves erreurs dans sa vie ». « Mais il obtenait les résultats qu'il fallait », ajoute-t-il, avant de promettre que l'enquête sur ce crash sera « menée jusqu'au bout ». Moins de deux mois plus tard, en octobre, Poutine annonce, en marge du sommet international de Valdaï, que, selon le rapport du chef du comité d'enquête, il n'y avait pas eu « d'impact externe sur l'avion » avant la chute de l'appareil. « Des fragments de grenades ont été retrouvés dans le corps des victimes », précise-t-il, suggérant que Prigojine et ses associés avaient pu consommer de l'alcool ou des drogues, et qu'ils se seraient suicidés avec leurs armes ! Il regrette toutefois qu'aucune analyse de sang n'ait été effectuée, avec un culot digne des plus mauvais films soviétiques. Pour la communauté internationale, l'ancien agent du KGB ment comme il respire. Ce scénario rocambolesque ne convainc personne mais la parenthèse Wagner se referme avec la mort

prématurée de son chef, un brin naïf, qui avait réuni dans le même avion une grande partie de son état-major. L'occasion était trop belle pour qu'un « accident » ne se produise. Le coup de force raté de Prigojine n'a pas fini d'ébranler l'institution militaire et son chef suprême, Vladimir Poutine, qui ne semble pas, cependant, remettre en cause la présence de Wagner au Sahel, du moins dans l'immédiat. Comme prévu, il a reçu pendant l'été 2023 de nombreux représentants du continent lors du sommet entre l'Afrique et la Russie. Des partenariats y ont été noués entre Moscou et des médias africains pour contrer le « dénigrement en Afrique contre la Russie ». Retournant les faits, Moscou affirme désormais être victime des critiques occidentales. Le ministre des Affaires étrangères, Sergueï Lavrov, précise que les mercenaires russes présents au Mali et en République centrafricaine, selon lui des « instructeurs », vont rester. « Ce travail, dit-il à la chaîne RT, va bien sûr continuer. » D'après lui, l'Europe et la France « ayant abandonné la RCA et le Mali », ces pays « se sont tournés vers la Russie et Wagner pour assurer la sécurité de leurs dirigeants ». Pour Lavrov, la rébellion de Prigojine ne va rien changer aux relations entre la Russie et ses alliés. « Quant aux autres, franchement, je m'en fiche. Les relations avec l'Occident collectif sont détruites, alors un épisode de plus ou de moins… », estime-t-il avec un sourire en coin.

CHAPITRE XIX

La nouvelle guerre froide en Afrique

Une nouvelle guerre froide a lieu désormais partout en Afrique entre la Russie et l'Occident; une bataille d'influence menée par l'omniprésent ministre russe des Affaires étrangères, Sergueï Lavrov. Celui-ci enchaîne les visites sur le continent pour convaincre ses interlocuteurs de rallier le camp du multilatéralisme contre celui de l'« impérialisme occidental ». À l'écouter, c'est l'Ukraine qui a envahi la Russie, et non le contraire.

Quatre mois après l'offensive russe, en juillet 2022, il a effectué une première tournée : 13 000 kilomètres en cinq jours, quand Emmanuel Macron commençait la sienne en Afrique. Un match à distance s'est joué, à coups de mensonges côté Lavrov. L'inamovible ministre n'est pas mauvais en langue de bois, mais Macron est meilleur à l'oral et répond surtout du tac au tac. Au Caire, le 24 juillet 2022, le Russe a expliqué que, si l'Ukraine ne livrait plus de blé aux pays africains, c'était la faute des sanctions de l'Union européenne, alors que les navires céréaliers ne s'aventuraient plus en mer Noire par peur d'être coulés par la marine russe. Pire, le même jour, l'armée russe bombardait le port ukrainien d'Odessa, en dépit de l'accord conclu la veille sous l'égide de l'ONU entre Kiev, Moscou et la Turquie pour ouvrir des couloirs sécurisés. Pour Lavrov, les bateaux russes et étrangers ne pouvaient plus « charger de marchandises, dont les céréales, dans les ports russes. Alors jugez vous-même ! »

C'est complètement faux. « Carabistouille », comme dirait l'autre. « C'est que l'alimentation, comme l'énergie, est devenue une arme de guerre russe », a répondu, de Yaoundé, Emmanuel Macron. Celui-ci en a profité pour dénoncer l'« hypocrisie » des dix-sept pays africains, dont le Cameroun, qui se sont abstenus, lors du vote de la résolution onusienne pour condamner l'invasion de l'Ukraine par la Russie. Macron a également évoqué des « exactions commises par les éléments mercenaires déployés au Mali et dont les agissements sont désormais documentés par les rapports des Nations unies, Wagner pour ne pas les citer ». Pour Lavrov, c'étaient des mots, rien de plus. Lui a vu dans son périple une victoire diplomatique, même si l'abstention lors de ce vote africain témoignait plutôt d'une volonté de se démarquer de l'Occident que de celle d'approuver la guerre déclenchée par la Russie. « Malgré la pression externe d'une ampleur sans précédent, nos amis n'ont pas soutenu les sanctions contre la Russie. Cette ligne indépendante mérite un grand respect », s'est félicité Sergueï Lavrov dans *Les Dépêches de Brazzaville*, le seul journal du Congo-Brazzaville, où il s'est vanté que la Russie « n'ait pas terni sa réputation par les crimes sanglants du colonialisme », oubliant les crimes et les tortures commis par les régimes marxistes africains de l'ex-bloc soviétique. Au-delà des grandes annonces, non assorties de financements, telles que celle de la construction d'une centrale électrique en Égypte et celle d'un oléoduc au Congo-Brazzaville, Lavrov compte sur ces pays, qui sont d'anciens alliés, pour gagner du terrain en Afrique.

Après l'Ouganda, Sergueï Lavrov a achevé sa tournée en Éthiopie, ancien pays marxiste qui abrite l'Organisation de l'unité africaine dans sa capitale, Addis-Abeba. Derrière une table décorée d'un bouquet de roses rouge vif installée dans un salon de l'ambassade russe, le ministre s'est livré à un grand show devant un parterre de diplomates du continent. Il a invité en préambule les pays africains à ne pas soutenir un monde régi par les États-Unis, car ils pourraient eux aussi en subir les conséquences néfastes. Sous-entendu : comme la Russie, qui ne fait que se défendre d'une attaque de l'armée ukrainienne approvisionnée par Washington. Lavrov, sans états d'âme, assume ce révisionnisme de l'histoire contemporaine. « C'est à nous de décider si nous voulons un monde inféodé aux États-Unis », a-t-il ajouté. Pour lui, tous les principes économiques et juridiques créés par l'Occident « ont été jetés à l'égout quand il s'est agi de faire ce qui leur semblait nécessaire pour punir la Russie ». Lavrov en est convaincu, ou du moins a-t-il fait semblant : les États-Unis n'hésiteraient pas à faire la même chose à tout autre pays qui « les énerverait d'une manière ou d'une autre ».

En janvier 2023, Lavrov a entamé, six mois après la précédente, une autre tournée en Afrique. Cette fois-ci, il s'est rendu en terrain connu, à Pretoria, capitale de l'Afrique du Sud. L'URSS a soutenu à bout de bras ses dirigeants révolutionnaires, membres du Congrès national africain, l'ANC, pendant leur lutte contre l'apartheid, tandis que Nelson Mandela croupissait en prison. Du marxisme de l'époque, il ne reste plus rien, si ce n'est la corruption qui règne au sein de la Nomenklatura de l'ANC, le parti toujours au pouvoir de Madiba, mais sans la vision qu'avait son chef de file pour son propre pays.

Sergueï Lavrov a été accueilli à bras ouverts par son homologue, Naledi Pandor, qui a qualifié la Russie de pays ami. Un mois plus tard se sont déroulés des exercices militaires avec les marines russe et chinoise à Durban afin de « renforcer les relations déjà florissantes » entre les trois pays. Au nom d'une neutralité de façade, l'Afrique du Sud s'est abstenue, elle aussi, de voter la résolution onusienne condamnant l'invasion russe, estimant que « la seule voie vers la paix passe par la diplomatie et le dialogue ». Des mots évidemment salués par Lavrov qui a apprécié l'« approche indépendante, équilibrée et réfléchie de [leurs] amis sud-africains ». « Nous entretenons des relations avec qui nous voulons », a même ajouté la ministre des Relations internationales et de la Coopération. Du « petit-lait » pour le Russe madré, qui a dénoncé, comme désormais à chacune de ses visites, le « néocolonialisme » des États-Unis alors que la Russie, magnanime, désirerait faire plus de place aux pays en voie de développement au sein du Conseil de sécurité des Nations unies. Naledi Pandor a complété ce vœu en appelant à s'appuyer sur l'alliance des BRICS, cette organisation qui unit le Brésil, la Russie, l'Inde, la Chine, l'Afrique du Sud, et le G20 pour « démocratiser le système de gouvernance internationale ».

En août 2023, c'est par visioconférence que Poutine assiste au 15e sommet des BRICS qui se déroule à Pretoria. Le gouvernement d'Afrique du Sud, qui a adhéré à la Cour pénale internationale (CPI), ne souhaite en effet pas sa présence, qui le mettrait dans une situation impossible puisque Poutine est sous le coup d'un mandat d'arrêt de la CPI pour crime de guerre en Ukraine. L'ANC, le parti au pouvoir, souhaitait pourtant la présence de Poutine, et le gouvernement « non aligné » fait le grand écart en refusant de qualifier d'agression l'invasion de l'Ukraine par la Russie tout en formulant un vœu pieux : la résolution pacifique du conflit, ce qui équivaut à mettre sur le même plan l'agresseur et l'agressé. Pour l'ANC, qui commande la ligne politique du pouvoir, ce sont les États-Unis qui ont provoqué la guerre contre la Russie en Ukraine. C'est aussi la société d'un oligarque russe qui a renfloué les caisses du parti en lui versant plusieurs centaines de milliers d'euros, alors que cette société est sous sanction des États-Unis pour son imbrication avec le régime russe. Preuve de cette lune de miel, le ministre de la Défense sud-africain s'est rendu à Moscou, alors en pleine guerre en Ukraine, pour participer à une conférence sur les questions de sécurité internationale. Et, en décembre 2022, un cargo russe, le *Lady R*, a accosté mystérieusement dans une grande base militaire sud-africaine, à Simon's Town, près du Cap, pour décharger – a fini par reconnaître le ministère de la Défense – une « ancienne commande en cours de munitions à destination des forces spéciales ».

L'ANC, qui fut un mouvement de libération pendant la guerre froide, approuve désormais une puissance « impérialiste », la Russie, qui envahit son voisin, l'Ukraine. C'est un grand écart idéologique, mais aussi économique. Les échanges entre l'Afrique du Sud et la Russie sont proches de zéro, comparés à ceux réalisés avec l'Union européenne et les États-Unis, qui n'ont guère apprécié le discours prorusse de Pretoria.

En mai 2023, l'ambassadeur américain à Pretoria a mis les pieds dans le plat. Selon ses renseignements, c'est l'Afrique du Sud qui a embarqué, et non le contraire, des armes et des munitions pour la Russie cinq mois auparavant, à bord du *Lady R.* « Nous aimerions que l'Afrique du Sud commence à pratiquer sa politique de non-alignement », a demandé le diplomate américain au gouvernement de Pretoria, pris la main dans le sac.

La tournée de séduction de Sergueï Lavrov ne s'est cependant pas arrêtée à l'Afrique du Sud. Il n'a rien laissé au hasard. Il a effectué un saut de puce au petit royaume voisin enclavé qu'est l'Eswatini, l'ex-Swaziland, peuplé d'environ 1,5 million d'habitants, dont les trois quarts vivent sous le seuil de pauvreté. Mswati III, le souverain aux dizaines de femmes qu'il choisit chaque année au cours d'un défilé de jeunes filles dénudées, y mène un train de vie extravagant, se promène en Rolls-Royce et se moque des droits de l'homme comme d'une guigne, à l'instar de Lavrov, qui lui a proposé de former son personnel de sécurité, soit une cinquantaine de gros bras… quelques jours après l'assassinat à son domicile d'un avocat, défenseur des droits de l'homme et figure de l'opposition. Une garde prétorienne à l'image des mercenaires de Wagner, qui pourrait être bien utile en cas de nouvelles manifestations prodémocratie, comme en 2021.

Face aux modestes critiques, le ministre russe a affirmé avec cynisme : « Par principe, nous ne nous ingérons pas dans la situation politique de quelque pays que ce soit. »

A suivi l'Angola, où Lavrov est chez lui. Le pays était jadis marxiste et João Lourenço, ancien général et ministre de la Défense, est désormais au pouvoir. À la tête du premier producteur de pétrole brut en Afrique, exploité en partie par Total, il reste prudent sur le sujet de la guerre en Ukraine. Lors du premier vote de la résolution contre la Russie à l'ONU, il s'est abstenu. Au second scrutin, il a voté la condamnation de la Russie et l'occupation de l'Ukraine. Une volte-face qui a semblé contenter Lavrov en apparence : « La Russie apprécie la position équilibrée de l'Angola aux Nations unies », a déclaré le ministre russe, en dénonçant les « pressions illégales des États-Unis et [de] ses alliés ». Il a ensuite entonné son leitmotiv comme à chacune de ses escales africaines : « L'Occident utilise les mêmes tactiques coloniales que par le passé pour exploiter les continents en développement », déclare-t-il, alors que pendant la guerre froide, l'URSS était maître d'une grande partie de l'Afrique.

Mais c'est en Érythrée que le ministre russe est vraiment en terrain conquis, auprès du président Issayas Afeworki, qui dirige son pays d'une terrible main de fer, sans que cela émeuve les démocraties. Son pays est un des cinq pays au monde à avoir voté, en mars 2022, contre la résolution de l'ONU condamnant l'invasion de l'Ukraine, avec la Russie, bien entendu, le Bélarus, la Syrie et la Corée du Nord, soit les pires dictatures de la planète. En remerciement, Lavrov a abordé le sujet qui préoccupe le plus le dictateur érythréen :

la guerre entre lui et ses voisins. Celui-ci a évoqué ses « capacités de défense », qui seraient fortement améliorées si on lui fournissait des missiles sol-air. Ce que peut faire l'armée russe qui, à condition de se séparer de quelques exemplaires, dont elle semble pourtant manquer dans ses opérations en Ukraine, ravive désormais une nouvelle guerre froide en Afrique.

Le deuxième voyage de Sergueï Lavrov a coïncidé avec une tournée africaine de la secrétaire américaine au Trésor, Janet Yellen, prête à effacer les dettes des pays qui ne payent pas leurs créances pour rembourser des prêts opaques consentis par la Chine. Un mois avant, au sommet de Washington, le président Joe Biden s'était félicité des près de quinze milliards de dollars de contrats promis avec le continent africain. Dans le même temps, le ministre chinois des Affaires étrangères a effectué lui aussi une tournée dans cinq pays africains, tandis que des ministres turcs attendaient leur tour.

Ce ballet diplomatique ravit les chefs d'État africains, qui n'ont jamais été aussi courtisés par les grandes puissances, dont ils espèrent tirer parti. Pendant son mandat, Donald Trump se désintéressait du continent. Aussi ont-ils presque tous répondu présents à l'invitation de Joe Biden au sommet États-Unis-Afrique à Washington en décembre 2022, mais, voulant jouer les équilibristes, ils ont été également nombreux en juillet en 2023 à participer au sommet Russie-Afrique de Saint-Pétersbourg, présidé par Vladimir Poutine.

En février 2023, Sergueï Lavrov a conclu sa tournée par la visite la plus attendue : celle du Mali, qui n'abritait plus aucun soldat français depuis six mois. Une première « historique » selon le régime, qui accueillait le ministre avec les égards dus à un président. Décoré dès sa descente d'avion de la médaille de commandeur de l'ordre national du Mali, Lavrov a reçu, plus tard, des mains de son homologue, une épée touareg à double tranchant, marque d'un grand honneur mais aussi d'un pied de nez à l'ancienne présence militaire française. Son nom, « Takuba », est en effet le même que celui de l'opération, aujourd'hui dissoute, des forces spéciales au Mali de plusieurs pays européen. « Takuba est maintenant entre les mains des Russes. Je vais désormais la garder à portée de main ! » a plaisanté Lavrov. Le Russe a promis 35 000 tonnes d'engrais et 50 000 tonnes de blé… qui arriveront après un accord en cours de finalisation. À cela s'ajoutent l'envoi d'instructeurs, c'est-à-dire de mercenaires de Wagner, l'armée régulière étant déployée en Ukraine, plus de nouvelles livraisons d'armes. Ces dons ont intrigué les États-Unis. Trois mois plus tard, Washington a accusé le groupe Wagner de se servir du Mali afin d'acheter du matériel militaire pour sa guerre en Ukraine avec la complicité d'officiers maliens.

La Russie n'est pas la seule à vouloir remplacer les forces françaises. La Chine est aussi de la partie. Fin avril 2023, elle a livré des véhicules blindés, des camions logistiques et des armes, dans le camp de Kati. Ils étaient accompagnés d'instructeurs. Le chef de la junte, le colonel Goïta, avait fait le déplacement. Il a prié le chargé d'affaires chinois de « bien vouloir transmettre aux plus hautes autorités » de son pays les « remerciements sincères du peuple malien ».

Emmanuel Macron, lui, est retourné, en décembre 2022, en Afrique pour la deuxième fois depuis sa réélection afin de convaincre ses partenaires des bonnes intentions de la France. Il annonce que les effectifs des bases de Libreville, de Dakar et d'Abidjan vont diminuer de plusieurs centaines d'hommes. Ces emprises seront cogérées avec les pays hôtes, dont les dirigeants n'en demandaient pas tant. Cette présence désormais plus discrète pourrait diminuer la pression sur les militaires français, qui servent de prétexte aux plateformes de désinformation d'Evgueni Prigojine, et sont devenus des boucs émissaires pour les activistes africains prorusses.

CHAPITRE XX

Les influenceurs africains prorusses

La star des influenceurs africains prorusses est un activiste franco-béninois, Kémi Séba, qui ne renie pas ses liens avec la Russie. Il est devenu le héraut de la cause antinéocolonialiste contre la France, qui, après les indépendances a, selon lui, continué à gouverner ses anciennes colonies comme avant, grâce aux accords passés avec Charles de Gaulle. Cet Alsacien d'une quarantaine d'années ne considère pas le Général comme un héros libérateur mais comme un colonisateur. Les Africains, dit-il, n'ont pas la même vision que lui, n'ont pas partagé la même histoire que les Européens, c'est-à-dire les Blancs. Stellio Gilles Robert Capo Chichi, le vrai nom de Kémi Séba, prône, en effet, le retour aux sources de l'« homme noir ». Aspirant à éveiller l'Afrique, ses prêches enflammés sont à mille lieues des réflexions sur la négritude du normalien Léopold Sédar Senghor ou du révolutionnaire Frantz Fanon, qui ne sont pourtant pas tendres avec la colonisation française. Kémi Séba est d'une autre génération, celle d'internet et des *punchlines*. Il a le verbe haut et la répartie facile. Sur scène, ses discours biaisés ressemblent à des one-man-show. Filmés, ils sont suivis sur les réseaux sociaux par des centaines de milliers de *followers*. Les modestes salles de spectacle sont peuplées de fans d'Afrique et des DOM-TOM. Les femmes éduquées y sont bien mises. Ces militants ont certainement lu les ouvrages de leur gourou, qui a réponse à tout puisqu'il tord la réalité. Les titres de ses livres sont éloquents : *Supra-négritude*, *Obscure époque*, *Black nihilism* et *L'Afrique libre ou la mort*. Kémi Séba emprunte aussi les mots choisis par le fondateur de la patrie haïtienne, Jean-Jacques Dessalines, afin de motiver les soldats de l'armée indigène dans leur bataille pour l'indépendance. Certains adeptes le comparent à Patrice Lumumba, assassiné durant sa lutte pour l'émancipation du Congo belge.

Les références de Kémi Séba sont toutefois plus contemporaines. Il n'a pas choisi un texte du chantre de la négritude et de l'anticolonialisme, le poète martiniquais Aimé Césaire, en guise de préface à l'un de ses livres, mais ceux, parmi cinq autres, du footballeur Nicolas Anelka et du Russe Alexandre Douguine, théoricien ultranationaliste russe adepte des théories néonazies.

Kémi Séba est accusé d'antisémitisme par ses détracteurs depuis qu'il a été, il y a une vingtaine d'années, le leader de la Tribu Ka, un groupuscule dissous par la suite. Le magazine *Causeur* a rappelé, dans un article intitulé « Un tartuffe en Afrique », les propos, en 2009, de l'activiste sur les institutions internationales, comme le Fonds monétaire international (FMI), la Banque mondiale ou l'Organisation mondiale de la santé (OMS), dirigées, selon Séba, par les « sionistes qui imposent à l'Afrique et à sa diaspora des conditions de vie tellement excrémentielles que le camp de concentration d'Auschwitz peut paraître comme un paradis sur Terre ». Depuis, Kémi Séba a notamment été condamné pour incitation à la haine raciale. Surveillé de près par le ministère de l'Intérieur, il est « fiché S », ce qui ne l'empêche pas de tenir des meetings en banlieue parisienne, comme à Bobigny, en mars 2023, pour la sortie de son dernier livre.

Trublion amateur de coups médiatiques, il s'est fait remarquer pour son opposition au franc CFA en brûlant à Dakar un billet en place publique, devant les caméras, avant d'être expulsé du Sénégal vers la France. Repéré sur les réseaux sociaux, il s'est rapproché d'Evgueni Prigojine, qui matraquait l'Afrique francophone de propagande russe. Suivies par un million de fans, ses prises de position contre la présence française coïncident avec la stratégie russe de reconquête du continent africain. Invité à Moscou, Kémi Séba a donné des conférences au MGIMO, une sorte d'ENA tournée vers l'étranger, vivier de l'espionnage russe. Il a rencontré le vice-ministre russe des Affaires étrangères, Mikhaïl Bogdanov, chargé du dossier africain. Depuis 2017, Kémi Séba aurait aussi vu Poutine à deux reprises, ainsi qu'Alexandre Douguine, l'idéologue néofasciste du régime, dont la fille, Daria, proche des idées de son père, a été tuée dans un attentat pendant l'été 2022. « Tu as fait pour notre ONG ce que beaucoup des miens n'ont pas fait. Tu étais notre amie. En Russie, notre interprète, notre minigarde du corps », écrit Séba sur Twitter dans un vibrant hommage.

Pour le département d'État américain, celui-ci est un « porte-parole du projet néocolonial du Kremlin ». Au cours de ses tournées mondiales, il est intervenu à Cuba devant une commission de lutte contre le racisme et devant l'Union nationale des écrivains et artistes de Cuba, inféodée au régime castriste. En 2016, il s'est vu remettre un prix par l'ambassade de la république bolivarienne du Venezuela au Sénégal pour son travail de diplomatie concernant la paix et le renforcement de l'amitié entre les peuples. Au sommet Russie-Afrique de juillet 2023 à Saint-Pétersbourg, il est invité d'honneur et discourt sur le même sujet, précisant que l'« Afrique n'a pas de nouveau maître », même s'il est soutenu par Moscou. À son niveau, Kémi Séba participe à la construction du Sud global, cher à Poutine, qui espère renverser le système démocratique occidental.

L'Afrique reste cependant la cible privilégiée de l'activiste. Dans ses tweets, il attaque les présidents réputés proches de la France, ceux du Sénégal, de la Côte d'Ivoire, du Niger, de la Guinée-Bissau ou du Bénin : « Les jours des autocrates africains soumis à la France sont comptés à la tête de nos États, écrit-il. Si vous truquez la démocratie, le peuple risque d'inventer comme au Mali ou au Burkina Faso les coups d'État démocratiques afin de restaurer l'État de droit. » Une prédiction destinée à favoriser les putschs dans les pays où les militaires ne sont pas encore arrivés au pouvoir par la force. Pour Kémi Séba, le Mali et le Burkina Faso sont des exemples à suivre. « Oui. C'est vrai, commente sur internet un de ses fidèles. Les coups d'État militaires patriotiques sont et seront la solution aux coups d'État constitutionnels. »

Partout, Séba loue les officiers putschistes et s'érige en héritier du Burkinabé Thomas Sankara. Il s'extasie devant le régime militaire malien et son chef, le colonel Assimi Goïta, qui l'a reçu à Bamako. Il compare leur relation avec celle qui unissait Fidel Castro et Che Guevara – qui a mal fini. Le Mali, dit Séba, est un pays qui « incarne la résistance », à l'inverse des pays africains, qui seraient « en train de japper comme des animaux de compagnie qui attendent leur os à ronger ». « Être panafricain aujourd'hui, c'est être malien. Nous sommes une génération qui ne se couchera pas », poursuit-il.

Les médias francophones du « système colonial » sont devenus le cœur de cible de Kémi Séba. Ses diatribes s'ajoutent aux campagnes de désinformation de Wagner contre la France. Il expulse la presse de ses meetings pour éviter les questions embarrassantes. Quant aux journalistes du Burkina Faso, certains d'entre eux, selon lui, « se soumettent comme des caniches au néocolonialisme français ». Dans une vidéo, Kémi Séba pratique l'insulte et le mépris, utilisant des formules à l'emporte-pièce qui plaisent à son auditoire : « Ils claquent des fesses. Je ne juge pas les gens sur leur couleur de peau, je les juge sur leur honneur. Ce sont des gens de la prostitution médiatique, des "presse-titués". » Kémi Séba se réclame de la « nouvelle race d'Africains » et se déclare, suivant les époques, proche de la Nation of Islam ou du kémitisme, un mouvement qui s'inspire des croyances de l'Égypte antique et qui prône la ségrégation raciale. Il appelle les Afro-descendants installés en France à aller vivre en Afrique et à ne pas s'intégrer dans la société française. Posant devant les pyramides d'Égypte, « matrice civilisationnelle de notre peuple », il adresse des « paroles de paix et d'amour illimité » à ses « frères et sœurs noirs ou foncés, d'Afrique ou de la diaspora », enjoignant les Noirs du monde entier à s'unir.

En mars 2023, une enquête de Dossier Center, All Eyes On Wagner, *Jeune Afrique* et plusieurs médias européens a incriminé Kémi Séba. D'après des documents internes, Prigojine a financé à hauteur de 440 000 dollars plusieurs campagnes d'Urgences panafricanistes, l'ONG de Séba. À l'occasion de ces investissements, il a rencontré le patron de Wagner en Russie, au Soudan et en Libye. Même si l'intéressé essaye de minimiser son implication, il semble que la mission de l'activiste est de propager des récits alternatifs contre la présence française en Afrique centrale et à Madagascar. À Antananarivo, le « projet spécial Pasteur » envisage de provoquer des manifestations devant l'ambassade de France et, plus largement, d'appeler la jeunesse africaine à mener des actions violentes contre les intérêts français en Afrique.

À Paris, les spécialistes de la contre-ingérence essayent de s'opposer à cette propagande par une lutte informationnelle, L2I dans le jargon militaire, en respectant au mieux les règles d'un pays démocratique. Des réponses parcellaires sur internet n'ont pas l'impact du pilonnage tous azimuts des trolls de Prigojine, qui bénéficie de relais en Afrique et d'activistes professionnels comme Kémi Séba.

L'enquête de mars 2023 a évidemment provoqué son courroux. Il a dénoncé de prétendues « salissures médiatiques » et s'est évertué à justifier sa proximité, rémunérée, avec les Russes en les qualifiant d'« alliés géopolitiques ».

Kémi Séba a démenti avoir reçu une invitation à Saint-Pétersbourg avec, à la clé, un repas dans un grand restaurant, un billet pour un match de foot et une promenade en bateau sur la Neva, soit un séjour dans la ville où est né Prigojine. Celle où se situe aussi l'immeuble qui abrite sa galaxie : la holding Patriot, l'agence de presse Ria Fan, Africa Politology, la société Internet Research Agency, spécialisée dans la désinformation, et bien d'autres.

Séba a expliqué que ses déplacements partout dans le monde, effectués avec une délégation de dix à quinze membres de son ONG, nécessitent des moyens. Il affirme en avoir demandé aux Iraniens, aux Russes, aux Cubains, et évoque aussi le Hezbollah, la milice pro-iranienne qui contrôle *de facto* le Liban. À l'en croire, Séba a cessé son partenariat avec Prigojine quand celui-ci lui a demandé de commettre des actions violentes contre des symboles occidentaux. En dépit des accusations, Séba continue de répéter son credo contre le libéralisme global, le néo-impérialisme français et la « Françafrique médiatique ». Et il n'est pas le seul ayant atteint un tel degré de notoriété à propager ce discours.

« La Dame de Sotchi » dépasse elle aussi le million de *followers* sur ses différents réseaux sociaux. Cette Suisso-Camerounaise revendique ce pseudonyme depuis son intervention violemment antifrançaise, très suivie sur les réseaux sociaux, lors du premier sommet Russie-Afrique en 2019 à Sotchi, au bord de la mer Noire, où Poutine s'est fait construire un immense palais. Nathalie Yamb, c'est son nom, se présente comme l'ennemie publique numéro un de la France. « Les bases militaires françaises ne servent qu'à permettre le pillage des ressources, l'entretien de rébellions, l'entraînement de terroristes et le maintien de dictateurs à la tête des États », disait-elle à Sotchi devant des personnalités russes ravies et un parterre de chefs d'État africains qui ont, pour la plupart, applaudi. Depuis, les putschs se sont multipliés, menant au pouvoir des apprentis dictateurs, et Mme Yamb a continué à diffuser des fausses informations qui se sont répandues à la vitesse d'un feu de brousse. Pour elle, la France « continue de considérer le continent africain comme sa propriété ». Un « tableau » dépassé depuis belle lurette, que l'influenceuse perpétue afin d'entretenir le ressentiment de la jeunesse africaine, qui n'a pourtant pas connu la colonisation, mais rêve d'en faire un combat, sans qu'il y ait réellement d'adversaire.

Pour « la Dame de Sotchi », il faut chasser la France et son néocolonialisme de l'Afrique alors que la « Russie, qui n'a pas de tradition coloniale », a un rôle à jouer en Afrique pour « rééquilibrer les choses dans les pays francophones ». Nathalie Yamb passe sous silence le manque de liberté aujourd'hui en Russie et dans les pays qui étaient sous la botte soviétique. De l'autre côté du rideau de fer, l'apprentissage du russe était obligatoire en classe, et la plupart des États devaient envoyer des militaires dans les pays frères africains. L'Éthiopie, l'Angola, la Somalie ne gardent pas un bon souvenir de leurs anciens régimes marxistes gouvernés par des dictateurs inféodés à Moscou.

D'abord journaliste, Nathalie Yamb a travaillé ensuite auprès d'un responsable politique ivoirien, avant d'être l'intime de l'ancien président Jerry Rawlings, un révolutionnaire plutôt apprécié chez lui, au Ghana, où il est décédé en 2020. C'est peut-être en fréquentant ce colosse populiste et progressiste que Nathalie Yamb s'est lancée à son tour dans son combat révolutionnaire, soutenu aujourd'hui par la Russie. Elle se réjouit désormais d'être devenue le « pire cauchemar de la France ». Dans un documentaire de la télévision suisse, elle confiait ne pas pleurer la mort des soldats français : « C'est une armée d'occupation… Chaque soldat qui tombe, c'est un ennemi qui tombe. »

Cependant, ses diatribes ne sont pas toujours appréciées. En décembre 2019, Nathalie Yamb a été expulsée de Côte d'Ivoire pour « activité incompatible avec l'intérêt national ». Depuis, elle s'est rendue plusieurs fois en Russie et a participé à des meetings. À Berlin, lors d'une conférence, elle a retrouvé sur scène le médiateur du ministère de l'Information, un ancien d'une société de Prigojine qu'elle avait connu au sommet de Sotchi. Cette conférence a été organisée par l'Afric, un réseau d'influence de Prigojine. Nathalie Yamb affirme ne pas être rémunérée par la Russie, mais elle était invitée aux côtés de Kémi Séba au sommet Russie-Afrique de Saint-Pétersbourg. Et selon les révélations des « Pandora Papers », elle serait propriétaire d'une société-écran dans l'État du Delaware, considéré comme un paradis fiscal.

Rien qui n'entache sa popularité. Sur les réseaux sociaux, Nathalie Yamb félicite les pays qui n'ont pas voté à l'ONU les résolutions condamnant l'annexion des régions ukrainiennes par la Russie. Alignés sur les éléments de langage russes, ses tweets sont radicaux et surtout mensongers. « Les Occidentaux savent parfaitement que l'Ukraine est truffée de néonazis… Ce sont les mêmes pays occidentaux qui s'abstiennent lorsqu'une résolution est présentée à l'ONU pour interdire la glorification du nazisme… »

Sur Instagram, c'est la France qu'elle a en ligne de mire, comme les trolls de Prigojine, avec qui elle partage désormais ses objectifs. Des attaques en règle que les autorités françaises ne laissent plus passer sans réagir. En octobre 2022, « la Dame de Sotchi » a reçu chez elle, en Suisse, l'arrêté du ministère de l'Intérieur qui lui interdit d'entrer et de séjourner en France. Motif : « Les diatribes récurrentes qu'elle profère contre la France et ses autorités et dans lesquelles elle cautionne, voire encourage, le recours à la violence à l'encontre des symboles de la présence française en Afrique. » Le décret précise que ses propos virulents « sont susceptibles de favoriser l'entrisme des puissances étrangères hostiles à la France sur le continent africain », entrisme qui alimente un ressentiment antifrançais, y compris au sein des diasporas africaines de l'Hexagone, où l'ordre public risquerait d'être menacé. Si le travail de sape de l'influenceuse est pris au sérieux par les services de sécurité français, c'est que, « au-delà de sa posture francophobe, Nathalie Yamb se fait également le relais de la propagande prorusse diffusée sur le continent africain ». La Russie est, cette fois, clairement désignée comme l'« ennemie » de la France en Afrique, où Vladimir Poutine lui livre un combat sans précédent.

CHAPITRE XXI

Coup d'État au Niger

Hasard ou calcul prémédité, le coup d'État des militaires au Niger est intervenu la veille du sommet Russie-Afrique des 27 et 28 juillet 2023. Dix-sept chefs d'État du continent, soit moins de la moitié que lors de la précédente rencontre organisée à Sotchi en 2019, étaient déjà arrivés à Saint-Pétersbourg pour être accueillis en grande pompe par Vladimir Poutine quand le putsch des officiers de la garde présidentielle contre le président élu Mohamed Bazoum a éclaté à Niamey. L'événement a eu l'effet d'une bombe parmi les délégations séjournant dans les luxueux hôtels réquisitionnés, pour l'occasion, par le Kremlin. Toutes ont regardé à la télévision les dix officiers nigériens, représentant chacun une armée, qui annonçaient, à Niamey, avoir mis fin au régime pour créer le Conseil national pour la sauvegarde de la patrie. Si la plupart des dirigeants africains ont été stupéfaits et ont condamné ce coup d'État, d'autres sont restés de marbre ou ont approuvé, tout comme Moscou, ce changement de régime par la force. Leurs communiqués officiels, aux tournures alambiquées, ont prôné la négociation, la non-violence et ont réclamé la libération du président déchu, otage dans son palais aux côtés de sa femme et de son fils. Des revendications minimales dans ce genre de situation, laquelle, en l'espèce, a réjoui Poutine et ses meilleurs alliés militaires du Sahel, qui ont accédé au pouvoir par les armes après une ou deux tentatives. Grâce à une modification de la Constitution, ils se sont fait nommer président pour une période de transition indéterminée et ont organisé des référendums, toujours sujets à caution dans des pays en guerre contre des rébellions ou des djihadistes.

Tous ont eu beau jeu de faire valoir que la France, dont ils suivent l'actualité au jour le jour, n'avait pas de leçon à donner quand l'ancien président de l'Assemblée nationale Richard Ferrand, soutien d'Emmanuel Macron, déplorait dans *Le Figaro* la « limitation du mandat présidentiel », – demandant une réforme qui ne s'appliquerait qu'après les élections de 2027, précisa-t-il le lendemain pour mettre fin aux critiques. Même son de cloche chez l'ex-ministre de la Culture Roselyne Bachelot qui a déclaré, sur Public Sénat, que « tout le monde » était « d'accord pour une troisième candidature d'Emmanuel Macron » et sur RTL que limiter à deux mandats était une « privation de démocratie » dans le cadre d'une « réflexion globale » sur les institutions... Lors d'une interview sur TV5 Monde, une chaîne diffusée en continu en Afrique, donnée en décembre 2022, l'ex-Premier ministre Jean-Pierre Raffarin avait déjà souhaité « revenir sur [l']idée » qu'un président ne puisse pas cumuler plus de deux mandats consécutifs.

De quoi donner du grain à moudre aux présidents putschistes des nouvelles démocraties imparfaites du Sahel, et même à Vladimir Poutine, qui peut déjà se représenter pour deux autres mandats présidentiels, donc rester au pouvoir jusqu'en 2036 et cumuler trente-six ans de règne, en comptant la période ou il était Premier ministre, davantage que Staline. Prudent, Poutine a fait voter une loi lui garantissant une immunité à vie contre d'éventuelles poursuites judiciaires.

Au sommet Russie-Afrique de Saint-Pétersbourg, le jeune capitaine Ibrahim Traoré, président du Burkina Faso, a tenu la vedette. Vêtu d'un treillis couleur sable, coiffé d'un béret rouge et chaussé de rangers, il détonnait parmi ses pairs en costume-cravate. Son modèle est le capitaine Sankara, un autre putschiste, vénéré depuis qu'il a été abattu par ses camarades en 1987. À la différence de l'officier défunt plutôt sec et anguleux, Traoré offre un visage poupin barré d'une cicatrice au niveau de la joue, loin du physique des parachutistes aux allures de « chats maigres ». Mais il ne faut pas s'y fier. Le plus jeune chef d'État du monde a adopté le langage révolutionnaire qui plaît à Poutine, visiblement séduit par l'apparence mutine de ce gaillard qui marche d'un pas décidé.

Avant le sommet moscovite, le capitaine-président Traoré s'était livré à un véritable stand-up devant ses pairs et Vladimir Poutine. C'était à Saint-Pétersbourg, lors du premier voyage, hors du continent africain, du putschiste, qui prônait l'« indépendance totale » quand il a pris le pouvoir en octobre 2022 ; indépendance assortie, toutefois, d'une « coopération voulue et affirmée avec Moscou », qui lui fournissait des armes. Lors du sommet Russie-Afrique, Traoré a prononcé, sans notes, non pas un discours, mais ce qui s'apparenterait à un cri du cœur, plutôt bien tourné. Là, avec Vladimir Poutine, il se sentait « en famille ». « Nous partageons la même histoire en tant que peuples oubliés du monde. Que ce soit dans les livres d'histoire, dans les documentaires, nous avons vu le rôle qu'ont joué la Russie et l'Afrique dans la lutte contre le nazisme. Nous sommes là pour parler de l'avenir de nos peuples, de ce monde libre auquel nous aspirons, de ce monde sans ingérence dans nos affaires internes. » On retrouve presque chez le capitaine burkinabé, passé maître dans l'art de la communication, le phrasé de Martin Luther King lors du discours historique en août 1963 devant le Lincoln Memorial à Washington D.C. : « *I have a dream* », « J'ai un rêve », disait le pasteur qui luttait pour l'émancipation des Noirs et l'égalité avec les Blancs. Prix Nobel de la paix, Martin Luther King fut assassiné en 1968 à Memphis, dans le Tennessee.

À Saint-Pétersbourg, l'officier en treillis a été moins poétique. Il joue plus dans un registre politique et révolutionnaire. Il s'adressait aux autres chefs d'État du continent noir, dont certains affichaient un âge vénérable et une durée record à la tête de leur pays. « Comment l'Afrique, avec tant de richesses sous notre sol, avec une nature généreuse, de l'eau, du soleil en abondance, est aujourd'hui le continent le plus pauvre ? Et comment se fait-il que nos chefs d'État traversent le monde pour mendier ? » poursuivit Traoré d'une voix assurée, avant de s'interroger sur les « questions qui taraudent les jeunes Africains qui n'ont pas de réponse jusque-là ». Il s'en prit ensuite à ces présidents qui « n'apportent rien… mais chantent les mêmes choses que les impérialistes ». « Les gens de ma génération me chargent aussi de dire qu'à cause de la pauvreté ils sont obligés de traverser l'océan pour essayer de rallier l'Europe. Ils meurent dans l'océan, mais prochainement, ils n'iront pas traverser, parce qu'ils viendront devant nos palais pour chercher leur pitance quotidienne. » Cette déclaration a provoqué une réplique cinglante de Macky Sall, le président du Sénégal démocratiquement élu, contrairement à Traoré. Les autres responsables n'en pensaient pas moins, mais ils se taisaient, abasourdis par le culot du capitaine. Seul Vladimir Poutine était ravi de cette nouvelle recrue. Alors qu'IB concluait son discours : « Gloire, dignité, victoire à nos peuples. La patrie ou la mort, nous vaincrons! », Poutine est apparu à la télévision russe en train d'applaudir à tout rompre. Sur la photo de famille, IB est à la droite du tsar, qui lui serre chaleureusement la main en souriant. Ce jour-là, Poutine avait de quoi être heureux. Durant son entretien en tête à tête avec le jeune capitaine, ce dernier a parlé clairement : « Vous avez le soutien du peuple burkinabé et de notre gouvernement sur la situation que vit la Russie avec l'"opération spéciale". » Le maître du Kremlin en est sûr : alors qu'il s'était jusque-là abstenu, le Burkina Faso voterait en faveur de la Russie au prochain vote des Nations unies au sujet de la guerre en Ukraine. Grâce au comportement de ce sémillant capitaine qui n'a pas froid aux yeux, venu jusqu'à Saint-Pétersbourg pour lui prêter allégeance, Vladimir Poutine sait qu'il peut désormais compter sur un autre soutien au Sahel. La position du Burkina Faso sur le Niger est de ce fait alignée sur celle de la Russie. Le capitaine n'a pas condamné les putschistes, à l'inverse d'Emmanuel Macron et de Joe Biden, qui ont demandé la « libération immédiate du président déchu Mohamed Bazoum ». Voici ce que le capitaine Traoré a dit, en réponse au discours du chef des putschistes nigériens, le général Abdourahamane Tchiani, qui justifie sa prise de pouvoir par le refus du président Bazoum de nouer une « véritable collaboration » avec le Mali et le Burkina Faso dans la lutte contre le terrorisme : « Au Niger, il y a eu des événements qui ont poussé les militaires à prendre leurs responsabilités. On espère que, avec la nouvelle donne, on pourra se soutenir. » Pour l'armée française, priée de quitter ces trois pays, il s'agissait d'une alliance contre-nature. Elle ne souhaitait pas non plus collaborer avec les mercenaires de Wagner désormais installés dans leurs anciens postes, et s'est donc redéployée en partie au Niger. Le nouveau dispositif de soutien de l'armée nigérienne, qui restait cependant maître d'œuvre des opérations, donnait des résultats depuis plusieurs mois. Les grandes attaques des djihadistes contre les camps militaires avaient cessé, et les massacres de soldats aussi. Les forces spéciales intervenaient à la frontière malienne aux côtés des troupes locales, bénéficiant d'un appui aérien grâce aux hélicoptères, aux Mirage et aux drones basés à l'aéroport militaire de Niamey, qui abritait 1 500 soldats français.

En fait, ce nouveau putsch au Sahel n'est pas, comme au Mali ou au Burkina Faso, la conséquence d'une déficience de l'armée et du pouvoir politique. Il s'agit plutôt d'une révolution de palais au service d'une ambition personnelle, qui arrange la Russie, prête à prendre en marche le train de l'histoire qui se joue désormais au Niger, sans qu'elle en soit à l'origine. Moscou attend son heure pour nouer des relations étroites avec ce nouveau régime qui rejette aussi la France, à la condition que les officiers putschistes arrivent à se maintenir au pouvoir malgré la pression de la Communauté économique des États de l'Afrique de l'Ouest, la Cedeao, qui a menacé d'intervenir militairement pour mettre fin au coup d'État.

Le puissant Nigeria, qui partage 1 500 kilomètres de frontière, désormais fermée, avec le Niger, est à la manœuvre. Il a coupé le réseau électrique qui alimente son voisin et a fait voter un grand nombre de sanctions. Derrière lui, le Sénégal et la Côte d'Ivoire sont prêts à envoyer des troupes pour faire plier le chef de la garde présidentielle nigérienne, le général Tchiani, le nouvel homme fort du Niger.

Depuis, les réunions de la Cedeao se sont multipliées. La menace d'une intervention militaire africaine persiste, mais la négociation reste le moyen privilégié pour trouver une solution pacifique. L'Union africaine est contre une opération pour rétablir la démocratie et même la France, approchée par des ministres de Bazoum, n'a pas donné suite à leur demande. Intervenir diminuerait la réputation des autorités et de l'armée française, qui n'ont jamais été autant conspuées qu'aujourd'hui. Même le Tchad, allié indéfectible de la France, a déclaré qu'il ne lancerait jamais une opération militaire contre le Niger, opération aussi désapprouvée dès le départ par l'Algérie et la Russie. Quant à la population nigérienne, elle semble soutenir, en défilant dans les rues pour appuyer leurs actions, les généraux au pouvoir.

En conséquence, le chef de la junte, le général Tchiani, a nommé un Premier ministre qui a affirmé que la transition n'excéderait pas trois ans. Assez longtemps pour changer la Constitution à coups de référendums et rester au pouvoir de façon « démocratique ». Six mois après le coup d'État, Mohamed Bazoum, le président élu, était toujours embastillé dans son propre palais, otage et monnaie d'échange d'une probable négociation dont la France ne devrait pas sortir indemne. Depuis qu'il est le président de la période de transition, le général Tchiani ne fait pas de cadeaux à son allié d'hier.

Originaire de la région de Tillabéri, infestée de groupes djihadistes qui tendent de sanglantes embuscades depuis plusieurs années, cet officier, discret et peu connu en dehors des cercles militaires, a été nommé chef de la garde présidentielle en 2011 par le président Mahamadou Issoufou, puis reconduit à ce poste en 2021 par son successeur Mohamed Bazoum, qui souhaitait le remplacer pendant l'été 2023. Le général avait doté, au fil des ans, la garde de puissants moyens. Il constituait donc une menace pour le chef d'État qui a été élu mais n'est pas apprécié partout. Car ce professeur socialiste diplômé de philosophie et adepte des réseaux sociaux, né dans une petite agglomération du désert, est issu de la tribu arabe des Ouled Slimane qui, malgré son implantation en Libye et au nord du Tchad, demeure minoritaire au Niger.

En accueillant les troupes françaises expulsées des pays voisins, il prêtait le flanc aux attaques sur internet des sites prorusses sous couverture malienne qui, à bas bruit, effectuent un travail de sape dans les opinions, y compris chez les militaires, toujours rétifs à la présence d'une armée étrangère sur leur sol. Surtout si ce sont des troupes françaises, désormais accusées de tous les maux. Les Américains présents à Agadez, dans une base qu'ils ont construite de toutes pièces, sont moins attaqués. Pourtant, leurs drones surveillent et bombardent toute la région.

Ce sentiment antifrançais a favorisé le projet du général Tchiani, qui espérait prolonger son commandement et accéder à la responsabilité suprême au lieu de partir à la retraite. Il savait pouvoir rejoindre ses voisins dans le « club » des pays dirigés par des putschistes prorusses, qui l'ont effectivement soutenu aussitôt. Pour le capitaine Traoré et le colonel Goïta, une intervention militaire au Niger aurait été considérée comme une « déclaration de guerre contre le Burkina Faso et le Mali ». Ils ont évoqué une situation de légitime défense, cherchant à soutenir les forces armées et le peuple du Niger, et ont refusé d'appliquer les « sanctions illégales, illégitimes et inhumaines contre le peuple et les autorités nigériennes » décidées par la Cedeao, y compris le blocus et la suspension des transactions commerciales et financières. Forts de la protection russe, les « chefs rebelles » du Sahel défient leurs pairs ainsi que la France, qui appuie publiquement les décisions de l'instance africaine. Difficile pour eux d'intervenir sans un soutien de la France, dont les troupes sont déjà sur place, prêtes à une action de vive force si la Cedeao le demandait. Pour conforter ses alliances régionales, la junte malienne a dépêché des émissaires haut gradés, dont l'ancien chef d'état-major Salifou Mody, limogé quatre mois auparavant par le président Bazoum.

Début mars 2023, alors qu'il était encore le patron de l'armée, il s'était déjà rendu à Bamako pour solliciter auprès des autorités du pays un droit de poursuite afin de neutraliser en territoire malien les groupes terroristes islamistes qui attaquaient les positions nigériennes. Il avait obtenu gain de cause. « Un mois plus tard, il était débarqué de son poste de chef d'état-major », souligne ActuNiger. Ce site d'informations rapporte que, selon le président du Conseil national pour la sauvegarde pour la patrie, le général de brigade Tchiani, le coup de force de l'armée était motivé par l'« inefficacité », l'« incohérence » et la « dégradation continue de la situation sécuritaire » gérée par l'ancien régime, dont pourtant il commandait la garde présidentielle. Le chef putschiste s'interrogeait, au lendemain de son coup d'État, sur le « sens et la portée d'une approche sécuritaire de lutte contre le terrorisme qui exclut toute véritable collaboration avec le Burkina Faso et le Mali, alors même que nous partageons avec ces deux pays voisins la zone du Liptako Gourma, dans laquelle se concentre aujourd'hui l'essentiel des activités terroristes que nous combattons ». Depuis le 16 septembre 2023, le Mali, le Burkina Faso et le Niger font partie d'une même alliance défensive, avec comme priorité la lutte contre le terrorisme.

Vraie critique ou prétexte, cette analyse tactique omet la dimension stratégique et politique de la situation : l'offensive de la Russie contre la France et l'Occident sur le continent africain. Ainsi, à Bamako, le chef de la délégation nigérienne, le général Mody, consolide des accords militaires avec la junte malienne, faux nez des Russes. Ce coup d'État inespéré va entraîner le départ des Français et mettre sous pression les Américains, cantonnés dans leur base, sans que Moscou apparaisse à la manœuvre. Un plan d'action par étapes et une coordination plus étroite sont mis en place à Ouagadougou avec le capitaine Traoré, auréolé par sa rencontre à Saint-Pétersbourg avec Vladimir Poutine, retransmise à la télévision burkinabée. Là aussi, l'émissaire de la junte nigérienne a été accueilli à bras ouverts. « En coordination avec nos frères du Burkina Faso, nous avons décidé d'entreprendre un certain nombre d'activités pour sécuriser nos populations et sécuriser nos deux pays. Nous ne souhaiterions pas que le Niger devienne une nouvelle Libye », assure le général Mody à l'issue de son entretien avec le président de la transition.

Outre le Burkina Faso, le Mali et le Niger, désormais alliés, la Guinée, également gouvernée par des putschistes, a rejoint ces « peuples frères » et s'est désolidarisée des sanctions prises par la Cedeao et appuyées par la France, l'Union européenne et les États-Unis : en somme, l'Occident, tant vilipendé par Poutine, qui se moque de la démocratie, des élections et des droits de l'homme. Les valeurs occidentales irritent la « rue africaine », chauffée par la propagande, qui considère que les « colonialistes » n'ont pas à donner de leçons aux peuples du Sud, et qui estime que la Russie lui apporte un « vrai » et efficace soutien, sans jugement ni intrusion dans ses affaires. Tant pis si le bilan contre les djihadistes n'est pas au rendez-vous et si le troc des mines d'or et de diamant contre la présence des mercenaires de Wagner pour protéger ces régimes militaires est en défaveur de la population.

Le vent mauvais contre la France souffle jusqu'au Tchad, qui risque de devenir l'ultime base française en Afrique centrale. Alors qu'Emmanuel Macron a été le seul président occidental a assisté aux obsèques du président Idriss Déby, tué en 2021 par des rebelles, son fils, Mahamat Idriss Déby, qui lui a succédé au pouvoir, s'est désolidarisé de la position de Paris après le coup d'État au Niger. C'est une défection de poids, car les troupes tchadiennes ont combattu moult fois aux côtés des Français et sont considérées comme les meilleures de la région.

L'Algérie, qui n'est jamais en reste quand il faut s'attaquer à la France, prône, certes, en s'alignant sur la Cedeao, le « retour à l'ordre constitutionnel au Niger et au respect des exigences de l'État de droit » par des moyens pacifiques, mais elle met aussi en garde et « appelle à la prudence et à la retenue face aux intentions d'intervention militaire étrangères qui sont, malheureusement, considérées comme des options envisageables… » En visite à Saint-Pétersbourg, le président algérien Abdelmadjid Tebboune, assis à côté de son homologue russe, a dit que « Poutine est un ami de l'humanité », plongeant le maître du Kremlin dans l'embarras. Son sourire en coin en disait long au sujet du regard qu'il porte sur le chef d'État algérien, prêt à tous les compliments pour se faire bien voir.

Alors que « perdre » le Niger serait un coup dur pour la France et sa crédibilité en Afrique, les putschistes dénoncent cinq accords militaires entre les deux pays et demandent le départ de l'ambassadeur et des troupes tricolores. Un tel scénario s'est déjà déroulé au Mali, au Burkina Faso et, d'une manière différente, en République centrafricaine. À chaque fois, les mercenaires de Wagner et les réseaux russes manœuvrent en coulisse. Mais pour le Niger, Paris se braque et dit non. « Seules les autorités légitimes du Niger peuvent dénoncer les accords militaires avec la France », rappelle sèchement un communiqué du Quai d'Orsay. Un pari qui se transforme en bras de fer avec une junte qui parvient à se maintenir au pouvoir. Au bout de quelques semaines, Emmanuel Macron annonce, à Paris, la fin de la partie – que beaucoup savaient perdue d'avance. L'ambassadeur de France est rapatrié et les troupes françaises plient bagages. Il était de toute manière impossible de rester aux côtés d'une armée nigérienne qui souhaitait la fin de la présence militaire française dans son propre pays.

CHAPITRE XXII

Les ambitions de Poutine

Les cris d'orfraie des putschistes maliens désormais protégés par Moscou ou ceux des malheureux Africains payés l'équivalent de quelques euros pour manifester contre la France « impérialiste » en appelant la Russie à leur secours paraissent surréalistes au regard de ce qu'enduraient les pays sous la coupe de l'Union soviétique, dont le régime russe est la continuité, réseaux sociaux et slogans vintage en supplément. Les opinions du continent sont dorénavant manipulées par d'adroits professionnels africains de la communication, qui sont souvent aussi français parce que binationaux. Invités, soutenus, financés par des structures russes, ils vantent l'aide désintéressée offerte par Moscou pour contrer les « pilleurs de richesses » français en dépit de la réalité : les sociétés hexagonales sont pourtant remplacées par des compagnies chinoises et turques, peu regardantes sur les comptes publics et les droits de l'homme. Ces ténors habillés de beaux costumes ressassent, de conférences en tables rondes, retransmises sur internet, et sur les plateaux de télévision, l'idée que la colonisation française en Afrique n'aurait jamais cessé depuis les indépendances. Ils affirment cela sans prendre en compte la corruption qui mine leurs propres pays, dont ils se gardent bien de critiquer la gouvernance, alors qu'ils sont menacés par des groupes djihadistes. Si un régime islamiste venait à s'imposer chez eux, ces prédicateurs prorusses seraient les premiers à fuir en France : ils possèdent le passeport français pour éviter la prison ou les coups de fouet en cas de non-respect de la charia.

Grâce à la propagande des influenceurs africains et aux accords passés avec des gouvernements fragiles, Poutine replace la Russie au cœur du continent, comme l'a fait jadis l'URSS, à l'époque de la guerre froide, en soutenant des régimes dits progressistes, mais en réalité plus sanglants les uns que les autres.

En Afrique, la guerre fait rage entre l'Est et l'Ouest par Africains interposés. Ils la subissent, à la différence des Ukrainiens qui la souhaitent pour recouvrer leurs territoires perdus. À l'allure où la Russie pousse désormais ses pions sur le continent, les pays qui le composent risquent de se retrouver entre le marteau et l'enclume, coincés entre l'Occident et une alliance de pays agrégés autour d'un noyau dur russo-chinois, qui a un unique credo : mettre fin à la prétendue domination des démocraties, qui, à leurs yeux, n'en sont pas. Problème : comme au temps de l'URSS, ils pourraient devenir à nouveau les obligés de Moscou, qui cherche, avec Pékin, à établir un nouvel ordre mondial contre l'Occident. Poutine en prendra la tête si le président chinois Xi Jinping lui en laisse l'occasion. Moscou ne s'en cache pas : les États-Unis et l'Occident sont des « menaces existentielles ». Dans le document de planification stratégique de sa politique étrangère élaboré, en 2023, lors d'un Conseil de sécurité nationale, Vladimir Poutine a été très clair : sa priorité est d'éliminer la « domination » des Occidentaux. Ils seraient, selon lui, en voie d'être dépassés sur le plan économique et politique et donc en danger face aux concepts développés au Kremlin, qui est sûr d'emporter la partie.

Cette inversion des réalités constitue le socle des théories de Poutine, qui visent à faire passer la Russie pour un pays assiégé (où et par qui ?) quand, par ailleurs, celui-ci envoie des chars chez ses voisins. La Russie n'aurait donc d'autre choix que de se défendre, et essaye de mondialiser la guerre que Poutine a déclenchée et qu'il n'arrive pas à gagner.

Avant chaque livraison d'armements lourds par l'OTAN, Poutine répète le même message volontairement flou à propos d'une possible frappe nucléaire tactique, une annonce destinée à faire peur à l'Occident, peuplé de lâches à ses yeux. Cette rhétorique de matamore est censée mobiliser la population russe, qui serait soudée autour de son chef suprême, comme à l'époque de Staline pendant la guerre patriotique, la différence étant que personne ne va envahir la Russie. Pareille propagande risque de tomber à plat lorsque les citoyens de cet immense pays s'apercevront du subterfuge visant à empêcher que le modèle démocratique « contamine » la population, qui pourrait alors se retourner contre son président.

Dans sa planification stratégique, Poutine se pose une nouvelle fois en rempart du monde russophone, face à des Occidentaux accusés de vouloir l'« affaiblir par tous les moyens ». Pour justifier sa guerre en Ukraine, il déclare devoir empêcher des exactions contre les populations russophones et se fait le défenseur des « valeurs traditionnelles » de l'Église orthodoxe face à celles de l'Occident, jugé décadent. « Il faut neutraliser les tentatives d'imposer des principes idéologiques pseudo-humanistes et néolibéraux, qui conduisent à la perte de la spiritualité traditionnelle et des principes moraux », peut-on lire en mars 2023 dans le document de quarante pages détaillant la nouvelle doctrine de politique étrangère et désignant l'Occident comme une « menace existentielle » dont Moscou doit combattre la « domination ». Le ton devient plus martial quand Poutine proclame que la « Russie entend accorder une attention prioritaire à l'élimination des vestiges de la domination des États-Unis et d'autres États hostiles dans les affaires mondiales ». Puis il s'attarde, afin de montrer en filigrane la voie aux ensembles géographiques les plus peuplés de la planète, sur l'alliance qu'il souhaite former avec la Chine et l'Inde.

Ce triumvirat pourrait rappeler celui entre Jules César, Crassus et Pompée, une cinquantaine d'années avant Jésus-Christ : une histoire de la Rome antique que le maître du Kremlin devrait connaître. À l'époque, ils régnaient sur le monde connu autour de la *Mare Nostrum*, le nom de la Méditerranée pendant l'Antiquité. Mais Crassus fut battu par les Parthes et la rivalité entre les deux autres consuls fit couler beaucoup de sang. Pompée fut assassiné et César, nommé dictateur, tué à son tour par une conjuration dirigée par Brutus. Ce dénouement se répétera-t-il deux millénaires plus tard, dans une version moderne ? Une révolte de palais pourrait-elle mettre fin au règne brutal de Poutine, condamné, lui aussi, à une fuite en avant pour rester au pouvoir ?

Ni Xi Jinping, le dictateur chinois, ni l'autoritaire Premier ministre indien, Narendra Modi, adversaire de son voisin au sujet du contrôle des 3 500 kilomètres de frontière dans l'Himalaya, et qui veut faire de l'Inde un « gourou mondial », ne sont prêts à laisser Poutine, chef d'un « petit pays » de cent quarante-cinq millions d'habitants dix fois moins peuplé que le leur, prendre la tête de cette coalition de circonstance. Mais Poutine y croit, ou fait mine d'y croire pour arrimer à tout prix la Chine à son projet un brin mégalomane qui affole la boussole des diplomates et fournit des éléments de langage aux adeptes du déclin français. La Russie devient le vassal de la Chine et, en plus du pétrole qu'elle lui vend à bas prix, doit lui donner des gages d'amitié.

L'apprentissage du chinois en est un. L'Institut de physique et de technologie de Moscou, qui forme les meilleurs mathématiciens, ingénieurs et physiciens du pays, va, en effet, l'imposer à ses élèves à partir de la troisième année à la place des autres langues, français y compris. L'apprentissage de l'anglais, devenant à terme inutile, risque de se réduire comme peau de chagrin. La direction de l'institut estime que la moitié des articles scientifiques seront, dès 2030, écrits en chinois.

Cette décision a provoqué une bronca chez les étudiants, qui ne croient pas à ces balivernes censées faire plaisir à l'empire du Milieu. Partout fleurissent cependant des cours de chinois dispensés par des professeurs ayant perfectionné leur maîtrise de la langue dans les universités de Pékin ou de

Shanghai, encore plus nombreux depuis que celles d'Europe de l'Ouest n'accueillent plus d'enseignants russes. *Idem* pour les offres de poste qui recherchent des employés parlant le chinois : elles ont explosé depuis que Poutine a décrété que l'Asie était un pivot de l'économie russe. Ce qui n'est pas sans risque. Si Angela Merkel a cédé la souveraineté de son pays à la Russie en indexant l'économie allemande sur le bas prix du gaz russe, Vladimir Poutine, de son côté, a vendu la Russie à son vorace voisin chinois. Il espère de sa part des livraisons d'armes, ainsi qu'un soutien international, qui est déjà en place et qui semble, pour l'instant, inébranlable.

Lors de sa visite d'État en avril 2023, Emmanuel Macron a essayé de convaincre son homologue, Xi Jinping, d'intervenir auprès de son « allié » Poutine pour « ramener la Russie à la raison », sans succès, comme c'était à prévoir. « Le but était de faire passer des messages », dit-on à l'Élysée, et, en premier lieu, de dissuader la Chine de livrer des armes. Emmanuel Macron a certes été bien reçu et ovationné par des étudiants chinois triés sur le volet, la déclaration commune des deux présidents a quasiment fait l'impasse sur la guerre en Ukraine. Emmanuel Macron et Xi Jinping se sont engagés à « soutenir tout effort en faveur du retour de la paix », mais leur texte ne mentionne pas la Russie, pas plus qu'il ne condamne son intervention. Un revirement de Pékin n'est pas à l'ordre du jour. Au contraire.

Pour gagner cet affrontement, la Russie et la Chine comptent sur les nouveaux « idiots utiles » d'Afrique, d'Amérique du Sud et d'Asie, qui devraient désormais voter aux Nations unies contre les résolutions qui demandent à la

Russie de retirer ses troupes d'Ukraine. Lénine et ses successeurs désignaient, par cette expression peu flatteuse, les « compagnons de route », c'est-à-dire les pacifistes européens de l'Ouest, un peu vite qualifiés de naïfs. Souvent de gauche et plus tard écologistes, ils prenaient parti pour le régime marxiste soviétique, sans vouloir voir les millions de morts du goulag. On se souvient de la phrase de François Mitterrand : « Le pacifisme est à l'Ouest et les euromissiles sont à l'Est. »

Retournement de l'histoire : les Verts allemands sont désormais à la pointe du soutien à l'Ukraine et les premiers à demander au chancelier Scholz de livrer des armes à Kiev, quand la droite républicaine est plutôt aux abonnés absents sur le sujet. Mais les pacifistes sont toujours là, rejoints dans les manifestations par des militants d'un parti de la droite extrême, AFD, qui protestent contre l'envoi d'armes allemandes à l'Ukraine.

Au Parlement européen, le groupe The Left, d'extrême gauche, où siège La France insoumise (LFI), appelle à la paix et à la diplomatie. Deux mots passe-partout pour éviter des dissensions internes.

En France, Les Républicains (LR) ne se prononcent guère sur la politique internationale. LR semble même se désintéresser de la crise ukrainienne. En fait, le débat à propos de Poutine n'est pas tranché dans ses rangs. Les caciques du parti issus d'anciens mouvements gaullistes ne disent rien, mais ils ne rejettent pas la Russie du maître du Kremlin. Il y a même parfois des prises de bec entre eux et les élus venus de l'ex-UDF, qui, eux, ont un avis tranché défavorable à Poutine.

En France, une nouvelle génération de dirigeants a pris la suite de ceux qui voulaient rester neutres au sujet du conflit en Ukraine. Chez eux, pas de naïveté. Ils assument leur soutien à la Russie. Ils sont du parti Reconquête et du Rassemblement national (RN), qui sont toutefois divisés sur le sujet. C'est un virage à 180 degrés. Car il n'y a pas si longtemps, leurs militants attaquaient bille en tête les communistes et l'Union soviétique – qui cherchait, comme la Russie de Poutine, à agrandir sa zone d'influence en mettant au pas les pays récalcitrants.

Le jeune président du RN, Jordan Bardella, qui n'a pas de passif avec Poutine, ne tient pas à manifester une complicité entre lui et le maître du Kremlin, quand Marine Le Pen, reçue par le tsar Vladimir et signataire de prêts bancaires russes et hongrois, est davantage alignée sur la politique de Moscou.

Un boulet que le jeune président du RN, tête de liste aux élections européennes, ne veut pas traîner plus longtemps. D'autant plus que, à l'époque où le Front national affichait une russophilie décomplexée, il n'avait aucune responsabilité dans le parti. Il ne semble d'ailleurs pas aujourd'hui partager la « poutinophilie » de plusieurs membres de sa formation, qu'il estime peut-être ringarde, et d'une autre époque. Il souhaite surtout faire campagne sans être accusé d'être aligné sur le narratif russe. Surtout maintenant que le RN a renfloué ses caisses, percevant, au titre du financement public des partis politiques, environ 5,2 millions d'euros par an depuis son score aux législatives de 2022, où 88 députés portant les couleurs du RN ont été élus. En septembre 2023, coup de théâtre : le

Rassemblement national annonce que « malgré une dernière échéance prévue le 20 décembre 2028, c'est avec une anticipation de 60 mois que le Rassemblement national a honoré le remboursement du solde de son prêt pour un montant de 6 088 784 euros – capital et intérêts inclus ». Depuis que l'établissement russo-tchèque à l'origine du prêt, la First Czech Russian Bank, avait fait faillite, cette créance avait été revendue à une compagnie, Aviazapchast S.A., cette fois-ci totalement russe, spécialisée dans les pièces détachées destinées à l'aéronautique et dirigée par d'anciens militaires russes. C'est cette société qui a encaissé le remboursement du parti français à la flamme. Les responsables du RN espèrent désormais échapper aux attaques de ses opposants sur ce sujet sulfureux, même si Marine Le Pen estime n'avoir pas eu le choix, aucune banque occidentale n'ayant souhaité lui prêter de l'argent en 2014 pour financer sa campagne aux élections européennes et départementales de 2015. Lors du débat entre les deux tours de l'élection présidentielle de 2022, Emmanuel Macron avait estimé, lui, que Marine Le Pen parle « à [son] banquier quand elle parle de la Russie ».

Selon une enquête de *L'Express* de mars 2023, le groupe RN au Parlement européen à Bruxelles a, dans les « trois quarts des cas », voté contre les résolutions visant la Russie ou s'est abstenu. *Idem*, fin mars 2023, lorsque l'Assemblée nationale a reconnu le « caractère génocidaire » de l'Holodomor, l'« extermination par la faim » en français, ordonnée en Ukraine au début des années 1930 par Staline. Afin de collectiviser les terres noires fertiles de ce pays rebelle, le Père des peuples planifia une famine qui fit entre

2,5 millions et 5 millions de morts. La France insoumise et le Rassemblement national n'ont pas cosigné le texte. « Nul ne peut nier la réalité du crime, mais s'agissait-il d'exterminer le peuple ukrainien en tant que tel ? » s'est interrogé le député LFI Bastien Lachaud. Les communistes, eux, ont voté contre, refusant de contribuer à la « politisation des enjeux de mémoire et d'histoire ». Cette petite musique remet en question l'unité en France, qui pourrait prévaloir en cas d'engagement majeur contre la Russie, une situation hypothétique, mais qui n'est pas à exclure.

Le ministère des Affaires étrangères russe a répondu à sa manière à la déclaration de l'Assemblée nationale : « Le zèle antirusse des députés français paraît d'autant plus répugnant que la France elle-même n'a pas encore fermé la page de ses crimes de la période coloniale », a déploré sa porte-parole, Maria Zakharova.

En France, les partisans des extrêmes « sont aux abris », attendant que s'achève cette « mauvaise » période, et de savoir qui remportera la guerre. Ils adapteront ensuite leur discours. Ils ne désespèrent pas de pouvoir prôner de nouveau le point de vue de Poutine, s'il est toujours au pouvoir à ce moment-là.

Dans l'intervalle, pour se dédouaner, ils condamnent l'invasion, tout en assortissant leur propos d'un « mais », qui permet de reprendre les éléments de langage dispensés par les propagandistes du régime russe. À la droite extrême, les adeptes français de Poutine le voient toujours comme un parangon de vertu, un homme qui défend des « valeurs » (un mot mis à toutes les sauces) et qui est à la tête d'un pouvoir fort et partisan d'un ordre implacable qui ne souffre aucune contestation. Un caudillo dont le clone serait le bienvenu chez nous pour mettre fin à la chienlit. S'appuierait-il sur une police secrète, des nervis corrompus et des apparatchiks qui, comme en Russie, pilleraient les richesses nationales? Après l'invasion d'une Ukraine qui n'existerait pas – on se demande alors pourquoi les Ukrainiens meurent par milliers pour elle –, les adorateurs de saint Poutine louent le succès, très relatif en vérité, de son combat contre l'immigration, le wokisme ou le mouvement LGBT. Des sujets qui inquiètent une partie des Français, mais qui n'ont rien à voir avec les divisions de chars que Poutine enverrait vers l'ouest si l'Ukraine s'effondrait. Essayer de faire croire le contraire en pratiquant l'amalgame entre la guerre et des sujets de société, c'est servir la Russie en sous-main. Dénoncer l'insécurité et l'immigration excessive et non contrôlée en France, qui seraient réglées si la France avait un « chef » comme Poutine, et approuver son invasion de l'Ukraine signifie lui donner le feu vert, non seulement pour l'Ukraine, mais pour pousser plus à l'ouest son avantage.

Quant à la religion chrétienne prétendument si bien incarnée par Poutine, elle n'attire pas plus de pratiquants orthodoxes dans ses églises en Russie qu'elle n'attire de pratiquants catholiques chez nous. Les catholiques de la planète ont déjà un pape. Ils ne semblent pas éprouver le besoin de suivre les diatribes d'un mauvais prêcheur russe qui nous annonce à la télévision, entre deux menaces nucléaires bidons, que le diable est tapi dans un Occident dépravé, où les « théories du genre » sont la règle, et que la situation est meilleure chez lui, dans une société russe parfaite et, à l'entendre, mère de la civilisation européenne. Ces analyses à l'emporte-pièce sont peu partagées par les Occidentaux, qui estiment que la politique de Poutine n'est pas un exemple de gouvernance à suivre. Ex-agent du KGB, la police politique qui notamment surveillait les prêtres et les croyants soupçonnés de mal penser, ce piètre comédien est devenu, devant les caméras, une grenouille de bénitier après la chute de l'URSS. C'est un comportement opportuniste, adopté afin d'essayer de faire passer ses invasions pour des croisades divines… dans des pays de tradition chrétienne! Un comble.

CHAPITRE XXIII

Des élites françaises amoureuses de Poutine

L'amour des élites françaises pour Moscou ne date pas d'hier. L'URSS, puis la Russie de Vladimir Poutine ont entretenu une propagande en France, dispensée au siècle dernier par les responsables du Parti communiste français et par leurs compagnons de route. Des décennies de mensonges, de contrevérités et de révisionnisme historique savamment distillés qui ont laissé des traces, un poison qui a intoxiqué peu à peu journalistes, intellectuels et hommes politiques.

L'ancien secrétaire général du PCF Georges Marchais approuvait l'invasion de l'Afghanistan par l'URSS. Son camarade Henri Krasucki, à la tête de la CGT, considérait comme juste la loi martiale décrétée en Pologne contre la population et les militants du syndicat Solidarnosc, arrêtés par la police politique soutenue par le KGB et les troupes russes cantonnées dans le pays. Krasucki affirmait qu'on pouvait se fier à lui car il était d'origine polonaise. Résistant, déporté pendant la guerre, il restait d'abord communiste. Sa fidélité à Moscou ne s'est jamais démentie.

Si elles étaient encore parmi nous, ces deux figures politiques alignées sur la politique de Moscou, ou même dirigées par elle, n'en reviendraient pas. Le camp politique qui les vilipendait le plus à l'époque à cause de leur inféodation à Brejnev est le même qui défend aujourd'hui un ersatz de Staline, Vladimir Poutine, et sa « guerre patriotique » contre l'Ukraine. Outre les ténors de l'extrême gauche, ce sont ceux de la droite à l'autre bout de l'échiquier politique qui sont aux avant-postes du camp prorusse.

La droite dite « républicaine », gaulliste à l'origine, c'est-à-dire il y a longtemps, elle, est absente sur le sujet, comme d'ailleurs sur les autres enjeux internationaux. Ce qui interroge. Une partie d'entre elle préfère aller sur un autre terrain. Soutenir les Russes au nom de la paix, pour épargner par charité chrétienne la vie des Ukrainiens, pour défendre de prétendues valeurs parce que nous n'en aurions pas : les extrêmes répètent en boucle les mêmes éléments de langage. Être contre une immigration débridée, le wokisme ou le terrorisme islamiste, comme la grande majorité des Français, implique-t-il d'aller se jeter dans les bras de Poutine ? En quoi critiquer la politique d'Emmanuel Macron doit-il s'accompagner d'un argumentaire pris à l'étranger ? Quel lien y a-t-il entre le fait de vouloir plus de fermeté contre les incendiaires et les casseurs qui ne respectent pas la République, celui de crier à l'oppression contre une police soi-disant raciste pendant des émeutes de banlieue, et celui de soutenir les agissements de Vladimir Poutine, chez lui et en Ukraine ? Applaudir les discours de Poutine qui menace l'Europe tous les quatre matins n'est-il pas contradictoire quand on se rengorge de son patriotisme ?

Les plus ultras de la Manif pour tous n'ont-ils pas manifesté devant l'ambassade de Russie à Paris pour demander l'aide de Vladimir Poutine afin qu'il impose en France ces fameuses valeurs chrétiennes, qui existent pourtant dans le pays depuis toujours ? À Moscou, la presse officielle a relevé qu'à Paris « certains manifestants sont sortis dans la rue avec des drapeaux russes et des portraits de Vladimir Poutine. Des millions d'Européens voient aujourd'hui la Russie et son dirigeant comme l'unique protecteur des valeurs fondamentales pluriséculaires, en l'absence de dirigeants mondiaux comparables à Vladimir Poutine en matière de principes moraux, mais aussi de lutte pour leur défense et leur influence ». Le nouveau gourou, phare de la morale, de la justice et du bien-être sur la planète, à l'image du grand leader prétendument clairvoyant de la Corée du Nord, serait donc au Kremlin.

Subjuguée par la société russe décrite par Poutine malgré son nombre record d'alcooliques, de drogués, de suicides parmi les jeunes, d'avortements, de divorces et une démographie en berne dans un immense pays vide d'habitants, une délégation a rendu visite en 2013 au patriarcat de Moscou, mais aussi à la Douma et au Conseil de la fédération, comme jadis, lorsque le Parti communiste français effectuait ses pèlerinages idéologiques à Moscou. La délégation, elle, ne s'est peut-être pas aperçue qu'en Russie la gestation pour autrui (GPA) est autorisée, mais plus pour les étrangers depuis mai 2022, afin, selon les députés russes, de « protéger » les enfants contre les familles LGBT et le trafic d'organes.

On assiste à un renversement idéologique chez ceux qui encensent aujourd'hui Poutine alors qu'ils combattaient, il y a moins d'une génération, l'Empire soviétique. L'URSS prônait déjà les mêmes valeurs russes, éternelles comme la neige et la taïga, qui seraient supérieures à celles de l'Ouest, composé de pays « faibles, décadents et dépravés », mais qui fournissent des armes à l'Ukraine sans craindre les rodomontades de M. Poutine. Ces valeurs n'ont pas changé la vie de millions de Russes, qui vivent comme à l'époque des moujiks, toujours sous la botte d'un tsar, qui fréquente, cette fois, les plateaux de télévision. C'est une réalité occultée par les thuriféraires de la pensée « poutinienne », qui estiment, peut-être, que les Français devraient se plier aux principes du maître du Kremlin sans se questionner.

Même si Marine Le Pen a dénoncé un procès politique, le rapport de la commission d'enquête sur les ingérences étrangères, rédigé par la députée Renaissance Constance Le Grip et paru en 2023, a qualifié son parti, le Rassemblement national, de « courroie de transmission » entre la France et la Russie de Poutine. La députée macroniste a souligné l'« alignement » du RN, ex-Front national, sur le « discours russe » au moment de l'annexion illégale de la Crimée en 2014, année où le parti contractait un prêt auprès d'une banque tchéco-russe. Ce lien est « ancré dans la durée », selon la parlementaire, et la « stratégie de rapprochement politique et idéologique » avec Moscou a tendu à « se structurer et s'accélérer » depuis l'arrivée de Marine Le Pen à la tête du parti. Constance Le Grip rappelle, dans son rapport, les « contacts fréquents » entre les élus du RN et des responsables russes, ainsi que la rencontre entre Marine Le Pen et Vladimir Poutine au Kremlin, quelques semaines avant le premier tour de l'élection présidentielle de 2017. « Tous ses propos sur la Crimée reprennent mot pour mot les éléments de langage officiels du régime de Poutine », dénonce la députée, qui précise toutefois qu'il y a eu une « atténuation des prises de position prorusses du Rassemblement national et de Mme Le Pen après l'invasion de l'Ukraine par la Russie », qui l'ont « condamnée sans ambages ». Marine Le Pen dément que des contreparties aient été exigées en échange du prêt russe octroyé à son parti. Auditionnée par la commission d'enquête, la cheffe du RN a contesté « avoir pris quelque décision que ce soit pour faire plaisir à quiconque… L'arrivée ou non d'un prêt n'a pas changé d'un iota les opinions qui étaient les nôtres depuis toujours ». On pourrait inverser le raisonnement : pourquoi ce fameux prêt ne pourrait-il pas avoir été accordé parce que, justement, l'ex-candidate soutenait les positions russes ? Le Pen assume sa proximité idéologique avec le régime de Poutine, y compris sur le plan géopolitique, alors que la France arme l'Ukraine contre une Russie expansionniste qui désigne l'Occident comme son ennemi. Aucun responsable d'extrême droite, y compris Éric Zemmour, qui rêvait d'un Poutine français, ne s'est prononcé cependant en faveur de l'invasion de l'Ukraine, difficile à faire accepter à l'opinion publique.

Devant la même commission parlementaire sur les ingérences politiques, économiques et financières des puissances étrangères, François Fillon, lui, n'a pas caché ses convictions. Bien qu'il ait démissionné, depuis l'invasion, des postes qu'il occupait dans des entreprises russes proches du Kremlin, il ne voyait pas dans ses activités un lien de sujétion entre lui et Vladimir Poutine. En décembre 2021, il avait rejoint le conseil d'administration d'une grosse compagnie russe contrôlée par l'un des patrons les plus riches du pays, un proche de Poutine visé par des sanctions. Il avait aussi intégré un peu plus tôt le même type d'instance dans une entreprise détenue par l'État russe. Au moment de l'invasion, il s'était attiré de vives critiques après avoir déploré le « refus des Occidentaux d'entendre les revendications de Moscou concernant l'OTAN ». Le lendemain, il démissionnait de ses mandats russes.

« Des ingérences étrangères, oui, j'en ai rencontré, la plupart du temps elles venaient d'un pays ami et allié qui s'appelle les États-Unis. J'ai été écouté, avec le président Sarkozy, pendant cinq ans par la NSA », a-t-il affirmé devant les députés, ajoutant n'avoir jamais fait face à une ingérence russe.

Si François Fillon est « compréhensif » avec la Russie, son ancien président est plus offensif sur le sujet, ce qui est peut-être une question de tempérament. À l'occasion de la sortie, en août 2023, de son dernier ouvrage, *Le Temps des combats*, Nicolas Sarkozy se fait l'avocat de la Russie, estimant dans *Le Figaro Magazine* que la « France a tort de livrer des armes à flux continu à l'un des belligérants ». Il critique aussi ceux qui appellent à soutenir l'Ukraine jusqu'au bout. « Est-il raisonnable de faire la guerre sans la faire et de mener un conflit sans jamais prendre la peine de préciser quels sont les buts et les objectifs que l'on cherche à atteindre ? » interroge-t-il. Pour lui, la « messe est dite » : la Crimée et les territoires conquis par Poutine resteront russes. Inutile donc selon lui que les Ukrainiens essayent de les recouvrer, ils se font des illusions. Des référendums permettraient de classer le dossier de la guerre en Ukraine car, pour l'ancien président français, l'Ukraine, « pont entre l'Europe et la Russie », doit rester neutre, et n'a donc pas vocation à rejoindre l'OTAN ni même l'Union européenne. Des déclarations qui ont provoqué des critiques et un « recadrage » de la part d'Emmanuel Macron, qui n'a pas apprécié les critiques de Nicolas Sarkozy à propos de la politique de la France en Ukraine. Il les a d'autant moins appréciées qu'elles ont été relayées à Moscou par l'ex-président russe Dmitri Medvedev, trop content de l'aubaine. « Je veux dire une fois de plus, de manière très claire : la France ne reconnaît ni l'annexion par la Russie de territoires ukrainiens ni les simulacres d'élections qui ont été organisées », a martelé le chef de l'État français, assurant qu'il n'avait pas changé de position quant à la « décision historique de reconnaître à l'Ukraine le statut de candidat à l'adhésion à l'Union européenne » : il souhaite le contraire de ce que prône Nicolas Sarkozy. Les déclarations surprenantes de ce dernier, alignées sur les positions du Kremlin, ont fait revenir dans l'actualité une investigation de *Mediapart*. Selon le journal en ligne, le Parquet national financier a ouvert en 2021 une enquête préliminaire pour « trafic d'influence » qui vise ses activités de conseil en Russie pour une société d'assurances proche du Kremlin et qui porterait sur plusieurs centaines de milliers d'euros. À ce propos, l'ex-chef d'État s'est toujours dit serein, l'activité de consultant étant parfaitement légale. Passionné d'histoire, l'ancien président français reste sur ses positions : il souhaite le dialogue avec Poutine, qu'il n'a jamais trouvé irrationnel au cours des entretiens qu'il a eus avec lui.

De l'autre côté de l'échiquier politique, Jean-Luc Mélenchon fait également partie de ceux qui trouvent de bonnes raisons au régime russe, en particulier à propos de l'annexion de la Crimée. Ou plutôt *faisait*, car depuis l'invasion de l'Ukraine, lui non plus n'est guère prolixe sur le sujet. Jusqu'au 24 février 2022, ses prises de position étaient pourtant très clémentes envers la politique étrangère de Vladimir Poutine, celle qui nous concerne directement.

En 2016, il estimait face à Léa Salamé sur France 2 que Vladimir Poutine allait régler le problème en Syrie en « écrabouillant » Daech – alors que celui-ci bombardait surtout les populations civiles et les opposants au dictateur Bachar el-Assad, allié de la Russie et de l'Iran. Jean-Luc Mélenchon a contesté ce fait avec une citation éculée : « La première victime d'une guerre, c'est la vérité », qui est, entre autres, attribuée à un monument de la littérature anglaise, l'écrivain-journaliste Rudyard Kipling, qui nous conte l'Empire britannique des Indes, bien loin des déclarations à l'emporte-pièce des hommes politiques français d'aujourd'hui. Daech a été vaincu par une coalition occidentale, américaine, française, kurde et irakienne qui a chassé les fanatiques islamistes de Raqqa, leur « capitale » en Syrie, et de Mossoul, en Irak, où les Kurdes et les chrétiens ont pu revenir.

En novembre 2021, le candidat LFI déplore dans *Le Figaro* qu'Emmanuel Macron n'ait pas invité la Chine et la Russie au Forum de Paris sur la Paix. « Ce forum est une expression de la vision puérile du président Macron », dit à l'époque le candidat à l'Élysée, avant d'ajouter : « Les sanctions contre la Russie n'ont aucun sens. […] Je ne crois pas à une attitude agressive de la Russie, ni de la Chine », Chine qui menace pourtant Taïwan, tandis que Poutine a déjà envahi 20 % de la Géorgie, la Crimée et une partie du Donbass.

Le candidat à la fonction suprême a une analyse géopolitique tranchée, mais qui va se révéler totalement erronée. « Cultiver une telle tension à l'égard de ces deux puissances est absurde », affirme-t-il encore, alors que ce n'est évidemment pas la France, mais la Russie et la Chine qui menacent leurs voisins. Alors que Poutine masse ses troupes à la frontière ukrainienne, Jean-Luc Mélenchon se lance à la mi-décembre 2021 sur France Inter, qui répertorie ses déclarations, dans une analyse alambiquée, peut-être même naïve, de la situation, dont le point de départ est le fait que « les Russes ne sont pas nos adversaires ». On pourrait rétorquer que c'est moins le cas depuis qu'ils ont lancé leurs chars vers l'ouest, essayant de prendre Kiev pour mettre au pouvoir un collaborateur à leur botte. Mais selon lui, en résumé, les Russes sont dans leur droit car l'Occident leur a menti – aucun document ne le prouve – en disant à l'URSS qui s'effondrait qu'« on ne ferait pas avancer les frontières de notre alliance militaire et on les a fait avancer ».

La réalité est plus simple. Dès qu'ils ont été libérés du joug soviétique, les ex-pays du pacte de Varsovie se sont précipités pour entrer dans l'OTAN, afin d'être protégés de la Russie. Ils ne veulent pas revivre la domination de Moscou. Difficile de leur donner tort depuis l'invasion de l'Ukraine, qui, elle, n'avait pas été acceptée par l'OTAN, en particulier par la France et l'Allemagne, pour ne pas froisser la Russie, Russie qui nous raconte aujourd'hui qu'elle craint une invasion américano-européenne ! Cette théorie est développée au Kremlin et reprise par M. Mélenchon. Comme si la France, dotée comme la Russie de l'arme nucléaire, exigeait de l'Espagne, de l'Italie, de l'Allemagne, de la Belgique, de tous ses voisins qu'ils désarment parce que, selon notre pays, ils souhaiteraient nous envahir.

En janvier 2022, alors que la tension est à son comble, le fondateur de La France Insoumise s'obstine dans *Le Monde* : « Les Russes mobilisent à leurs frontières ? Qui ne ferait pas la même chose avec un voisin pareil, un pays lié à une puissance qui les menace continuellement ?... » Le déni est à son comble... C'est donc l'Ukraine qui s'apprêterait à envahir la malheureuse Russie, victime des méchants Ukrainiens, qui veulent seulement rejoindre l'Union européenne et qu'on les laisse tranquilles. Par la même occasion, Jean-Luc Mélenchon affirme qu'il est favorable à ce que la France sorte de l'OTAN : « Pourquoi devrions-nous garantir les frontières physiques de l'Ukraine ? Je veux une France non alignée, altermondialiste. »

Sur France 5, il affirme le 30 janvier : « Je considère que ce sont les États-Unis qui sont dans la position agressive et non pas la Russie », en répétant la même rengaine : « La Russie a des intérêts comme pays et ne peut accepter que l'OTAN arrive à sa porte, et on peut le comprendre, tout cela était dans le pacte de Varsovie » – alors qu'il n'y a jamais eu de troupes de l'OTAN en Ukraine. Encore plus : d'après lui, la menace russe n'existe pas selon les Ukrainiens eux-mêmes, alors même que les renseignements américains annoncent l'invasion, et le président Zelensky affirme que « la probabilité de l'attaque existe ».

Sur TF1, le 6 février, Jean-Luc Mélenchon affirme que « la France doit être non alignée, ce qui signifie que ni les Russes ne doivent entrer en Ukraine, ni les Américains ne doivent annexer l'Ukraine dans l'OTAN », un verbe inapproprié, sinon faux, car c'est Kiev qui est demandeur d'une intégration dans l'OTAN que Washington a toujours refusée, y compris au dernier sommet de Vilnius en juillet 2023.

Sentant le vent tourner et alors que la guerre apparaît imminente, le candidat Mélenchon affirme le 10 février sur France 2 : « M. Poutine n'est pas mon modèle », avant de dénoncer, le 21 février, jour de l'invasion, une « inacceptable [...] violation de l'intégrité territoriale de l'Ukraine », non sans réexprimer sa marotte, identique à celle du Kremlin : l'annexion de l'Ukraine dans l'OTAN, pourtant reportée aux calendes grecques.

Depuis, l'ex-candidat poursuit une ligne sinusoïdale sur le sujet. Il appelle à « ne pas mollir » dans le soutien à l'Ukraine, tout en réitérant son « non-alignement » : il affirme qu'il faut discuter, que « les sanctions ne servent à rien » et que la paix doit primer... Comme ceux qui soutenaient la Russie avant l'invasion, il attend probablement la « fin du match ».

Pourtant, comme ses prédécesseurs, qui avaient envoyé leurs chars à Budapest et à Prague, Vladimir Poutine a lancé ses blindés en Europe. S'arrêtera-t-il à l'Ukraine si ses exigences ne sont pas satisfaites ? Il les a énoncées par écrit à l'OTAN et aux États-Unis en 2021, sur le ton menaçant qui lui est familier.

Contrairement à la Grande-Bretagne, qui n'a jamais transigé avec les dictateurs et les valeurs démocratiques, et aux anciens pays du pacte de Varsovie, aujourd'hui dans l'Union européenne, qui ne veulent pas revivre une autre occupation, une partie de la France a une compréhension idéologique de Poutine qui rappelle les heures sombres de l'entre-deux-guerres. Jadis, il ne fallait pas contrarier Hitler ou mettre en rogne l'armée allemande, mais éviter le conflit et chercher le compromis à tout prix. « Le gouvernement avait le choix entre la guerre et le déshonneur. Il a choisi le déshonneur et aura la guerre », aurait dit Winston Churchill au Premier ministre anglais, Chamberlain, à son retour, en 1938, de Munich. Il était accompagné du président du Conseil français, Édouard Daladier, qui, une fois à Paris, fut acclamé pour avoir empêché les hostilités. On connaît la suite.

Depuis le début de l'invasion de l'Ukraine, se sont ajoutés aux associations prorusses, des amicales, des clubs de réflexion géopolitique, des maisons de production, des militants et des pseudo-journalistes en mal de notoriété dans un petit milieu souvent complotiste. D'autres, plus prudents, plus adroits, plus malins, répètent sous couvert d'humanisme les arguments de la propagande russe et se trouvent une vocation tardive de reporter de guerre pour couvrir, en étant soigneusement encadrés, le camp russe qui n'aurait « pas la parole » au nom de l'équité de l'information. Les intimidations de la Russie, « puissante et dans son droit », sont rabâchées par ses partisans français, qui se calent sur le tempo du Kremlin. Ils s'affichent, comme tout le monde, comme les partisans d'une paix possible, selon eux, si l'Occident arrête ses livraisons d'armes à l'Ukraine, ce qui ne ferait que « prolonger la guerre et prolonger le massacre ». Ils ne proposent pas à l'inverse que la Russie se retire. Ils préféreraient un cessez-le-feu qui permettrait, *de facto*, d'entériner les conquêtes territoriales de l'agresseur. Les mêmes suggèrent qu'il est plus prudent de se plier à ses conditions, car, comme le dit une lapalissade bien connue, la géographie commande et la Russie sera toujours là.

« L'Ukraine, ce n'est rien. Dès que cette affaire sera terminée, on reparlera avec la Russie et Poutine comme avant », assurent ces partisans du Kremlin malgré eux, qui minimisent cette « guerre locale, qui ne nous regarde pas car elle se déroule entre eux ». Leur sous-entendu est clair : Russes et Ukrainiens sont le même peuple, suggèrent-ils contre toute logique, quand des Ukrainiens meurent par milliers pour défendre leur territoire. Par ces éléments de langage et des prises de position ouvertement prorusses sur leur blog, des « influenceurs », déclassés ou inconnus, s'offrent une opportunité d'attirer la lumière sur eux. L'ego et la notoriété, plus que l'argent, sont les deux moteurs de ces petits soldats de la réflexion géostratégique qui auparavant tournaient en rond dans le cercle restreint des colloques sur l'amitié francorusse. Parmi ces « influenceurs », on trouve une poignée de professeurs qui ont quitté l'enseignement, quelques collaborateurs de publications souvent confidentielles, un petit groupe de politiciens, trois ou quatre ex-généraux et anciens diplomates et des hommes d'affaires dont l'activité est soutenue par un « parrain » russe introduit à Moscou en échange d'une adhésion à la politique de Poutine – tel est le contrat non écrit. La plupart sont devenus membres de la petite troupe des porte-parole non avoués de la Russie en France. Ils abordent peu le sujet qui fâche : la guerre hybride de Poutine contre la France en Afrique, qui a entraîné le départ des militaires français. Une réalité difficile à caser dans le récit des partisans de la Russie, qui devraient faire dans ce cas le grand écart entre leur romantisme de la chose militaire, et leur soutien à Moscou.

Fidèles à leur histoire, les Britanniques, dès le début de la guerre en Ukraine, ont attaqué frontalement la Russie en désignant comme responsable Vladimir Poutine. Quoi que l'on puisse dire sur l'ex-Premier ministre Boris Johnson, notamment qu'il y aurait eu dans sa réaction face à l'invasion russe une posture destinée à lui donner une stature à la Churchill, il a toujours répondu à Poutine bille en tête en livrant aussitôt des armes et en entraînant des troupes ukrainiennes. Son successeur, Rishi Sunak, demeure sur la même ligne. Il a accueilli le président Zelensky dans une base militaire devant un char d'assaut Challenger, après que celui-ci eut été reçu par Charles III, engagé contre Poutine comme jadis son aïeul George VI l'était contre Hitler.

Le message était clair. Pendant quelques heures, Londres semblait être redevenue la capitale de la résistance contre les forces du mal. Une ville qui fut résiliente sous les bombardements allemands comme Kiev l'est aujourd'hui sous les missiles russes. Pendant la Seconde Guerre mondiale, la capitale britannique accueillait Charles de Gaulle et ses Forces françaises libres, la Résistance polonaise, danoise, grecque, norvégienne et tous ceux en Europe qui voulaient résister à la domination nazie. Zelensky ne s'y est pas trompé. Il a joué sur les symboles. Pour pouvoir réclamer des avions de chasse, il a offert à ses hôtes britanniques le casque d'un pilote ukrainien. Ce faisant, il inscrivait le combat de son pays dans l'histoire de la guerre des Alliés contre le Troisième Reich grâce à une référence implicite à l'homérique bataille d'Angleterre. Le sacrifice de quatre cent quinze aviateurs de la Royal Air Force avait empêché, en 1941, l'invasion allemande de la Grande-Bretagne.

Ces rappels historiques ne découragent pas les défenseurs les plus ardents de Poutine. Résumé de leur argumentaire : la Russie, trois fois plus peuplée que l'Ukraine, finira tôt ou tard par l'emporter. Donc inutile de se battre dans une guerre qui n'est pas la nôtre et de donner de l'argent à un régime corrompu. Semblable était le discours qu'on entendait quand Hitler menaçait la Tchécoslovaquie et la Pologne. Les « pacifistes » de l'époque jugeaient que cela ne concernait pas la France.

En cas de victoire, Poutine dicterait pourtant à l'Europe de l'Ouest ses conditions politiques et économiques et nous ferait chanter grâce à la menace d'une armée victorieuse pour obtenir des accords qui lui seraient favorables à propos des matières premières, de la liberté de navigation, de notre présence économique à l'étranger. Dans cette hypothèse, il aurait acquis le vote aux Nations unies des pays du Sud global, dont la population, chauffée par la propagande, serait ravie de nous faire payer la colonisation, l'impérialisme, le racisme, la politique contre l'islam d'une France démonétisée, affaiblie par une guerre informationnelle au-dessous de la ceinture contre laquelle la démocratie et la morale nous empêchent de riposter avec efficacité. Un champ de bataille informationnel où la France se bat avec un bras lié dans le dos.

L'Union européenne a livré, trop tard, des armes lourdes après avoir tergiversé pendant des mois, laissant le temps à la Russie d'installer des lignes de défense et d'immenses champs de mines très difficiles à franchir, surtout sans couverture aérienne. Ce retard risque de coûter très cher à l'Ukraine et aux Occidentaux, face à Poutine, qui a osé attaquer l'Europe, alors que l'URSS ne s'y était pas aventurée en un demi-siècle de guerre froide.

Pour les encenseurs de l'autocratie russe, les thèses de Poutine ont autant de valeur que les réalités, certes imparfaites, des démocraties occidentales, y compris celle des États-Unis, puissance à leurs yeux « impérialiste » et « coloniale ». Même le débarquement du 6 juin 1944 est devenu un épiphénomène en comparaison de la « guerre patriotique » et de ses vingt millions de morts, des soldats envoyés à la boucherie par Staline, qui a largement bénéficié de l'armement et du pétrole américains pour mener sa contre-offensive face à l'armée allemande. Selon les historiens et les archives, Washington a livré 400 000 Jeep Willis et camions Studebaker, 14 000 avions, 13 000 chars, 8 000 tracteurs, 15 millions de paires de brodequins, 1,5 million de couvertures, 4,5 millions de tonnes de denrées alimentaires, 2,7 millions de tonnes de carburant et des jouets pour les enfants à l'Armée rouge afin qu'elle puisse contre-attaquer les nazis. Le tout pour un montant total qui correspondrait environ à cent cinquante milliards d'euros d'aujourd'hui. Comme l'était le pacte germano-soviétique établi entre Hitler et Staline jusqu'en 1941, cette aide américaine massive est désormais cachée au fin fond des oubliettes par Poutine. Les photographies des vieux Sherman de l'US Army pilotés par des Russes ont disparu. Pourtant, ils participaient parfois au défilé de la victoire dans les villes russes après 1945. La propagande montre dorénavant seulement des photographies des T-34, exposés devant le Kremlin chaque 9 mai, pour faire croire à la population que la guerre en Ukraine est semblable à la grande guerre patriotique. Le récit officiel russe prend toutes les libertés pour inverser, tordre, modifier la réalité historique.

À la faveur du 80e anniversaire de la bataille de Stalingrad, Poutine a affirmé sans ciller que la Russie, comme en 1943 contre les armées du Troisième Reich, ne faisait que se défendre en Ukraine contre l'offensive des armées nazies européennes. La preuve : les chars Leopard livrés par l'Allemagne à l'Ukraine !

Une telle réécriture de l'actualité n'est pas neuve. Elle a débuté lors de l'annexion de la Crimée et d'une partie du Donbass, puis a été pratiquée jusqu'au début de la guerre en Ukraine par des intervenants prorusses sur des sites internet ou par des associations, parfois financées par des organismes, des bienfaiteurs ou des entités para-étatiques russes. Depuis, les invitations pour des colloques en Russie sont moins fréquentes. Elles étaient pourtant habituelles.

Sont aussi devenues rares les visites rendues à Bachar el-Assad, le président syrien sauvé par la Russie et l'Iran au nom de la lutte contre le terrorisme – un comble – et de la défense des chrétiens d'Orient, qui doivent évidemment être soutenus à tout prix, mais dont la dictature syrienne se sert comme appât pour s'attirer la sympathie de l'Occident. Cette mise en avant ne leur rend peut-être pas service, en fin de compte, face aux enragés des groupes terroristes sunnites et chiites. Une double peine pour les chrétiens de Syrie et d'Irak.

Je n'oublierai jamais les témoignages des rares rescapés à Bagdad et à Mossoul, après l'opération américaine Iraqi Freedom en 2003, qui avaient échappé au couteau des égorgeurs dans leurs maisons et aux flammes dans leurs églises, que les fanatiques de l'islam avaient cadenassées avant d'y mettre le feu. Pour ces fous de Dieu, les chrétiens arabes sont des collaborateurs des « croisés », en l'occurrence les soldats occidentaux présents en Irak.

Je me souviens aussi de la réflexion d'un moine copte, dans un monastère ancestral du haut Nil, qui m'expliquait les ressorts du ressentiment, sinon de la haine, de ces djihadistes à l'encontre des chrétiens. Afin d'accéder au monastère, mon chauffeur m'avait demandé de me « déguiser » en Égyptien pour traverser les villages peuplés de fellahs qui cultivent les terres fertiles bordant le fleuve majestueux. Plusieurs moines avaient été massacrés par des groupes terroristes. « Si ces extrémistes nous tuent, c'est parce qu'ils n'admettent pas que les chrétiens étaient déjà présents ici et dans le monde arabe avant la venue de l'islam. Notre présence le leur rappelle. Elle annule leur discours sur les croisés, que nous ne sommes pas. On était présents six siècles avant la naissance du prophète Mahomet. Nous sommes ici chez nous, autant qu'eux. »

Cette vérité historique ne plaisait pas à Hafez el-Assad qui occupait le Liban d'une main de fer grâce à son armée, ses collaborateurs et ses « moukhabarat », sa police secrète. La domination physique n'était pas suffisante à ses yeux. Il voulait conquérir les esprits. Une mère de famille chrétienne m'avait assuré qu'il avait donné l'ordre d'enseigner l'histoire des pays arabes en occultant la période chrétienne. Un révisionnisme cher aussi à l'URSS, premier partenaire militaire de la Syrie, vilipendée à l'époque par ceux qui aujourd'hui encensent Bachar, bien qu'il massacre son peuple plus que ne le faisait son père, Hafez, allié indéfectible de Moscou. Le régime baasiste issu de la toute petite minorité alaouite, qui se présente comme socialiste et panarabe, est toujours aussi cruel. Pour les El-Assad, l'ennemie est la population sunnite. Une réalité oubliée par la Ligue arabe, qui a réintégré la Syrie en son sein après douze ans de guerre dans le pays, sous la pression du prince héritier saoudien, qui s'est rapproché de Poutine. Le mariage de la carpe et du lapin. En toute logique, les milliardaires saoudiens devraient préférer séjourner à Moscou ou en Crimée occupée plutôt qu'à Londres, Paris ou sur la Côte d'Azur.

Le choix est plus restreint pour les chrétiens du Liban, qu'El-Assad père voulait rayer des livres d'histoire. La plupart sont opposés au régime de Damas et aux chiites du Hezbollah, milice surarmée créée et commandée par l'Iran, qui gouverne le Liban en sous-main. La Syrie a adopté la même stratégie que l'Irak à l'époque de Saddam Hussein, qui ménageait les chrétiens, notamment grâce à un « emblème », son ministre catholique des Affaires étrangères, Tarek Aziz, qui était sa caution à l'étranger. Bachar el-Assad, lui, utilise comme paravent les villages syriens autour de Maaloula, aux environs de Damas, où on parle encore l'araméen, la langue du Christ. Cette région est épargnée par le régime, qui oblige sans le dire les chrétiens à soutenir, du moins en apparence, afin de n'être pas livrés en pâture aux groupes islamistes, les autorités syriennes.

Sans craindre le paradoxe, les politiques et les militants français prorusses et prosyriens se revendiquent patriotes et défenseurs des chrétiens d'Orient. Il s'agit d'un renversement idéologique. À la fin des années 1970, avant que Béchir Gemayel, le jeune et charismatique président libanais adulé par le camp chrétien, ne soit assassiné le 14 septembre 1982, de jeunes Français de droite, pour défendre leurs idéaux, s'étaient engagés, à la différence de leurs descendants idéologiques présents aujourd'hui sur les plateaux de télévision qui théorisent sur la décadence française et la grandeur de la Russie. Ils s'étaient enrôlés, comme aujourd'hui de jeunes Français en Ukraine, dans les Kataëb, la milice de Béchir fondée par son père, Pierre, ou dans les forces libanaises qui se battaient contre les militants armés des partis musulmans et palestiniens dits « progressistes » soutenus pour les plus extrémistes par la famille El-Assad. Le régime baasiste syrien et son parrain soviétique étaient les ennemis des chrétiens.

Moins d'une génération après, ceux qui se réclament du même camp idéologique trouvent Bachar el-Assad formidable, parce qu'il serait le premier rempart contre les djihadistes, qu'il a libérés de prison, alors qu'il tient toujours les chrétiens du Levant sous le boisseau. Ils admirent son parrain, Poutine, parce qu'il a annoncé pendant la guerre de Tchétchénie qu'il irait, s'il le fallait, « chercher jusque dans les chiottes » les terroristes islamistes. Tant pis si son vassal aux pieds d'argile, le président de la République tchétchène, Ramzan Kadyrov, a pu quasiment transformer son pays en république islamique en échange d'un soutien à Poutine. Il lui fournit des combattants musulmans « TikTok » qui considèrent, devant les caméras, mener le djihad en Ukraine pour dénazifier le pouvoir, et appellent à la révolte des musulmans qui vivent en Occident.

En attendant d'accomplir son projet, Vladimir Poutine menace l'Union européenne. Cet ancien officier de l'ex-KGB veut restaurer, au détriment de l'Europe, les frontières de l'URSS conquérante, jadis haïe par ceux-là mêmes qui trouvent aujourd'hui en lui un président à poigne qui ferait merveille chez nous.

Lutter contre l'immigration et le terrorisme, vouloir une culture européenne chrétienne ou manifester pour des revendications salariales sont des combats légitimes. Souvent, les mêmes justifient pourtant l'invasion de l'Ukraine par Poutine, avec une armée de 180 000 hommes, qui a essayé de pénétrer au cœur de l'Europe et risque de recommencer. Tous distillent en fait un poison lent au nom d'un antiaméricanisme dont Vladimir Poutine fait son miel. Il joue sur tous les tableaux. Même Napoléon, pourtant envahisseur de la Russie, n'est pas vilipendé par le régime russe. Vladimir

Poutine semble se retrouver en lui. Une posture appréciée par beaucoup de Français qui aiment Poutine, et qui lui permet de paraître magnanime et francophile. L'Oural sous la neige, les rives du lac Baïkal, la Volga et la beauté du Kremlin, Tolstoï et le film *Le Docteur Jivago*, les galeries d'art et les échanges avec les musées français, les oligarques sur la Côte d'Azur, le Bolchoï et les restaurants huppés de Moscou peuplés de belles Slaves ont fini par estomper la réalité d'un régime qui a glissé peu à peu vers la dictature.

À force de se faire bourrer le crâne, à travers la télévision, avec la nouvelle grande guerre patriotique contre les nazis, les Russes, qui déjà sous les communistes ne se mêlaient pas de politique, sont passifs ou adhèrent de loin aux foucades militaires de Poutine. Ils estiment que, de toute manière, ils ne peuvent rien changer. Le révisionnisme historique a effectué son travail. Le pacte germano-soviétique n'est plus, depuis longtemps, un sujet à la télévision, comme les crimes de masse contre le peuple russe ordonnés par Staline, qui a été réhabilité par Poutine.

À l'instar des Allemands qui avant guerre, ont épousé progressivement, les idées du national-socialisme, les Russes d'âge mûr adhèrent au discours de Poutine. Contrairement à ce qu'il répète, l'OTAN reste une organisation défensive et n'a jamais eu l'intention d'envahir la Russie, qui n'est ni encerclée ni menacée, pas par les pays occidentaux en tout cas. Les États-Unis, la France ou la Pologne n'ont jamais voulu occuper Moscou, comme Hitler a tenté de le faire. Mais pour justifier l'invasion de l'Ukraine et conserver le pouvoir, Poutine dit s'être lancé dans la bataille du passé perdu, celle pour retrouver la grande Russie éternelle. Une erreur qu'il se charge depuis de réparer.

Plusieurs décennies après la chute de l'URSS, le régime russe de Vladimir Poutine poursuit en fait à coups de mensonges et de fausses nouvelles la même guerre informationnelle pratiquée par ses prédécesseurs du Kremlin depuis l'arrivée des bolchéviques au pouvoir. Un mode de gouvernance violent, qui n'a, en fin de compte, jamais cessé après la « grande guerre patriotique », où des dizaines de millions de Russes sont morts de froid et de faim dans les camps de Sibérie, ou fusillés dans la cour des prisons. Aujourd'hui, le régime de Poutine empoisonne ses opposants et muselle la presse indépendante, obligés de fuir à l'Ouest comme à l'époque de Brejnev. Les juges aux ordres condamnent, dans une parodie de justice, à de lourdes peines de prison ceux qui s'opposent à son « opération spéciale », l'appellation officielle de sa guerre en Ukraine.

Lieutenant-colonel du KGB jusqu'à la quarantaine, c'est-à-dire espion de ses propres compatriotes et de ses alliés de l'époque, Poutine n'est pas un soldat, mais un policier rompu aux basses œuvres. Ceux qui l'ont connu, ou ont suivi la même formation que lui, affirment qu'il n'a pas changé, marqué à jamais d'avoir passé la moitié de sa vie à évoluer dans cette police politique qui embastille pour un oui ou pour un non. Il est toujours, comme la plupart des fonctionnaires du FSB, chargé d'abord de protéger le régime et son dirigeant suprême, c'est-à-dire lui-même.

Il ne méprise pas les États-Unis, l'ennemi principal, fort et respecté, mais l'Europe, qui reste sa première cible en raison de sa proximité géographique. Il croyait même gagner la partie sans avoir à tirer une seule cartouche en tissant peu à peu une toile d'araignée idéologique et économique dans les vingt-sept pays de l'Union européenne grâce, en premier lieu, à une cohorte d'« idiots utiles ». Ils apprécient Poutine pour sa poigne. Elle repose pourtant sur ses espions, sa propagande, son armée, composée de conscrits mal équipés sacrifiés par milliers, comme à la fin de 1941 contre la Wehrmacht, et sa nouvelle foi chrétienne, stimulée par le patriarche de l'Église orthodoxe, spécialiste du commerce de cigarettes et ancien agent du KGB. Comme les imams de Daech qui prônent le djihad, cet homme d'Église exhorte les jeunes recrues à mourir en martyres dans l'« opération spéciale » en Ukraine.

Poutine fait feu de tout bois pour mettre en avant les sujets qui touchent les Européens. Il se présente comme le chantre du combat contre les islamistes mais s'acoquine avec la dictature théocratique iranienne, qui fait tirer à balles réelles sur ses manifestantes. La Russie est, en fait, un immense pays qui compte seulement cent quarante-cinq millions d'habitants, et qui affiche un PIB égal à celui de l'Espagne, trois fois moins peuplée, et un budget militaire onze fois inférieur à celui des États-Unis. La force du régime, c'est la propagande et la contrainte qui permettent à près de 300 000 soldats russes, massés sur le front, de résister aux coups de butoir de l'armée ukrainienne. Cette dernière patine dans son offensive, faute de munitions que l'Occident est incapable de lui fournir parce qu'il n'est pas entré dans une économie de guerre. En ayant tergiversé et voulu un engagement économe au départ, l'Europe risque de le payer très cher à la fin.

CHAPITRE XXIV
La Cigale et la Fourmi

Fin février 2023, aux côtés d'une trentaine de bateaux, du porte-avions *Charles de Gaulle*, de deux porte-hélicoptères et d'avions, 7 000 hommes sont mobilisés pour débarquer dans la région de Sète, ou sont envoyés près de Castres dans le Tarn. À la mi-avril, 12 000 sont déployés dans le Nord-Est, face à un ennemi fictif. L'exercice s'effectue sur des dizaines de kilomètres : l'équivalent d'un conflit entre États en Europe. En Ukraine, le front s'étend, lui, sur un millier de kilomètres, obligeant l'opération Orion 23 à être dirigée depuis Lyon, sous l'égide du général de division Nicolas Le Nen. Il est chasseur alpin, ancien d'Afghanistan affecté par la suite à la direction du service action des renseignements extérieurs. Il se trouve aujourd'hui à la tête du commandement pour les grandes manœuvres interarmées, qui ont planifié cet entraînement pendant dix mois.

Selon le ministre des Armées, cette manœuvre met en scène Arnland, une nation soutenue par la France et ses alliés. Arnland est opposée à son voisin Mercure, un pays qui instrumentalise des milices, en faisant peser une menace aux frontières, qui rappelle la guerre de la Russie en Ukraine et de ses miliciens dans le Donbass. L'objectif d'Orion 23 : s'entraîner à réaliser une « entrée en premier », comme on dit dans le jargon militaire, sur un espace contesté pour repousser une invasion du territoire dans un affrontement symétrique, c'est-à-dire contre un ennemi aussi fort que nous. C'est ce qui pourrait arriver si l'Ukraine s'effondrait et que Poutine décidait de pousser son avantage plus à l'ouest.

Cette fois-ci, l'ennemi ne serait pas chaussé de savates ni armé d'une kalachnikov, et il ne se déplacerait pas sur une motocyclette comme au Mali. Il disposerait de chars d'assaut et de canons par milliers. Le combat en Europe se déroulerait sous les obus, les missiles, les bombes, les drones, avec de lourdes pertes. Des morts et des blessés qu'il faudrait évacuer sous un feu nourri, comme c'est déjà le cas en Ukraine.

Ce conflit bouleverse les plans des états-majors. À Paris, ils travaillent d'arrache-pied pour mettre au point des stratégies nouvelles, adaptées à une guerre totale, qui est de retour en Europe. La Russie n'est pas citée, mais le déploiement d'Orion 23 pour entraîner les troupes françaises à une guerre intense, technologique, informationnelle mais aussi à une guerre de mouvement et d'attrition, est un message destiné aux généraux russes, au cas où ils auraient l'envie, après une possible défaite de l'Ukraine, de pousser leurs armées jusqu'en Moldavie, ou en Roumanie, où stationnent des troupes françaises. La France étant nation-cadre du bataillon de l'OTAN, elle pourrait engager ses troupes en premier. Ce scénario ne favorise pas les relations entre la France et l'Allemagne, ce dernier sans grande expérience militaire depuis 1945, dont le pouvoir politique, ce qui inclut l'armée, a été phagocyté par la Russie à cause de sa dépendance au gaz russe, et ce, jusqu'en février 2022.

Si l'expression « couple franco-allemand » était peu usitée à Berlin, elle l'est encore moins désormais. En filant la métaphore amoureuse chère à beaucoup d'hommes politiques français, on pourrait estimer que la France a été trompée par l'Allemagne. Le « moteur » franco-allemand tourne au ralenti, même si l'Allemagne sauve, à peine, les apparences. En réalité, elle fait dorénavant cavalier seul, estimant la France déclassée. En un an, elle a révisé totalement son modèle économique qui a été fondé sur une énergie à bas prix, le gaz russe, qu'elle n'achète plus. L'invasion de Poutine a ouvert une nouvelle ère. Le chancelier Olaf Scholz soutient l'Ukraine et assure employer cent milliards d'euros pour remettre à niveau les forces de défense allemandes, très mal en point. À terme, l'objectif est qu'elles constituent la première armée conventionnelle d'Europe. Ce qui poserait problème, surtout à la France.

Berlin achète, en effet, des avions américains et favorise des programmes communs d'armement dont la France est absente – notamment un programme qui concerne le bouclier de missiles européen, adopté par dix-sept pays, dont quinze de l'OTAN – au lieu de rejoindre le club que celle-ci forme avec les Polonais, les Espagnols et les Italiens. Leur coopération a permis de développer le système Mamba, opérationnel depuis plusieurs années et dont la production vient d'être relancée.

Les achats de l'Allemagne sont un nouveau coup de canif dans le projet de « solidarité européenne » défendu par

Emmanuel Macron, qui demande aux Vingt-Sept d'acheter leurs armements à des fabricants européens pour rester indépendants vis-à-vis des États-Unis.

Depuis son engagement auprès de l'Ukraine pour stopper les chars russes, l'Allemagne a changé complètement de paradigme. Fini le pacifisme et l'armée mal équipée. Sa frontière est à portée des chasseurs Soukhoï et des missiles russes. Par conséquent, elle s'équipe d'une nouvelle défense antiaérienne en achetant à Israël son Arrow 3, qui permet d'intercepter des missiles balistiques grâce à un projectile cinétique envoyé très haut, à une altitude exo-atmosphérique. Une concurrence future pour la France, si l'Allemagne, grâce à la technologie du Arrow, accède à celle des fusées spatiales.

Sur le plan géostratégique, Berlin procède à un infléchissement, sinon à un changement de cap. La guerre en Ukraine annonce des bouleversements, des alliances de circonstances que Moscou essaye d'agréger. L'Allemagne, elle, se tourne, seule, vers l'Europe centrale, sa zone d'influence traditionnelle – et vraisemblablement le futur cœur de l'Union européenne, qui s'est déjà déplacé vers l'est. Cela n'empêche pas le chancelier Scholz de s'arrimer encore plus aux États-Unis, les seuls crédibles à ses yeux pour protéger son pays de la Russie, toute proche. Le divorce avec la France n'est pas consommé, mais le mariage bat de l'aile.

Ce constat met en évidence une autre réalité historique. L'invasion de l'Ukraine par la Russie rappelle en effet la Blitzkrieg des blindés de Hitler attaquant en 1939 la Pologne prétendument pour répondre à l'agression de Varsovie et protéger les populations germanophones. Cette offensive éclair devait déboucher sur l'annexion par le Troisième Reich d'un espace vital à l'est pour le peuple allemand et venger la défaite de 1914-1918.

Pour justifier sa guerre en Ukraine, Vladimir Poutine use des mêmes arguments fallacieux : chasser un pouvoir ukrainien, qu'il qualifie de nazi pour s'identifier à Staline ; sauver les populations russophones, qui subiraient un génocide de la part d'un régime prétendument nazi, lequel n'existe pas ; réintégrer dans la Grande Russie l'Ukraine, qui, à ses yeux, n'est pas une nation… parce qu'elle a été en partie russe au Moyen Âge. Avec de tels raisonnements, l'Italie pourrait réclamer le comté de Nice, notre « Donbass » à nous, et l'Allemagne, l'Alsace et la Lorraine en envoyant à nouveau des troupes. Tant pis si l'Ukraine a choisi par référendum, y compris dans les territoires annexés par Poutine, de devenir indépendante en 1991 et si elle souhaite, depuis, rejoindre l'Union européenne, comme tous les pays de l'Est anciennement sous la domination soviétique.

J'ai constaté sur place que les Ukrainiens veulent vivre dans une société libre, démocratique, moderne et prospère, et non pas habiter comme dans les campagnes russes, demeurées dans une quasi-misère, semblable à celle de nos villages retirés au début du siècle dernier.

Face à la détermination des Ukrainiens, les troupes de Vladimir Poutine ont échoué à prendre Kiev et à éliminer le gouvernement du président Volodymyr Zelensky. La guerre éclair russe s'est enlisée, mais Poutine continue son offensive sur le terrain de la propagande partout où cela est possible.

Il s'agit d'une offensive hybride qui agit dans les champs militaire, économique, politique, et que renforcent des opérations d'influence et d'espionnage. C'est un travail de sape, commencé il y a deux décennies, que des leaders d'opinion, des élus français, en particulier aux extrêmes de la droite et de la gauche, mais pas seulement, n'ont pas voulu voir. Ils militent même pour Vladimir Poutine, dont on ne comprendrait pas, selon eux, le mode de gouvernance autocratique, sinon dictatorial, où les opposants sont empoisonnés, emprisonnés ou assassinés à coups de pistolet. Ces Français qui refusent de voir l'expansionnisme de la Russie de Poutine reprennent ses éléments de langage et ses pseudo-arguments historiques. Pour eux, l'Europe, donc la France, n'est pas menacée. Ce que personne ne peut prédire à moyen terme, surtout si l'armée russe l'emporte.

Le pouvoir du maître du Kremlin dépend aujourd'hui de son aventure militaire en Ukraine, qui n'a pas atteint son objectif de conquête et risque donc de mettre son avenir en péril. Même s'il essaye de la justifier grâce à une propagande forcenée, beaucoup de jeunes Russes, qui ont fui à l'étranger, ne comprennent pas cette invasion, qui s'est transformée dès le début en bourbier, et en hécatombe pour les recrues, démotivées. Inversant la réalité avec un culot monstre, Poutine compare les panzers des armées nazies présentes à Stalingrad il y a quatre-vingts ans aux chars Leopard allemands « marqués d'une croix » (sous-entendu : la croix gammée) qui sont livrés à l'Ukraine par Berlin, alors que ces blindés sont aux couleurs de l'Ukraine et sont pilotés par un équipage ukrainien.

Dans sa réécriture de l'histoire contemporaine, la Russie d'aujourd'hui serait l'agressée, et l'Ukraine, l'Europe et l'Occident seraient des agresseurs fascistes et nazis. Sur les chaînes de télévision d'État, les seules à être autorisées, les propagandistes répètent que ces extrémistes peuplent la France, la Pologne et l'Allemagne, qui, même si elle commence à en sortir, reste engluée dans un pacifisme systémique depuis 1945. Avec ce narratif pseudo-patriotique censé rappeler la grande guerre contre Hitler, Poutine séduit une grande partie de l'opinion russe, notamment les classes populaires et âgées qui vivent hors de Moscou, de Saint-Pétersbourg et des grandes villes connectées de l'ouest du pays. Elles sont sensibles aux rodomontades de Poutine et aux diatribes de ses sbires qui sont désinhibées et qui menacent tous les quatre matins, sur les chaînes d'État, l'Europe du feu nucléaire. Les généraux russes, eux, se gardent bien d'entonner ce refrain, contraire au vocabulaire de la dissuasion, qu'ils connaissent par cœur. Ils savent le risque inutile que le pays encourt avec ce type de déclarations à propos d'une possible frappe nucléaire, dont, heureusement, ils sont aussi les décideurs.

Vladimir Poutine, lui, estime toujours qu'il a été obligé de réagir, au nom de la légitime défense, face aux « attaques » des États-Unis, qui gouverneraient désormais l'Europe en sous-main, à entendre ses thuriféraires russes les plus fervents. L'OTAN aurait, elle aussi, l'Europe sous sa coupe pour pouvoir attaquer la Russie à partir de l'Ukraine. Les conquêtes de Napoléon Ier et de Hitler sont pourtant révolues. Personne ne souhaite envahir la Russie. Mais Poutine persiste à dire le contraire, contre toute évidence, pour justifier son ahurissante « opération spéciale ».

Il répète sur tous les tons qu'il n'avait pas d'autre choix que de mener cette offensive préventive avant qu'ait lieu une invasion menée par l'armée ukrainienne, faux nez des pays occidentaux. Un prétexte imaginaire devenu réalité depuis qu'il a annexé le Donbass et le sud de l'Ukraine en 2022, après la Crimée, transformée en 2014 en colonie de peuplement russe : en voulant recouvrer leurs territoires conquis, les Ukrainiens sont devenus à ses yeux des envahisseurs ! Une autre inversion des faits, où l'agressé devient l'agresseur.

Ce tour de passe-passe est destiné à mobiliser les Russes en vue d'une nouvelle « guerre patriotique » qui lui permettrait de juguler l'opposition et de rester au pouvoir jusqu'en 2036, comme l'autorise la loi que Poutine a fait promulguer. Autre sujet que Vladimir Poutine rabâche : la Russie serait assiégée, et pas seulement par l'Ukraine mais aussi par d'autres pays à l'ouest, alors même que l'Europe ne touche qu'une partie de ses frontières, petite comparée à celle qu'elle partage avec les républiques d'Asie centrale et avec la Chine, qui grignote l'Extrême-Orient russe sous couvert d'expansion économique.

Pris dans sa fuite en avant, Poutine n'en a cure. Tant pis si à terme 1,4 milliard de Chinois risquent d'avaler cent quarante-cinq millions de Russes mal répartis dans un pays vide ; la Russie est un immense espace que lorgne la Chine surpeuplée, toujours en quête de matières premières.

Pour Moscou, Pékin reste un allié de circonstance, et vice versa. La Chine est, certes, contre l'emploi du nucléaire dans cette guerre et elle n'a pas reconnu les annexions russes, mais elle prône, comme le maître du Kremlin, un nouvel ordre mondial pour faire échec au prétendu impérialisme de l'Occident. Les États-Unis constituent la première cible à abattre, d'abord à cause de leurs principes démocratiques, qui pourraient un jour mettre à bas le Parti communiste chinois et ses dirigeants, comme ils pourraient déposer ceux qui sont aux commandes de la Russie. À Moscou comme à Pékin, le régime craint plus les valeurs occidentales que les canons. « Lorsque les États-Unis parlent de démocratie, il s'agit en fait d'une démocratie à l'américaine ou "américratie", fondée sur l'hégémonie, l'intimidation et la domination », assure sans ambages *Le Quotidien du peuple.*

Vladimir Poutine mène en fait un combat global, sur tous les continents, qui se veut idéologique, alors qu'il ne l'est pas. Pour masquer ses prétentions territoriales en Europe, il escompte attirer le plus de pays du Sud possible dans l'orbite russe et les monter contre les États-Unis, l'ennemi héréditaire, et l'Europe, qui, à son grand étonnement, s'est réveillée et a réagi avec force.

La France, presque accommodante avec le « en même temps » répété par son président durant les dix premiers mois de guerre, a durci le ton. Emmanuel Macron ne parle plus à Poutine et ne conseille plus à Joe Biden de ne pas l'humilier, ce qu'il faisait auparavant, toujours par crainte d'avoir affaire à un fou qui a le doigt sur la gâchette. Dans ce cas, il serait recommandé de parler doucement et avec des mots attendus pour éviter l'irréparable. Mais Poutine n'est pas fou. Il ne veut pas que son armée soit réduite en miettes pour avoir tiré un missile nucléaire tactique sur le Donbass, territoire minuscule à l'échelle de la Russie. Une riposte conventionnelle de l'OTAN contre ses forces déployées en Ukraine, et non pas en Russie, risquerait déjà de provoquer sa chute.

Ce genre de personnage a les nerfs solides. Hitler était traité par les Alliés de tous les noms d'oiseaux. Ce n'est pas parce qu'il était vexé qu'il a augmenté l'intensité de ses offensives. La BBC se moquait du Führer à la petite moustache, quant aux collaborateurs français, ils en prenaient pour leur grade : « Radio Paris ment, Radio Paris est allemand », chantait-on sur Radio Londres, animée par le comique Pierre Dac. Avec son film *Le Dictateur*, Charlie Chaplin a ridiculisé Adolf Hitler dès 1940. Les mollahs au pouvoir en Iran sont caricaturés dans la presse bien qu'ils tuent leur population et qu'ils s'apprêtent à fabriquer des bombes atomiques. Un autre proche de Poutine, le tyranneau de Corée du Nord, commande un peuple devenu une immense secte écrasée par la propagande et une police politique implacable. Avant qu'il essaie de se rapprocher de lui, Donald Trump le surnommait « Rocket Man » parce qu'il adorait tirer des fusées dans l'Océan. En 1988, j'avais réalisé un documentaire pour « 52 sur la Une » de Jean Bertolino, qui réhabilitait le grand reportage à la télévision depuis la disparition de « Cinq colonnes à la une ». C'était à l'époque du grand-père de Kim Jon-un, Kim Il-sung, le fondateur de cette dynastie rouge. J'avais été autorisé à entrer dans le pays, car le régime pensait qu'il allait obtenir la moitié des épreuves des Jeux olympiques de Séoul, capitale de la Corée du Sud, l'ennemie jurée soutenue par les États-Unis. Mes guides m'ont emmené dans les campagnes misérables où les paysans repiquaient le riz au son de chants révolutionnaires diffusés par haut-parleurs, comme sur les chantiers, dans les écoles, dans tout le pays. Encadré de très près par des militaires, j'ai obtenu l'autorisation d'aller à Panmunjeom, où fut signé le cessez-le-feu en 1953, sur le 38e parallèle, qui sépare les deux pays. J'ai vu défiler un million d'hommes au pas de l'oie devant la tribune du dictateur : la démonstration de force d'une armée de zombies commandée par un Dr No cruel et mégalomane. Le danger est que ce personnage est bien réel, incarné desormais par Kim Jong-un et qu'il tire à tout-va des fusées intercontinentales pouvant vitrifier, tel un nouveau Hiroshima, les capitales occidentales : Séoul, Tokyo et bientôt Washington ou Paris, dès que ses savants fous seront arrivés à augmenter la portée de leurs engins.

Une menace censée montrer que cette dictature est prête à entrer dans une guerre sans tergiverser, et non pas du bout des doigts, comme le fait l'Occident à travers l'aide apportée toujours avec parcimonie et un temps de retard à l'Ukraine. Un tempo qui représente un signe de faiblesse majeur pour les alliés de la Corée du Nord : la Chine, l'Iran et la Russie, qui misent sur la lassitude des opinions publiques occidentales et la crainte maladive occidentale que provoque chez elles leur soutien à l'Ukraine, qu'elles n'assument pas totalement.

Avant la paix, il y a évidemment la guerre, qui se gagne lorsqu'un des deux camps met genou à terre. Ou qu'il capitule. L'histoire montre souvent que, pour être vainqueur, il faut se donner à fond, sans parcimonie, en utilisant la ruse et tous ses moyens. À condition d'en avoir suffisamment. Le nerf du conflit en Ukraine est industriel. Il se joue autant sur le front qu'à l'arrière, dans les usines. Avant 1941, quand les États-Unis n'avaient pas encore basculé en économie de guerre, reconquérir les territoires occupés par les nazis était inenvisageable. Entre la victoire et la défaite, il n'y a rien. Un cessez-le-feu ne résout pas grand-chose, surtout si aucun camp ne le demande. Il peut même entraîner une situation bien pire, comme en Corée du Nord, qui désormais fait chanter le monde libre grâce à ses bombes atomiques, fabriquées avec l'argent que le dernier rejeton de la dynastie Kim aurait pu consacrer à son agriculture. Par conséquent, à chaque famine dans son pays, l'Occident lui offre des milliers de tonnes de céréales, permettant à ce dictateur de consacrer plus de ressources à la fabrication de missiles qui finissent pointés sur nous. Cette posture belliqueuse entraîne, notamment à cause du conflit à Taïwan, une dispersion des forces américaines. Elles doivent désormais renforcer leur présence en Asie, tout en revenant en Europe pour répondre à l'appel de plusieurs pays, qui n'ont pas voulu consacrer jusqu'ici un budget suffisant à leur protection. À l'image de l'un des personnages de *La Cigale et la Fourmi* de notre cher Jean de La Fontaine, ils ont été imprévoyants. Ils sont la Cigale de cette fable universelle. Des Européens qui « ont chanté tout l'été », hédonistes, naïfs, surtout dans les pays de l'Ouest, autocentrés sur leurs problèmes domestiques, se retrouvèrent « fort dépourvu[s] quand la bise fut venue ». C'est-à-dire en février 2022, quand la Fourmi russe a attaqué son voisin. Elle dispose d'un gros stock d'armes et de munitions, heureusement vieux et pas très précis sur le front, ce qui a permis, jusqu'ici, à l'imprévoyance européenne d'être compensée.

Les grandes difficultés de la contre-offensive de l'armée ukrainienne inquiètent l'Europe qui regrette de ne pas avoir pris plus au sérieux les avertissements de ses généraux. Mais près de deux ans après le début de l'invasion russe, les usines d'armement ne tournent toujours pas à plein régime, ce qui ne peut qu'encourager Poutine.

L'OTAN, à sa manière, tire aussi la sonnette d'alarme. Le conflit va durer, peut-être encore plusieurs années. N'en ayant pas l'expérience, les chefs d'État européens, préoccupés par leurs oppositions internes, ont du mal à intégrer la durée et la violence d'une « vraie » guerre en Europe. L'époque de Churchill, de Gaulle et Roosevelt est révolue et de nouveaux dirigeants sont aux commandes. À eux de devenir des hommes d'État capables de se confronter aux pires situations, aux dangers qui menacent la liberté de leur pays ; il leur faut montrer un chemin à leurs populations qui n'attendent que cela pour faire bloc. C'est ce que fait Poutine, pour de mauvaises raisons.

L'URSS n'a jamais réussi durant la guerre froide à s'imposer au-delà du rideau de fer. Mais si Poutine l'emportait contre l'Ukraine, l'Europe passerait sous le diktat, sous une domination économique, politique et peut-être militaire d'une Russie conquérante, qui chercherait à s'imposer par la menace ou la force, sur terre, sur les mers et dans l'espace, partout, aux côtés de ses amis chinois et iraniens.

Pour empêcher Téhéran de posséder l'arme atomique, Israël et les États-Unis pourraient essayer de détruire les sites nucléaires enterrés en Iran, provoquant l'ouverture d'un nouveau front, cette fois-ci au Moyen-Orient. À la suite des massacres du Hamas en Israël en octobre 2023, le Kremlin a fait savoir qu'il souhaitait la paix et la formation d'un État palestinien, sans condamner clairement les terroristes de Gaza, qui se sont pourtant livrés aux pires exactions en violant des femmes et tuant des enfants, parfois devant leurs parents. Ils ont même kidnappé des bébés et des vieillards pour s'en servir comme boucliers humains. Comme elle l'a fait précédemment avec l'enclave chrétienne arménienne du Haut-Karabagh qu'elle était censée protéger des troupes de l'Azerbaïdjan qui l'ont envahie en 24 heures en octobre 2023, la Russie a « lâché » Israël et pris fait et cause pour le Hamas, pilonné par les chars et les missiles de Tsahal. Un revirement soudain, alors que Moscou entretenait de bonnes relations avec Israël, où vivent un million de juifs russes. Car depuis la mobilisation partielle en Russie destinée au front ukrainien, plusieurs dizaines de milliers d'entre eux essayent de rejoindre la Terre promise pour y échapper, sans être vraiment inquiétés. Surtout, les commandants du corps expéditionnaire russe en Syrie, qui soutient le dictateur Bachar el-Assad, laissent les avions israéliens bombarder les bases des pasdarans, les gardiens de la révolution iranienne, sans qui le régime syrien serait tombé face aux rebelles islamistes. En contrepartie de cet accord tacite avec la Russie, Israël ne livre pas d'armes à l'Ukraine, alors qu'il produit des systèmes antimissiles sophistiqués comme le « Dôme de fer », capable de détruire les roquettes du Hamas en plein ciel, et donc les missiles russes en Ukraine. Quand le président Zelinsky, de confession juive, a demandé à venir en Israël pour témoigner son soutien après le terrible massacre des civils par des terroristes du Hamas, cela lui a été refusé par le Premier ministre Netanyahu. Il ne voulait pas contrarier Poutine, qui a pourtant retourné sa veste en abandonnant sa politique d'équilibriste entre Israël et les pays arabes. Si ce dernier soutient le Hamas, c'est aussi parce que ce mouvement, qui souhaite la destruction d'Israël, est passé sous la coupe de l'Iran chiite, donneur d'ordre de ce mouvement religieux sunnite, qui pourrait devenir majoritaire en Cisjordanie occupée. Alors que les mollahs iraniens clament leur soutien au Hamas dans sa « guerre contre l'ennemi sioniste », les Russes sont désormais alignés sur l'Iran, qui leur fournit des drones et des munitions pour leur guerre en Ukraine et vote à l'ONU contre la condamnation de la Russie au Conseil de sécurité à propos de l'invasion de son voisin. Poutine n'a rien à refuser aux ayatollahs, à ses côtés dans sa lutte contre le néocolonialisme de l'« Occident collectif », qu'il veut abattre au nom d'un nouvel ordre mondial qu'il appelle de ses vœux, et dont évidemment il serait la figure de proue.

Pour Poutine, le nouveau conflit israélo-palestinien est du pain bénit. Il profite du chaos pour s'immiscer dans la région en se donnant le beau rôle, celui de faiseur de paix, pour sortir de son isolement depuis sa guerre en Ukraine, qu'il espère voir passer au second plan. Dans l'espoir de diminuer leur influence, sinon de les chasser du Moyen-Orient, il accuse les Américains et ses alliés d'être la source du conflit.

Il pense affaiblir les États-Unis, qui pourraient rencontrer des difficultés à alimenter en armes à la fois Israël et l'Ukraine. Cette dernière est d'ailleurs très inquiète, car elle est déjà en manque de munitions de gros calibres face à l'armée russe, mieux équipée.

Vladimir Poutine prend en fait position pour les Arabes à coups de propagande, comme il a agi contre la France auprès des Africains, désormais hostiles à toute présence militaire tricolore, en particulier au Sahel. Poutine pratique une nouvelle fois la « politique du coucou », en se glissant dans le nid encore chaud abandonné par la France en Afrique, et dans celui laissé par les États-Unis au Moyen-Orient, qui ont désormais des difficultés à s'y faire entendre. Pour donner des gages à Téhéran, mentor du Hamas en pleine guerre israélienne à Gaza, il a fait recevoir, le 26 octobre 2023 à Moscou, par Mikhaïl Bogdanov (son vice-ministre des Affaires étrangères et son représentant spécial du Kremlin pour le Moyen-Orient), un haut responsable du Hamas, Moussa Abou Marzouk, présenté comme le numéro deux du bureau politique de l'organisation terroriste. Les discussions auraient porté sur la libération de citoyens russes détenus dans la bande de Gaza mais aussi sur « l'escalade du conflit » avec le vice-ministre iranien des Affaires étrangères, Ali Bagheri Kani, présent dans le bureau avec le Palestinien. Rien d'exceptionnel au regard du soutien prédominant de Téhéran, qui entraîne, arme et finance le Hamas au nom de la lutte contre Israël, et fournit des équipements militaires à l'armée russe. Poutine ne s'arrête pas là. Il se fait filmer deux jours plus tard, alors qu'il reçoit treize hauts responsables religieux, alignés face à lui de l'autre côté d'une immense table à plateau blanc, plus grande que celle déployée dans un salon du Kremlin le 7 février 2022, lorsque Emmanuel Macron s'était entretenu avec son homologue juste avant la guerre. Cette image ridicule, qui montrait les deux présidents en train de se parler à 6 mètres de distance, avait fait les choux gras des télévisions étrangères. À l'automne 2023, Poutine s'entretient de la même manière avec les grands muftis de Russie et du Caucase du Nord, le lama chef du sangha bouddhiste traditionnel du pays, le grand rabbin de Russie, l'évêque des pentecôtistes et, évidemment, l'incontournable patriarche Cyrille de l'église orthodoxe, un ex-agent du KGB tout acquis à sa cause. Ils les remercient pour leur soutien aux forces armées engagées dans son « opération militaire spéciale ». Mais son objectif est surtout de démontrer au monde arabe, très en colère contre Israël, que les grands chefs musulmans de Russie viennent le voir, lui, au moment où se déroule la guerre à Gaza. Une opération de communication juste après que plusieurs chefs d'État du Moyen-Orient ont refusé un rendez-vous au président américain Joe Biden, sous prétexte qu'un hôpital avait été bombardé par Tsahal, alors que ce n'était pas le cas. Une aubaine pour Poutine, dont l'armée, malgré des pertes considérables, est arrivée à contenir les forces ukrainiennes qui, de leur côté, résistent aux offensives russes.

Cette situation de blocage use les deux parties, y compris la Russie, même si elle semble s'être ressaisie. Paradoxalement, la guerre par procuration que mène l'Occident en Europe à travers les Ukrainiens pourrait être une opportunité pour l'Ouest, offerte par Poutine lui-même, qui a commencé ce conflit par un coup de poker. Les Ukrainiens ne sont pas dupes. Ils sont même consentants. Ils savent très bien que, si l'Europe est engagée à leur côté, c'est d'abord pour se protéger elle-même. C'est une guerre qui ne nous coûte, en définitive, « pas cher », beaucoup moins en tout cas que si des Français étaient sur le champ de bataille, ce qu'il faut évidemment éviter. Des euros à la place de vies européennes, de soldats qui ne feraient pas mieux, cela n'a pas de prix. Surtout si les Ukrainiens permettent, en se défendant, de fragiliser, sinon de casser, l'appareil militaire dont Poutine use pour nous menacer et soutenir les dictatures de la planète, qui sont déjà nos compétitrices. Des ennemies du « monde libre », celui où nous vivons et que nous voulons préserver.

La différence avec le passé, c'est que, dans cet affrontement hybride et mondialisé, la France a été, bien avant la guerre en Ukraine, remontée par Poutine en haut de la liste des pays à combattre, et se trouve maintenant au même rang que les États-Unis. En première ligne contre nous : les mercenaires et les « usines à trolls » de Wagner, qui est soutenu par l'État russe. Avec son parler clair, le dynamique ministre français des Armées, Sébastien Lecornu, a déclaré sans détour sur LCI : « Le groupe Wagner a fait de la France son ennemie numéro un en Afrique. Après tous les soldats français morts en Afrique dans la lutte contre les djihadistes, Wagner représente un autre danger majeur. » La France, une cible que Poutine estime plus facile à atteindre que les États-Unis, à cause de sa singularité, de ses moyens militaires et économiques limités, et surtout de son histoire coloniale, qui reste un boulet dans les relations difficiles qu'entretient l'Hexagone avec les pays du sud de la Méditerranée.

Ceux-ci sont travaillés au corps par une Russie qui mise sur ce nouveau champ de bataille africain pour affaiblir, à travers eux, la présence française à l'étranger et diminuer son poids comme membre permanent du Conseil de sécurité. Ce travail de sape se déroule tous azimuts, mais d'abord sur le territoire national et européen, où ont été prises de nombreuses mesures de contre-ingérence pour déjouer les tentatives russes. Sans bien savoir si cela suffira pour l'emporter.

CONCLUSION

Pour Poutine, l'immense Russie n'a pas de frontière. L'objectif du maître de Kremlin est de retrouver la grandeur de l'URSS et – pourquoi pas ? – celle de l'Empire, soit 22 millions de kilomètres carrés en 1914, juste avant l'arrivée des bolchéviques au pouvoir. Il veut établir ce continuum historique en affrontant l'Occident, son véritable ennemi au-delà de l'Ukraine qu'il considère comme une simple province.

Cette guerre, au mépris des lois internationales, que la Russie, membre permanent du Conseil de sécurité de l'ONU, a pourtant signées, ressuscite la période ayant précédé l'effondrement de l'URSS.

C'est une stratégie ancienne, qui remonte à Staline et que beaucoup ont oubliée – les jeunes générations ne l'ont même pas connue. D'où la naïveté de certains, ou l'admiration que d'autres portent au président de la Russie d'aujourd'hui. Celui-ci poursuit pourtant le même dessein que ses prédécesseurs communistes. Il ne cache pas sa nostalgie : « La chute de l'URSS a été la plus grande catastrophe géopolitique du XXe siècle », disait-il en 2005.

Depuis, Poutine n'a eu de cesse d'y remédier, à coups de canon, de propagande et de manipulation de ses services secrets. Le chef du Kremlin ne fait aujourd'hui que reproduire la doctrine et les méthodes qu'il a appliquées lorsqu'il était officier du KGB. Un ex-agent ayant passé plus de la moitié de sa vie à mentir et à monter des coups tordus pour les services secrets soviétiques ne se transforme pas en démocrate partisan de la paix, à moins qu'il s'agisse d'une paix qu'il a imposée à son avantage. Penser que Poutine puisse se laisser convaincre d'infléchir sa position ou d'arrêter la guerre, qu'il estime légitime, contre l'Ukraine et l'Occident, est une illusion. Vladimir Poutine exerce le même rapport de force que les dirigeants de l'URSS lorsqu'ils maintenaient, sous leur coupe, les pays de l'Est, dont l'ex-RDA, où Poutine était en poste comme lieutenant-colonel avant de prendre la tête des services secrets. Les populations qui vivaient derrière le rideau de fer n'ont pas oublié cette période. Alors que des gouvernements africains demandent la venue de mercenaires russes chez eux, les pays de l'Est ne veulent plus jamais être gouvernés par un régime de type « poutinien », ultime avatar d'un soviétisme rénové. Arrestations d'opposants, fermetures de médias, corruption endémique, intimidation de la population, propagande permanente et élections truquées ont fait leur retour en Russie. Ces travers risquent de pousser au crime les régimes africains arrivés au pouvoir par la force et désormais sous l'influence ou la botte de Moscou, comme c'est le cas par exemple en Centrafrique.

Si les États-Unis sont toujours l'ennemi principal, la France se place en deuxième position. Poutine la considère désormais comme une « vraie » alliée de l'OTAN. Il n'y a jamais eu pourtant d'ambiguïté à ce sujet. Certes, le général de Gaulle avait jadis ordonné que la France quitte le commandement intégré, mais il s'était bien gardé de sortir le pays de l'organisation. De Gaulle a même toujours considéré l'OTAN comme indispensable à la défense de l'Europe face à l'URSS.

Depuis le déclenchement de la guerre en Ukraine, Poutine et son ministre des Affaires étrangères, Sergueï Lavrov, tiennent un discours désinhibé contre la France, qui, selon eux, constitue un maillon faible. Cependant, ce n'est pas en Europe sous parapluie de l'OTAN que Vladimir Poutine s'est risqué à ouvrir un front contre l'Hexagone, mais en Afrique. Il y mène une guerre visant à l'expulser du continent, à décrédibiliser sa puissance militaire et à affaiblir sa présence économique.

À travers des sociétés militaires privées, Poutine soutient les officiers putschistes ayant changé de camp pour se maintenir au pouvoir et il souffle sur les braises d'une opinion africaine de plus en plus remontée contre la France. Mais sans le sacrifice des cinquante-huit soldats français morts depuis 2013 au Sahel, le Mali serait sans doute devenu un émirat gouverné par la charia. Si les pick-up des djihadistes avaient atteint Bamako, les officiers putschistes qui attisent aujourd'hui la haine contre la France seraient probablement passés de vie à trépas. Pour les chefs islamistes, les militaires, les fonctionnaires et les représentants de l'État sont des adorateurs du diable et des collaborateurs des croisés, qu'il faut éliminer. J'ai vu les horreurs que ces fous de Dieu ont commises aux portes d'Alger, massacrant leurs propres compatriotes dans la plaine de la Mitidja. Des femmes et des enfants ont été tués avec une cruauté inouïe pendant cette sale guerre civile en Algérie, dans les années 1990. Au Mali, ce sont désormais les Russes qui, sans grand succès, combattent les troupes islamistes. En parallèle, ils mènent une guerre de propagande contre la France sur le continent africain. Celle-ci s'étendra davantage si l'Ukraine perd la guerre en Europe. À l'inverse, en cas de victoire ukrainienne, la Russie sera affaiblie et ses mercenaires auront beaucoup de difficultés à poursuivre leurs conquêtes en Afrique, un continent qui reste lié, quoi qu'en disent ses habitants qui idolâtrent Poutine, au sort de l'Europe et à celui de la France.

Difficile de ne pas se sentir concernés par cette guerre en Europe, qui hypothèque l'avenir de nos démocraties et celui nos enfants. Pourtant, en France, une petite musique de fond se fait entendre et fait croire le contraire. D'anciens hauts responsables politiques diffusent en parallèle leur poison chinois, en faveur du chef suprême Xi Jinping, à qui ils prêtent insidieusement des intentions pacifistes alors qu'il reste le meilleur allié de Poutine. En rabâchant le mot « paix », tous soutiennent, en réalité, le maître du Kremlin. Cela équivaut à lâcher l'Ukraine et à mettre l'Europe, donc la France, par effet domino, entre les pattes de l'ours russe.

S'ils accédaient aux plus hautes fonctions de l'État, ces partisans français de Poutine arrêteraient-ils de livrer des armes à l'Ukraine, comme le préconisent le président Lula, au Brésil, et Donald Trump, candidat à un second mandat aux États-Unis ? Négocieraient-ils avec le maître du Kremlin une paix illusoire sur le dos de l'Ukraine ? La France sortirait-elle de l'OTAN ? Deviendrait-elle prorusse ? Serait-elle contre les États-Unis et, par conséquent, facteur de division en Europe ? Les grandes orientations géopolitiques se prendraient-elles, non pas à Paris, mais à Moscou, dans une même communauté de pensée, sans que Poutine ait besoin d'envoyer ses chars ?

Pareils scénarios ne relèvent pas de la science-fiction. Ils pourraient devenir réalité après les élections européennes de 2024 et le scrutin présidentiel français de 2027. Les candidats qui se présenteront devront expliquer, sans circonlocutions comme aujourd'hui, quelles seront leurs relations avec Poutine, et dire s'ils souhaitent que la France quitte l'OTAN, s'ils veulent maintenir leur soutien militaire à l'Ukraine et s'ils exigent le retrait total des soldats russes de ce pays.

Les responsables politiques évitent, bien imprudemment, toute pédagogie sur cette guerre en Europe, sous prétexte qu'elle effraierait ou n'intéresserait pas les Français, antiaméricains notoires sans qu'ils sachent vraiment pourquoi. Pourtant, il n'est pas sûr que ceux-ci considèrent que le système des retraites et l'immigration soient des sujets plus importants qu'une guerre menée pour défendre leur liberté. Ils savent aussi que soutenir l'Ukraine, c'est préserver leur indépendance.

Les Ukrainiens sont en première ligne. Ils évitent en toute connaissance de cause une guerre au sein de l'Union européenne, qui n'a pas perdu un seul homme au combat ni tiré une seule cartouche. Ils se battent, en quelque sorte, à notre place et réclament seulement des armes et des munitions, qui leur manquent. Si les sommes débloquées par les Occidentaux, les Américains surtout, semblent astronomiques, ce n'est pas cher payé. C'est même très peu, par rapport aux malheurs qu'une guerre entraîne pour un pays et sa population. L'Ouest continue de vivre sans se rendre pleinement compte de la menace russe alors même qu'il devrait se forger une résilience, et ses habitants acquérir une force morale indispensable en cas de conflit. À l'arrière d'une guerre de haute intensité comme celle de l'Ukraine, la population qui est en capacité sur le plan psychologique de prendre l'ascendant sur le choc et la sidération d'un tel affrontement soutient son armée et contribue à son succès. Un tel état d'esprit ne s'improvise pas. Il se prépare. Sans cette préparation, si la situation devait dégénérer en Europe, ce serait trop tard.

En France, le manque d'effectif et d'armement des forces conventionnelles serait compensé par une coalition de l'OTAN en cas de combats en Europe, combats peu probables, selon les experts, au regard de la relative faiblesse manifestée par l'armée russe en Ukraine. Un pari réaliste, mais audacieux. Difficile d'évaluer les futures performances de l'industrie d'armement russe, ses stocks d'obus, projectiles dont l'Europe est encore dépourvue, ainsi que le niveau d'engagement des alliés de Moscou contre l'Occident. Sans compter le soutien, important, des Russes, matraqués par la propagande, comme jadis les Allemands sous le Troisième Reich, qui marchaient presque tous derrière leur Führer. Les guerres de haute intensité en Europe peuvent durer plusieurs années. En témoignent 1914-1918 et 1939-1945.

Personne ne connaît l'issue de ce conflit, ni ne sait s'il débordera les frontières de l'Ukraine. Mais si l'Ukraine doit reculer ou capituler devant la Russie, ses voisins – la Pologne, les pays baltes, les pays du flanc est de l'Europe – réagiront. Ils s'impliqueront davantage face à une avancée russe. Jamais ils ne voudront revenir à la situation antérieure, sous la botte de l'Armée rouge. Ils pourraient entrer en guerre. Et nous avec. Car l'Union européenne serait sous la menace et la pression militaire du pouvoir de Moscou.

Sur les mers, dans les détroits et au fond des abysses, dans l'espace, sur les réseaux sociaux et dans le champ informationnel, d'immenses espaces de liberté sont déjà disputés par la Chine et la Russie. Le Sud global, de l'Asie à l'Afrique en passant par l'Amérique du Sud, subit la propagande russe contre l'Occident. Or, la notion de « puissance d'équilibres » et le concept d'« autonomie stratégique européenne » aujourd'hui prônés par la France – notion floue sur la forme, juste sur le fond – ne sont pas compris par ses alliés occidentaux dans ce contexte d'urgence.

Ceux-ci estiment que, dès lors que Vladimir Poutine a déclaré la guerre, il faut choisir clairement son camp concernant l'Ukraine.

Malheureusement, en raison des conflits que j'ai couverts, j'ai constaté qu'on ne mène jamais une guerre à moitié, ni à l'économie. À moins de vouloir la perdre à coup sûr. *Idem* à propos de négociations conduites à marche forcée : elles produisent des accords mal ficelés, source de nouveaux conflits. En fait, à la guerre, il y a un gagnant et un perdant. Et c'est le gagnant qui aura toujours l'avantage autour de la table.

En France, les sympathisants de Poutine essayent de semer le doute dans l'opinion publique en se référant à l'antiaméricanisme, très relatif, du général de Gaulle et son prétendu tropisme russe. Or, celui-ci, encensé aujourd'hui par ceux qui l'ont combattu hier, n'a pas tergiversé à l'époque face à l'invasion des pays européens par les troupes nazies. Il a combattu jusqu'à la victoire pour libérer la France grâce à l'aide des États-Unis et de la Grande-Bretagne, toujours debout dans l'adversité. Dans un surprenant chassé-croisé idéologique, la droite extrême, qui n'a jamais été gaulliste, interprète à présent l'histoire en épousant par opportunisme l'antiaméricanisme de principe du Général. Rappelons que, quand l'Union soviétique a voulu déployer des missiles nucléaires à Cuba en 1962, de Gaulle a choisi sans hésiter le camp américain. Ces nouveaux « fans » du Général, qui détestent les États-Unis, adhèrent à une lecture erronée et soutiennent ainsi *de facto* l'invasion de l'Ukraine par la Russie.

C'est cette position prorusse que suggèrent, au milieu de sujets légitimes de politique intérieure, les partis d'opposition situés aux extrêmes, dont les responsables se succédaient à Moscou ou en Crimée occupée avant l'invasion. Depuis, ils réaffirment la même position et répètent les mensonges de la propagande du Kremlin. Difficile de ne pas considérer que ces convictions sont dépourvues de contreparties idéologiques. Ceux qui changeraient radicalement d'avis, à cause de l'invasion, savent qu'ils risquent un sévère rappel à l'ordre sur les réseaux sociaux de la Russie de Poutine, toujours prompt à détruire la réputation de ceux qu'il considère comme des traîtres, sans que le rôle de Moscou n'apparaisse dans ce type de manœuvres où excellent ses services de renseignement.

Comme celui de l'époque de Charles de Gaulle, le combat d'aujourd'hui défend le respect du droit international et celui des choix démocratiques du « monde libre ». Si l'Occident ne réagissait pas, ce serait interprété par Moscou comme un feu vert à son déploiement, favorisé par sa puissante propagande sur les réseaux sociaux. Un cessez-le-feu entérinerait les conquêtes actuelles de la Russie, mais ne satisferait pas Poutine, car ses ambitions ne seraient pas réalisées.

Il a théorisé son projet à plusieurs reprises, exigeant par écrit, fin 2021, le retrait de l'OTAN et le désarmement des ex-pays du pacte de Varsovie, une organisation à laquelle ils ont pourtant choisi d'adhérer en toute liberté. Comme Staline, Poutine veut imposer une large zone tampon constituée de plusieurs pays qui seraient sous son contrôle, de la mer Baltique à la mer Noire. Un glacis voué à devenir un champ de bataille en cas d'affrontement, mis en place sans que le territoire russe ne soit touché, sous prétexte que l'Occident aspire à envahir la Russie. Voilà ce que Poutine serine à ses compatriotes pour justifier son invasion « préventive » contre « les nazis ».

Céder à ses oukases, c'est placer l'Europe sous la domination de son nationalisme exacerbé, désormais enseigné dans toutes les écoles russes. Un bourrage de crâne pire qu'à l'époque de l'URSS. L'objectif de Poutine est de disposer de contingents de jeunes « lobotomisés », afin d'être en mesure, lorsqu'il le jugera nécessaire, de déclencher le conflit contre l'Europe, qu'il prépare depuis une vingtaine d'années. La fin des combats en Ukraine ne signifierait pas qu'il s'agit d'un retour à la situation antérieure, puisque Vladimir Poutine serait toujours maître du Kremlin, et qu'il faudrait s'en accommoder. Tant qu'il sera à la tête de la Russie, il poursuivra ses noirs desseins.

Pour Poutine, l'Ukraine n'existe pas. Elle n'est qu'une étape. Son allié chinois et lui prétendent combattre l'impérialisme des démocraties occidentales, partout sur la planète, à commencer en Europe, qu'il méprise. Un nouvel ordre mondial sous sa coupe ne serait évidemment pas le nôtre, qu'il souhaite remplacer. Ce combat, l'Occident ne l'a pas perdu, loin de là, comme le distillent, pour l'affaiblir, à l'Ouest, les partisans de Poutine. Sous prétexte qu'une nébuleuse de pays du Sud global écoute Poutine quand cela les arrange, il faudrait, toujours selon ces porte-voix, arrêter de livrer des armes à l'Ukraine.

Face à ce nouvel ordre international qui rassemble, sur le papier, un noyau dur des pires dictatures de la planète, notre prétendu salut serait de nous précipiter à Canossa, pour fuir une menace montée de toutes pièces par la propagande du Kremlin. Alors que son chef, Poutine, n'a rien à offrir, pas même un rouble, à ces nations d'Afrique et du Sud global, mis à part des vieux fusils, des mots et des conférences au sommet dans la sainte Russie. Et un chantage aux céréales, indispensables à l'alimentation de l'Afrique. Les pays du Sahel qui se sont jetés un peu trop vite dans les bras de Poutine sont inquiets pour leur avenir. Depuis la dissolution de Wagner et la mise à l'écart de son chef Prigojine, un mauvais vent souffle dans les palais. Présidents, ministres et conseillers risquent de voir se défaire sous leurs yeux leurs gardes personnelles constituées de ces fameux mercenaires russes qui aujourd'hui n'ont plus ni chef ni organisation indépendante. Ils sont désormais sous la coupe des généraux et du ministre de la Défense, que Prigojine traitait de planqués et d'incapables sur le front ukrainien. Triste retour de l'histoire pour ces ex-criminels qui ont perdu des dizaines de milliers de camarades au Donbass, et qui ont désormais changé de maître. Depuis leur raid insensé vers Moscou brutalement interrompu sur ordre de leur chef, ils sont maintenant commandés par ceux qu'ils voulaient destituer.

Dans une vidéo diffusée sur la chaîne Telegram du groupe Wagner, Evgueni Prigojine annonce à la mi-juillet 2023 que ses mercenaires ne combattront plus en Ukraine mais se concentreront sur l'Afrique, après être restés en Biélorussie « un certain temps », pour faire de l'armée biélorusse « la deuxième plus grande du monde ». « Nous devons nous préparer, nous améliorer et nous lancer dans un nouveau voyage vers l'Afrique », ajoute-t-il. Vérité ou intoxication de la part de ce spécialiste de la désinformation, aujourd'hui mort ? L'issue de la guerre en Ukraine déterminera vraisemblablement la capacité d'intervention du groupe Wagner en Afrique, approvisionné par une armée régulière russe toujours à la peine sur le front du Donbass.

Cette nouvelle donne est observée à la loupe par les autorités françaises, désormais en position difficile au cœur de l'Afrique, convoitée par Vladimir Poutine dans la confrontation globale qu'il mène contre l'Occident. Malgré ses déboires, la France, cependant, y est toujours en première ligne face au maître du Kremlin qui a choisi de lui livrer une guerre hybride sur cet immense champ de bataille, où, peu à peu, il gagne du terrain. Sans une approche radicalement différente dans ses relations avec les pouvoirs, et les populations africaines, la France risque d'être expulsée à nouveau d'autres pays, sans être en mesure de pouvoir résister à cette épidémie de coups d'État qui portent au pouvoir des régimes, *in fine*, à la solde de Moscou. Comme une araignée qui tisse sa toile, la Russie étend son influence au Sud, en capturant les autocraties et les pays fragilisés dans les fils de soie de sa propagande. En Europe avec l'Ukraine, dans le Caucase, au Moyen-Orient et en Afrique, Vladimir Poutine poursuit la même stratégie de conquête, en s'immisçant partout. Il a même réussi à mettre en place une alliance contre nature entre les ennemis de la démocratie, qui comprend la Corée du Nord et la Chine, athées et marxistes, et l'Iran, une théocratie conduite par des religieux belliqueux et conquérants. Tous soutiennent Poutine dans sa guerre en Ukraine, simple pièce d'un puzzle beaucoup plus large, et revendiquent vouloir imposer un nouveau monde à leur image. Où la France ne serait pas épargnée.

REMERCIEMENTS

Je remercie *Le Télégramme* ainsi que les autres grands journaux de la presse quotidienne régionale, *Sud Ouest*, *La Nouvelle République du Centre-Ouest*, *Midi libre*, *Var-Matin* et *Nice-Matin*, qui ont publié mes reportages en Ukraine. Un périple qui m'a inspiré cet ouvrage.

TABLE DES MATIÈRES

Pour plus d'information :

www.lisez.com

Imprimé sur du papier issu de forêts gérées durablement.

Cet ouvrage a été achevé d'imprimer sur Roto-Page
par l'Imprimerie Floch à Mayenne en janvier 2024
N° d'édition : 17723/01 – N° d'impression : 103891
Imprimé en France